浙江省发改委、浙江省社科联"十三五"规划前期研究课题

课题组成员名单

组长：任少波　　　浙江大学党委副书记
成员：黄先海　　　浙江大学经济学院院长

何文炯　　　浙江大学社会科学研究院副院长

吴晓波　　　浙江大学管理学院院长

郁建兴　　　浙江大学公共管理学院院长

魏　江　　　浙江大学发展战略研究院副院长

金雪军　　　浙江大学公共政策研究院执行院长

姚引妹　　　浙江大学人口与发展研究所副教授

董雪兵　　　浙江大学中国西部发展研究院副院长

杜　健　　　浙江大学管理学院副教授

吴　东　　　浙江大学管理学院讲师

李铭霞　　　浙江大学政策研究室副主任

吕旭峰　　　浙江大学发展战略研究院副研究员

徐贤春　　　浙江大学党办校办调研室主任

冯　涛　　　浙江财经大学财政与公共管理学院副教授

杨一心　　　香港中文大学博士生

宋学印　　　浙江大学经济学院博士生

池若楠　　　浙江大学经济学院博士生

朱培忠　　　浙江大学管理学院博士生

黄　飚　　　浙江大学公共管理学院博士生

侯雨薇　　　浙江大学公共管理学院博士生

纪楠楠　　　浙江大学公共管理学院博士生

START A JOURNEY TOWARDS THE GOOD SOCIETY
Study on the Planning of Zhejiang Province in 13th Five-Year Plan

开启迈向美好社会新征程：
浙江省"十三五"规划基本思路研究

◎ 任少波 黄先海 等著

ZHEJIANG UNIVERSITY PRESS
浙江大学出版社

序　言

　　时空轮转,岁月更迭,又一个五年如期而至。每个五年规划都是国民经济社会发展的美好愿景,也是各级政府工作的重头戏,而且着实牵动广大人民群众的心。这个五年,是中国经济社会跨越发展的重要窗口期,到 2020 年将如期完成全面建成小康社会的历史任务,届时进入一个全新的发展阶段,下一个奋斗目标将是建设富强、民主、文明、和谐的社会主义现代化国家。从总体的形势研判,如期全面建成小康社会既具有充分条件也面临艰巨任务,当前仍然存在诸多矛盾叠加、风险隐患增多的严峻挑战,而"十三五"的规划必须聚焦在优化结构、增强动力、化解矛盾、补齐短板上取得突破性进展。

　　编制五年规划颇为不易,通常都要建立在广泛的调查研究基础上,综合从不同视角提出的规划思路和建议。受浙江省发改委和省社科联委托,我们承担了浙江省"十三五"规划基本思路的研究工作,由浙江大学多学科专家学者组成的课题组历经近一年的深入研究,终于圆满交出了一份答卷,本书就是最终的成果。

　　规划研究的核心任务是对浙江的发展阶段、发展目标、发展模式、发展动力做出全面准确的研判。浙江省在国家版图上具有举足轻重的战略地位,作为我国改革开放的前沿,浙江经济一直都是中国经济的晴雨表。东部沿海地区的小康建设进程总体走在全国前列,而浙江全面小康社会实现水平据测算在 2012 年已居全国第三位,省区第一位,目前看来在"十三五"时期提前全面建成小康社会已成定局。那么建成小康社会之后的浙江该何去何从,迈向现代化进程的又一轮三十年发展机遇该如何把握? 这实际上是现在就应该前瞻思考的重大问题。

　　综合有关理论和现实研究,我们提出一个新的"美好社会"(The Good Society)发展目标。所谓美好社会,是建成全面小康社会之后并在其高级阶段进入现代化的一种社会发展形态。较之小康社会,美好社会的总体特征是:经济更富强,供给丰裕、动力强劲;政治更先进,良法善治、清正民主;文化更繁荣,创新创意、教化育人；社会更和谐，民生保障、信义公平；生态更优美，绿色环保、发展持续。建设美好社会，将是包括浙江在内的东部沿海发达地区的新使命，也是国家发展的新目标。

美国经济学家约翰·加尔布雷斯在《美好社会——人类议程》中描绘了一个可行但并非完美无缺的美好社会，在他眼里美好社会的本质是每个人都能过一种有价值的生活，发挥自己的才能，实现各自的目标和抱负。尽管语境并不相同，但加尔布雷斯刻画的美好社会也体现了我们所追求的某些目标，比如可靠的经济增长以维持就业水平，公正公平的教育，保护弱者的安全网，禁止损人利己的致富手段，人人都有改善生活和取得成功的机会，等等。特别是，不再把经济目标作为唯一的追求，而把人的发展目标提到很高的程度，重视激发每个人的活力和创新创造的积极性。联合国早在 1990 年就提出"人类发展"的概念，不同于经济发展和社会发展的内涵，强调能力提升与权力保障是人类发展的优先议程。这些议程应该是一个相对成熟的社会体系所具备的功能特征，也是美好社会的题中应有之义。美好社会没有绝对的标准，但它应该是能够拥有多元的价值追求，包容人们多样性的个性发展，不断激发人们创新的活力，进行持续创造和发展的社会。这些，都是我们正在经历甚至参与的美丽浙江、美丽中国建设的核心发展目标。

浙江省的"十三五"时期正处于这样一个由全面建成小康社会阶段转向开启建设美好社会的关键跨越时期，浙江的新使命在于要在提前全面建成小康社会基础上，率先探索与中国美好社会新阶段相适应的发展新理念、新常态、新动力、新结构和新经验。美好社会相比于小康社会是一种质的跃升，对浙江省长期以来适应小康社会阶段的传统发展模式无疑将提出许多重大的变革性挑战，特别是当前正在逐渐凸显的"宏观失速、动力断层、城市陷阱、产业空心"等四大阶段性潜在风险。我们研究提出，发展动力转型与再造是化解四大风险的核心，也是关乎是否能跨越"高收入之墙"、避免跌入"中等收入陷阱"的关键。

根据我们的研判，"十三五"阶段浙江将处于一个由增速换档期、动力转换期、结构转型期相互交叠，多重经济社会变量发生重大阶梯式变化的关键时期。由此，我们围绕浙江改革深化、结构升级、创新驱动、开放提升、城市聚核、民生丰裕、生态美化等多线程复合性重大变化趋势，提出了"十三五"时期浙江省经济社会发展的目标蓝图和基本思路，描述了更完备的市场化改革、更高级的城市化发展、更智慧的工业化升级、更高端的全球化开放等四大战略路径，进而构建了七大关键举措及其实施体系、政策建议。同时,本书还结合未来的美好社会发展目标及当前的重大现实问题挑战,围绕政府治理、民生保障、创新驱动、教育人才、金融创新、人口发展等关键领域进行了专题性的深入研究,对浙江省"十三五"规划提出了相应的意见建议。我们希望,研究提出的基本思路和有关建议,能够为浙江省委省政府制定实施"十三五"规划及出台相关政策,提供一定的基础支撑。

　　本课题的研究,受到浙江大学党委行政的高度重视和大力支持,以及校内社会科学研究院、经济学院、管理学院、公共管理学院、中国西部发展研究院、公共政策研究院等单位齐心协力、共同推进,使我们具备了良好的工作条件,各项工作得以按计划顺利进行。黄先海、何文炯、吴晓波、郁建兴、魏江、金雪军、姚引妹等学者具体承担相关的课题研究和书稿撰写任务,另外还有一批同事和研究生在此过程中付出了艰苦的努力,浙江大学出版社为本书的顺利出版提供了有力的帮助,在此一并致谢。

　　是为序。

任少波

2015 年 12 月 30 日

目　　录

上篇

浙江省"十三五"规划基本思路研究
总 报 告

浙江大学课题组

目　录

【报告执笔人:任少波、黄先海、宋学印】

开启迈向美好社会新征程
——浙江省"十三五"规划基本思路研究

一、国内外宏观视域下的浙江小康社会建设进程与前瞻

(一)世界经济发展格局与中国小康社会

"小康社会"因饱含亿万中国人民长久以来对摆脱温饱困扰过上朴素幸福生活的执着追求,自邓小平首次提出后便成为催人奋进、凝聚全社会建设力量的强大号角,堪称第一版的中国梦。党的十五届五中全会宣布 2000 年我国已基本达到总体小康水平,但当时我国的人均国民收入刚刚接近 1000 美元,恰与世界银行对全球 210 多个经济体分类中的中等收入经济体下限门槛吻合,是一种不平衡的、低水平的小康社会,因此决定要再用 20 年时间即到 2020 年全面建成惠及 10 多亿人民的更高水平的小康社会。2013 年我国人均 GDP 达到 6000 美元,略高于中等收入经济体的平均水平,因此从世界各国经济体阶段史来看,我国的小康社会与全球中等收入经济体发展阶段基本吻合。

根据发展趋势判断,2020 年前后我国人均国民收入水平会达到 1 万美元左右,将圆满完成全面建成小康社会的历史任务,总体迈向新的经济社会发展阶段。这个未来发展的新阶段,我们将之定义为以建设"美好社会"(The Good Society)[①]为目标的阶段。所谓的"美好社会"是高于全面小康社会并在

[①] "丰裕社会(The Affluent Society)"和"美好社会(The Good Socirty)"是美国经济学家加尔布雷斯(John Kenneth Galbraith)在 20 世纪中后期先后使用过的两个词,用于描述美国经济战后相对领先全球时期的形态特征和"可行而非完美无缺的"社会理想。本书在不同的语境下参考使用,根据国情,赋予了新的含义。

其高级阶段进入现代化的一种社会发展形态,较之于小康社会,其总体特征是经济更富强,表现为供给丰裕、动力强劲;政治更先进,表现为良法善治、清正民主;文化更繁荣,表现为创新创意、教化育人;社会更和谐,表现为民生保障、信义公平;生态更优美,表现为绿色环保、发展持续。从时间范畴来看,以2020年前后为新起点,我国将总体迈入以建设美好社会为目标的新阶段,到2050年(新中国成立100周年前后)实现现代化动态目标,达到世界主要发达国家当期的平均水平。

(二)当前浙江全面建设小康社会进程评价

浙江省的全面小康建设进程总体走在全国前列,且从2002年以来,全面小康建设进程指数领先于全国指数的优势均保持在两位数。2012年,浙江省小康指数高于全国(83.55%)12.27个百分点,居全国第三位,省区第一位。2000—2012年,浙江省全面建设小康社会进程测算结果显示,自2000年以来,小康指数逐年提升,从2000年的62.7%起步,2007年提高到81.4%,2010年提升至90%以上,2012年进一步提高至95.8%,在"十三五"时期有望提前实现全面建成小康社会的目标。

(三)未来五到十年浙江面临的宏观环境变化前瞻

(1)世界经济的恢复性增长态势与中国经济的中高速增长潜力。从全球结构上看,2013年以来,主要发达经济国家因美国经济逐渐走上正常轨道逐步出现总体回暖迹象,发展中国家包括非洲国家、东亚国家和南亚国家将会保持较快增长,而拉美国家以及独联体国家可能出现相对低速的增长态势。总体而言,世界经济将会保持较为平稳的恢复性增长势头,从而出现有利于新兴市场国家稳步发展的积极变化。

世界经济总体趋好的态势为中国经济发展提供了良好的外部发展环境。经过35年高速发展的中国经济,在改革红利与城市化红利的进一步释放助推下,依然存在较大的增长空间和发展潜力,在可预见的未来仍将保持一个较快的经济增长速度。但由于传统比较优势的弱化,原有增长模式的衰弱,中国经济增长也面临着潜在的挑战与风险。总体来看,中国经济将从超高速增长进入到一个中高速发展的新常态;鉴于国内经济发展的非均衡性和增长异质性,就局部而言,不少行业、区域仍然存在持续快速发展的潜力。

(2)全球新一轮科技革命与产业变革正处于由蕴育阶段向突破阶段转变的关键时期。2008 年起的国际金融危机,倒逼了全球新一轮科技革命与产业变革的蕴育提速,世界各主要发达国家已经呈现新产业新技术发展节奏不断加快的新态势。美国正在大力促进创新成果产业化,加速建设以分布能源系统、物联网等为代表的全新的工业基础设施体系;德国提出工业 4.0 战略,推动以智能制造为主导的第四次工业革命,增强德国工业的竞争力;日本则通过加大开发 3D 打印机、智能机器人等尖端技术,快速更新制造技术以提高其产业的国际竞争力,抢占未来产业全球制高点。

新一轮科技革命为中国提供了追赶与跨越、实现"中国梦"的历史性窗口。中国在 2009 年提出大力发展"战略性新兴产业"的重大战略,确立了以节能环保、新一代信息技术、生物、高端装备制造、新能源、新材料、新能源汽车七大产业为核心的中国新兴产业发展方向,并已在新能源汽车、光伏产业等领域取得了较大进展,但在关键技术领域仍与发达国家存在较大差距。为抓住新一轮科技与产业革命的历史机遇,实现追赶与跨越,产业转型升级成为中国经济发展的内生要求与必然选择。

(3)全球开放格局特别是亚太地区的贸易投资自由化态势面临重大转折。未来 5 到 10 年国际开放格局将会发生重大转折性变化,即区域的双边或诸边自由贸易协定将对世界贸易组织(WTO)构成重大挑战,并逐渐成为更为重要的国际经济制度安排,而亚太地区成为影响新国际经济秩序安排水平的核心区域。目前美国主导了跨太平洋伙伴关系协定(TPP)、跨大西洋贸易和投资伙伴关系协定(TTIP),很大程度上将改变世界贸易规则、产业技术标准,挑战新兴国家尤其是金砖国家间的准贸易联盟,以贸易和跨国投资自由化、金融便利化为特征的自贸区正在改变着世界贸易版图。

国际贸易规则的改变和开放格局的重构倒逼着中国改革开放的深入。上海自由贸易区的设立正是中国适应自身发展新阶段和融入国际贸易新格局的重大战略举措,并以此为契机推动中国下一阶段的全球化发展由低层次的商品流动向高层次的要素流动迈进。以丝绸之路经济带和 21 世纪海上丝绸之路建设为内涵的"一带一路"大战略则进一步构绘了中国深化开放、参与全球竞争的宏伟蓝图。

二、关键跨越阶段的经济社会新特征与重大挑战

（一）新阶段特征研判与重大挑战

总体来看，浙江省"十三五"时期处于由全面建设小康社会阶段向开启建设美好社会新阶段的关键跨越时期，就经济发展水平而言，将处于由上中等收入经济区向高收入经济区迈进的决定性阶段。该阶段的经济社会发展将会出现四大相互制约又相互交织的重大转折性变革，即经济增长将由高速非稳态降落至中高速新常态、发展动力由要素投入逐渐转向创新驱动、城市化发展逐渐由粗放式扩张转向规模与内涵同步提升，产业结构由传统制造业为主向新兴产业及服务业为主的经济新图景转型。

具体来看，"十三五"时期浙江经济社会发展主要将出现"宏观失速、动力断层、城市陷阱、产业空心"等四大阶段性潜在风险。

一是处于由高速增长向中高速增长新常态转换的非稳态阶段，浙江可能面临更为严峻的速度下滑风险，迫切需要发展模式大调整。

从大的环境来看，中国经济从 2013 年进入到中高速发展的新常态，全年经济增长率跌破 8％，脱离了高速增长轨道。浙江省 2013 年全年增长率为8.2％，略高于全国平均水平，但是同 1991—2010 年保持了 20 年 10％以上的经济增长率相比还是出现了明显的下降趋势。同为东部省份和长三角地区的江苏省也有相似的增速下降趋势。见图 1。

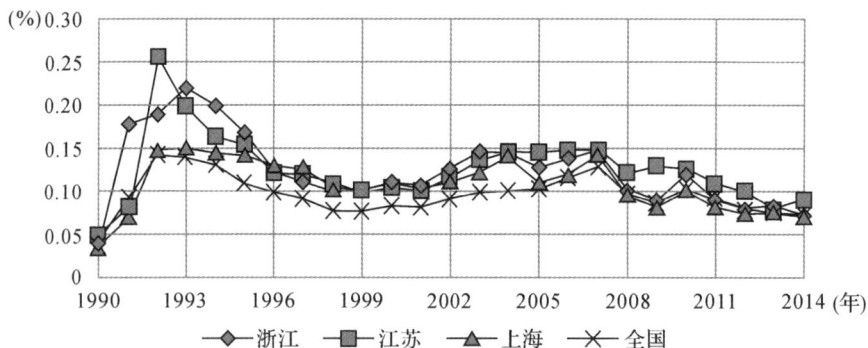

图 1　江浙沪与全国 GDP 增速下滑趋势

二是处于要素驱动型增长动力渐趋衰减阶段,浙江面临原有动力弱化、新兴动力不足的动力断层风险,迫切需要增长动力格局重构。

和全国大多数省区相似,浙江省改革开放以来的高速发展是以大量投入资本和劳动力等生产要素作为保证的。根据测算,浙江省(1990—2013年)20多年的发展中,资本要素对经济增长的贡献率超过70%,但由于边际生产率递减的客观规律,资本要素的边际贡献在1996年前后已经达到顶峰并开始呈现递减趋势。作为对比,同处东部沿海的江苏省最近10年来由于高强度实施国外资本、国际先进技术和高级创新要素的引进和吸收,通过提升创新能力和资本蕴含的技术复杂度有效阻止了资本生产效率快速下滑的局面,结合正反两方面事实,表明当前浙江省的投资驱动型、粗放型发展模式更为明显,也更为亟待向创新动力型转型。见图2。

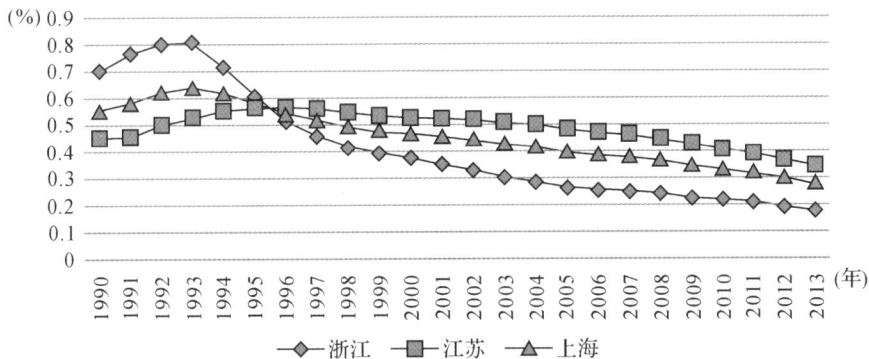

图 2 江浙沪资本要素的增长效应递减趋势

三是处于城市化粗放型发展模式转变的关键阶段,浙江面临因多重制度约束导致陷入低水平城市化陷阱的风险,迫切需要推进城市化规模与内涵同步提升。

2013年浙江省常住人口城市化率达64%,但是一些发达国家在历史上处于与浙江相类似的发展阶段时的城市化率分别为:英国87%,美国87%,德国79%,荷兰86%,加拿大77%,澳大利亚83%。同时浙江的城市化与发达国家在其经济起飞阶段城市化的重大区别在于,接近城市1/4人口的迁徙性"常住"人口并非典型意义的城市居民,一旦这部分人口转化为城市居民将体现出巨大的消费需求和消费结构升级推动力,浙江城市化在规模和内涵两个方面仍将存在较大的拓展潜力和提升空间,但目前受到户籍制度、区划分割等带来的制度性障碍。

四是处于工业化后期向后工业化时期迈进的门槛阶段,浙江面临传统制造业升级缓慢而新兴产业及服务业发展滞后导致的产业空心化风险,迫切需要现代产业体系的再造。

35年来浙江经济赖以快速发展的具有比较优势或相对成熟的产业,因产业趋近生命周期的衰退期或因陷入产业低端锁定或因处于产业外部转移而出现不断衰退,而且从低技术含量低附加值向高技术含量高附加值的产业内价值链升级不快,从劳动密集型向资本密集型及技术密集型产业的产业间升级太慢,新兴产业培育发展的力度不强,从而导致浙江产业结构的空心化和产业发展的断层,这成为浙江在经济发展与国际竞争中面临的最大风险与挑战。

综上所述,发展动力转型与再造是化解四大风险的核心,也是关乎是否能跨越"高收入之墙"、避免跌入"中等收入陷阱"的关键,发展动力转型与再造时期,通常将伴随要素投入效应快速衰竭、创新驱动效应缓慢上升、传统产业竞争优势弱化、城乡社会差距固化甚至扩大等多个因素的非同方向的动态变化,使"十三五"阶段将处于一个由增速换档期、动力转换期、结构转型期相互交叠、多重经济社会变量发生重大阶梯式变化的关键时期。

（二）战略机遇

一是国内全面改革深化,为浙江再造体制机制领先优势带来重大机遇。党的十八届三中全会指出,必须加快形成企业自主经营、公平竞争,消费者自由选择、自主消费,商品和要素自由流动、平等交换的现代市场体系,着力清除市场壁垒,提高资源配置效率和公平性。浙江是全国民营经济最发达的地区,随着市场对资源分配的决定性作用体系的完善,民营企业优势必将进一步发挥。同时,党的十八届三中全会还指出,必须切实转变政府职能,深化行政体制改革,创新行政管理方式,建设法治政府和服务型政府。浙江省"十二五"时期以来的"平安浙江"和"法治浙江"的建设实践,为新时期法治政府和服务型政府的建设上打下了坚实基础。

二是以贸易投资自由化为特征的新一轮开放为浙江经济全球化提供了有利机遇。贸易投资自由化、金融便利化为浙江企业在全球范围内进行资源优化配置、汲取高级要素开放红利打开了更为广阔的窗口和渠道。作为开放先行区的上海自贸区的实践为浙江开放型经济发展带来了示范效应和溢出效应。上海自贸区对浙江的示范效应主要体现在两个层面:一是市场经济制度,在培养市场主体、发展市场中介组织、完善市场结构和体系等方面都可以借鉴上海自贸区的相关做法;二是政策支撑体系,可以借鉴上海自贸区的制度创新来制定有助于经济成长的政策措施。而溢出效应主要体现在:一是自贸区基础建设和服务体系的完善构成了大的投资需求,为浙江企业发展提供了机会;二是为浙江吸引国际型人才提供了便利;三是为浙江企业提供高效的出口平台。

三是新一轮科技与产业革命为浙江利用资本优势实现跨越升级带来的机遇。新一轮科技与产业革命将使全球要素配置方式、生产方式、组织模式与人们生活方式发生革命性的转变。对于浙江而言,以敏锐著称的企业家群体、丰富的民间资本决定了本轮产业革命浪潮将为浙江工业高端化与经济转型升级提供难得的机遇。第一是企业家精神可为浙江赢得新的竞争优势。企业家通过敏锐判断市场趋势、引导技术创新、落实产业化、拓展市场,使其成为主导因素。第二是柔性的产业组织结构为浙江中小企业迎来生机,使浙江企业容易适应新的环境变化,快速调整产业组织结构。第三是网络市场将为浙江经济实现新突破提供重要基础。现代网络市场有利于交易方式、生产方式、企业组织方式的转型,为浙江经济在新工业革命背景下实现新突破提供了重要的基础。

四是工业化后期经济发展逐渐转向消费拉动模式,浙江居民收入水平位于全国前列有利于消费驱动型发展的机遇。随着科技与产业革命的发展,企业开始进入客户订制化时代,需求成为产业升级的重要动力。一方面,浙江以消费品生产为主体的轻工业发达,这些行业直接面向消费者,使得终端消费者的需求能与产业结构更有效的结合。而另一方面,浙江省居民收入水平位于全国前列,2013 年浙江省城镇居民人均可支配收入超过全国平均水平四成有余,人均消费水平超过平均水平近三成,人均生活消费支出超过平均水平近八成,浙江在收入水平上的优势无疑为适应未来发展奠定了基础。

三、"十三五"时期核心任务:开启迈向美好社会新征程

(一)"十三五"时期开启迈向美好社会新征程的基本思路

从 2015 年到 2020 年前后的一个时期将是浙江改革深化、结构升级、创新

驱动、开放提升、城市聚核、民生丰裕、生态美化等多线程复合性重大变化的决定性时期,"十三五"时期浙江省经济社会发展的基本思路是:以"改革创新、转型升级"为主线,以"美丽浙江、美好生活"为总目标,以更完备的市场化改革、更高级的城市化发展、更智慧的工业化升级和更高端的全球化开放为四大战略路径,积极打造"全国创新创业示范区、全国信息经济示范区、全国法治文明示范区和全国生态文明示范区",率先推进经济发展方式、社会治理方式和城乡一体化发展方式的综合协同转变,力求以全国经济增长新常态区间的高位值速度可持续发展,使浙江综合经济实力在"十三五"时期稳步跨入新兴高收入经济区行列,率先全面建成小康社会,开启迈向美好社会新征程。

(二)美好社会新蓝图与"2020"目标

美好社会是一个满足人们对美好生活期盼的总和,应超越西方传统工业文明发展过程的贫富差距过大、生态破坏严重等弊端现象,实现人的发展与经济、社会、生态发展的协调统一,达到生产繁荣、生活丰裕、生态优美的人类社会发展新水平。

(1)强调创新驱动与结构升级的生产繁荣目标

——产业结构。到 2020 年以生产性服务业为龙头的服务经济将加速发展,三次产业结构将进一步优化,逐步形成高层次的"三二一"产业结构,三次产业增加值结构调整为 4∶46∶50。

——R&D 占 GDP 比重。该指标是衡量一个国家或地区科技投入强度和科技发展水平的评价指标,在一定程度上反映了一个国家或地区经济发展的潜力和可持续发展能力。到 2020 年全省研究与试验发展经费占生产总值比重应达到 2.8%。

——新产品产值比重。新产品产值占工业总产值的比重是反映企业创新能力提高、创新效益增强的有效指标,到 2020 年,全省新产品产值占工业总产值比重要达到 25%。

(2)强调人的发展与社会发展的生活幸福目标

——城镇居民人均可支配收入。2013 年全省城镇居民人均可支配收入37851 元,按 2013 年不变价计算,到 2020 年城镇居民人均可支配收入为62000 元。

——农村居民人均纯收入。2008 年全省农村居民人均纯收入 16106 元,按 2013 年不变价计算,到 2020 年农村居民人均纯收入为 27000 元。城乡居民收入之比由 2013 年的 2.35∶1 下降到 2.29∶1,城乡居民收入差距逐步缩小。

——基尼系数。该指标是反映居民收入分配差异程度的指标。到 2020 年,城镇居民收入的基尼系数(衡量居民内部收入分配差距的指标)要降到 0.30 以下,农村居民的基尼系数要降到 0.32 以下。

——城镇登记失业率。该指标反映就业环境和就业水平,也是反映社会稳定的重要结构指标。"十三五"期间全省新增城镇就业人员超 400 万,城镇登记失业率总体控制在 4.5% 以内。

——社会保障质量。到"十三五"期末,城乡居民养老金中基础养老金提高到每月 300 元(不含个人账户养老金),城乡居民基本医疗保险年人均筹资逐步提高到人均筹资 1000 元,人均公共卫生经费逐步提高到 100 元。

(3)强调生态环保与生存质量的生态优美目标

——万元生产总值能耗。该指标是衡量能源消费刚性变化和能源利用综合效益的一项重要指标,也是反映转变经济发展方式、建设资源节约型社会的关键指标。到 2013 年全省万元生产总值能耗目标要达到 0.61 吨煤,力争到 2020 年在 2013 年基础上再降低 25%。

——空气指标(PM2.5)。到 2017 年,PM2.5 浓度比 2012 年下降 20% 以上、年优良空气天数达到 250 天以上。到 2020 年,PM2.5 浓度争取在 2017 年基础上再降低 15%。

——水质指标。探索完善"源头严控、过程严管、恶果严惩、多元投入"的一整套体制机制,以"五水共治"工程为突破口,力争到 2020 年,使全省河流 Ⅰ—Ⅲ类水质断面比例每年提高一个百分点,以水、大气、土壤主要标志的生态系统初步实现良性循环。

四、保持中高速发展建设美好社会的四大战略路径

(一)以更完备的市场化改革推动浙江稳步跨入新兴高收入经济区

浙江正处于上中等收入经济区向高收入经济区迈进的门槛阶段,处于这样一个分水岭水平的经济体,其经济增长较快趋势能否巩固、经济发展模式能

否加快扭转,收入水平能否顺利翻越"高收入之墙",才意味着巨大挑战的真正开始。

深化改革是应对上述挑战、推进经济增长模式转型的唯一出路。新阶段的市场化改革不再是简单的支持某个市场,而是涉及政府、市场、社会等多个决策群体的系统化改革,"十三五"时期,浙江要重点在"政府职能改革、产业进入改革、要素配置改革"等互为掣肘又互为促进的市场体制改革三大主线上取得协同突破,率先构建可充分发挥浙江民营企业活力的完整的现代市场体系;加快在以"社会治理多元、公共服务均衡、阶层差异可控"为重点的社会体制改革三大任务上取得重大进展,探索构建与浙江社会特征与人口素质相契合的新型社会治理体系;着力在"省地分工协调、区划分割弱化、财权事权匹配"为三大方向的政府系统内部运行体制改革上取得显著成效,创新构建有效融合顶层设计与基层创新的政府高效协作体系,最终为浙江在新时期保持快速发展、经济社会整体水平迈向新兴高收入经济区打下坚实的体制优势和制度基础。见表1。

表1 浙江全球坐标及其与相适宜的追赶目标国家的比较

	人口 (万人)	国土 (万平方公里)	GDP (亿美元)	人均GDP (美元)
西班牙	4693	50	13221	28174
韩国*	4926	10	11296	22930
希腊	1113	13	2489	22371
土耳其	7493	78	7883	10520
波兰	3822	31	4899	12818
浙江*	5498	10	6066	11033

注:国外数据源自 UNSD,浙江数据源自浙江省2013统计公报。

(二)以更高级的城市化发展推动浙江全面展现现代城乡文明

不同于全国其他省份,改革开放35年来浙江的城市化历史是由"市"带动"工",由"工"再带动"城"的历史,城市自身是块状经济和专业市场的附属结果,这导致浙江平均城市化水平到现在仍明显落后于市场化和工业化发展水平,甚至落后于世界发展中国家平均城市化水平。

城市竞争的未来是核心城市及以其为枢纽的城市群或都市经济区之间的竞争。浙江在新阶段的城市化不应再是工业化的结果,而是集聚高级要素、助推结构升级、打破城乡分割、化解社会差距的综合枢纽。当前要站在长三角甚至整个东部沿海的视野高度,打造"双核四区七地五级网络化"的城镇化空间格局,重点以"双核四区"战略引领新时期浙江省新型城镇化建设和城乡统筹发展:

首先要明确支持以杭州、宁波为全省两大城市核心,优先推进中心城区现代服务业高端化和国际化发展,大力强化核心城市在凝聚全球高级要素、率先转向创新驱动、催生国际领先产业、获取国际竞争优势的城市高级功能,成为世界级长三角城市群中的中心城市。

其次要突破县域、市域行政区划思维羁绊,加快推进杭州、宁波、温州、金华—义乌四大都市区建设进程,推动全省由"县域经济"向"都市区经济"战略升级,探索以整个都市经济区为新的单位治理空间,统筹考虑户籍制度改革、县市财政制度改革、要素自由流动改革等改革事项,系统安排规划共绘、交通共连和服务共享等决策事项,一揽子通盘考虑高级要素载体、产业协调布局、土地供给优化、公共服务共享、就业机会均衡、收入差距缩小等在传统市域、县域区划内难以解决又相互交织的经济社会民生发展结构性难题,带动浙江加快进阶成熟城市社会,全面展现现代都市文明。

第三是全省范围内加大城乡统筹发展力度,推动城乡规划一体化,促进公共资源在城乡发展中的优化配置,进一步实现产业发展城乡联动、基础设施城乡配套、公共服务城乡均衡、社会保障城乡覆盖、行政管理城乡一体。

(三)以更智慧的工业化升级推动浙江有效增强未来核心竞争优势

近10年来要素成本的快速上升以及2013年波及全国范围的严重雾霾天气,使以高投入型、高耗能型、高污染型为特征的粗放型工业化到了必须尽快扭转的关键阶段,可以预期国家在"十三五"阶段必然会实施更为强制的落后产能淘汰标准、更为严格的生态环保标准,这将对浙江传统工业化较密集地区的模式升级构成严峻的倒逼压力。

"十三五"阶段及更长一段时期内,浙江工业化发展的总体路径是要抢先抓住以互(物)联网技术、生物技术、新能源技术、新材料技术等交叉融合引发的全球新一轮科技革命与产业变革重大机遇，充分利用省内制造业及互联网产业的领先优势，加快推动浙江工业化沿着"服务化互动、信息化融合、绿色化转型"三大智慧化发展方向升级转型，即着力推进先进制造业与现代服务业互促发展，克服产业空心化或低附加值化的两端风险，形成制造业与服务业双轮驱动的新格局；着力推进工业化与信息化的深度融合，重点发展以智慧产业为代表的高融合性高成长性新兴产业，形成支撑浙江未来 10 到 30 年持续领先优势的世界级主导产业；着力推进低碳绿色节能技术对传统制造业的全面改造换代，从源头上扼制环境和生态破坏，形成经济社会生态良性互动发展新模式，最终以更智能化的工业化升级，全面增强浙江经济社会的持续发展能力与未来竞争优势。

（四）以更高端的全球化开放推动浙江主动深度融入世界经济获取新一轮开放红利

迄今为止的浙江对外开放，产品上仍然停滞在面向中低端市场的劳动密集型产品出口为主，动力上仍然停滞在浙江本地的民营企业为主，载体上仍然停滞在较低层次的县域产业集群为主，面临广东、山东特别是江苏最近数年来开放型经济持续高速发展的压力，浙江既有内生开放的生命力优势，更有内生带来的路径惯性劣势，本质病症就在于对全球技术、人才、创新等新型高级要素的凝聚力、配置力和内外生融合力较差，是一种单线的要素投入型的内源性开放，因而必然面临动力衰竭。

"十三五"阶段及更长时期内，浙江的全球化需要首先在开放战略上实现从内源动力型向内外源混合动力型调整优化。其次在开放管理上从"边境开放"向"境内开放"转型升级，于省内率先改革营造全国最优营商环境和接轨世界最新先进标准的国际投资规则环境，凝聚并推进国际高级要素与浙江内生资源融合竞争。最后在开放平台上，其一立足舟山群岛新区和宁波保税港区既有政策和地理优势，积极整合申报宁波—舟山自由贸易港区，形成与上海自由贸易区错位互补发展的世界级的长三角自由贸易区新格局；其二加快推进以杭州为试点的跨境电子商务贸易自由化改革，联动义乌小商品贸易便利化改革，再造浙江新型市场和贸易优势，打造全球跨境电子商务贸易综合试验区，促进浙江在汲取全国新一轮开放的高级红利中占得先机，真正迈向高级版的全球化浙江。

五、"十三五"时期七大关键举措及其实施体系

(一)深化改革是总钥匙:重建优化政府—市场—社会关系,再创体制机制领先优势

(1)优先推进以权力清单、负面清单和责任清单为突破口的行政审批改革,构建政府与市场新型互补关系。以回答好"依据什么审批、审批什么、怎么审批"三大问题的行政审批制度改革是推进政府职能转变的关键,也是撬动经济社会各领域改革的突破口。当前首先要加大行政审批"放、转、并、免"改革力度,构建纵向分工明确、横向划分清晰的政府权力和责任清单,切实促进政府将有限的财力、精力转到公共服务、市场监管、发展规划、环境保护等市场低效或失效上面,加快建成有理、有限、有为、有效的"四有"政府。其次要探索推进企业投资负面清单改革,对于非负面清单产业,由各类市场主体自主决策、公平竞争,充分发挥市场在资源配置过程中的决定性作用。第三要尽快政府预算决算公开和公务消费审计监督进程,制定政府部门专项资金管理清单,建立健全政府非税收入管理制度,减少政府对资源的直接配置,剥除权力寻租源头。

(2)深入推进以民营企业市场准入和竞争平等地位取得突破的市场化改革,构建国企与民企的国进民进新型合作关系。以混合所有制改革推动民营企业与央企、大企资本合作,融合浙江民营企业活力和国有企业实力,对破解民营资本行业准入限制、提高国有企业效率、促进转型升级具有一举三得的综合效应。当前首先要加快推动国有企业管理由管资产为主向管资本为主转变,逐步将省属集团公司改组为省属资本投资公司,对下属二、三级企业实行产权改制,努力发展混合所有制企业。其次消除对非公有制经济主体的差别待遇,在资金、土地、技术、人才等方面实行与公有制企业同等政策,制定各类企业进入特许经营行业具体办法。第三进一步拓宽民间投资领域,鼓励民营资本投资金融服务、市政基础设施、社会事业等领域,建立健全重大项目面向民间投资招标的长效机制。

(3)加快探索以杭州和"宁—舟"为试点的贸易自由化与便利化改革,构建内资与外资企业的新型竞争关系。当前首先要以新一轮全球开放和自由贸易

区建设为契机,立足舟山群岛新区和宁波保税港区既有政策和地理优势,积极整合申报宁波—舟山自由贸易港区,形成与上海自由贸易区错位互补发展的世界级的长三角自由贸易区新格局。加快贸易自由化和跨国投资便利化改革,尽快建成达到全球先进标准的现代化国际营商环境,推动国内外企业公平有序竞争。在新区率先探索建立国内外人才、技术、知识、资本等生产要素交易市场,降低企业各类要素使用成本。其次加快推进以杭州为试点的跨境电子商务贸易自由化改革,联动义乌小商品贸易便利化改革,再造浙江新型市场和贸易优势,打造全球跨境电子商务贸易综合试验区。

(4)创新完善以政社分开和社会立法为核心的社会治理体制改革,构建政府与社会新型互动关系。法律制度是建立现代化社会治理体系的根本保证,当前首先要针对社会治理领域法律法规缺失滞后问题,重点加强在社会组织登记与监管、基层社会治理职能界定与履行、公民参与社会治理途径与程度等领域的立法,在宏观层面上创造有利于社会发展和公民合理有序参与社会治理的法律框架。第二要研究区分政府、社会组织与公民在社会治理中的分工边界,积极培育、支持社会组织在社会治理中发挥重要作用,完善政府向社会组织购买服务的竞争机制,在中观层面上营造扶持社会组织发展壮大、政府与社会组织合理分工的政策环境。第三要加大财政资金向社会治理体系建设的倾斜力度,积极引导社会资本投入参与社会治理,形成多元化的社会治理投入机制。

(二)创新发展是总动力:聚焦推进增长动力重构,迈向创新主导的双核驱动型经济

(1)加快构建"链式"创新制度,打造形成市场化的"综合创新生态系统"。创新本质上是一种市场决策活动,创新作为一种产品从最初企业在实验室技术研发到金融与人才要素投入最后到创新成果交易需要一个完整的市场"闭环"及其体制环境。当前第一要坚持完善以企业为主体、"企业出题、政府立题、协同破题"的市场化技术创新体系,大力培育创新型企业,扎实推进重点企业研究院培育、重大项目支持、科技人才派驻"三位一体"的产业技术创新综合试点,提高创新密集度,做强创新源头。第二要构建多层次创新金融市场。高度重视金融业对创新成果的催化,打造省级债权平台、省级非上市股权交易中心等创投市场,弥补上市直接融资难度大、银行贷款要求高、信托融资成本高等缺点,降低中小型创新企业或创新团队对创新项目进行融资的门槛与难度。

第三要强化知识产权运用和保护,为创新主体的创新活动提供基本保障,增大创新需求激励。

(2)重塑浙江企业家精神,推进重在市场发现和价值挖掘的创新应用,促使国内外新兴技术在浙江率先大规模产业化应用。新兴产业处于国际产业动态前沿,应充分发挥浙商群体最擅长的强势技能:率先发现商机—迅速大规模商业化生产—占领市场。面对以大数据、物联网、新能源、新材料等为代表的新技术,当前首先要激发浙江企业家的市场发现能力和商业创新精神,依托民间资本充裕优势,积极利用开放式创新手段,率先推动新兴技术在浙江市场化规模化量产,打造新兴产业竞争优势。其次要加快对传统优势产业及其集群进行高技术化、绿色化和知识化改造升级。通过技术进步、管理创新、品牌构建、战略合作和兼并重组,鼓励传统产业升级发展中高技术密集型制造,转型发展科技服务、信息服务和创意等生产性配套服务业,实现传统产业整体素质提升和价值升级。

(3)坚持人才优先发展战略,强化对国内外优秀人才、先进技术团队等创新要素的凝聚吸收,夯实创新智力基础。一是要充分发挥现有教育资源,加大教育改革力度。二是要进一步提升高等教育的发展水平。为科技创新提供一批科研人才和应用人才支持,增加浙江省的人力资本存量。三是要招商引智,优化现有海外和省际人才引进。以"海创园"和国家级高新区等为平台吸引外部人才的进入。鼓励海归人才来浙江创业,提供良好的政策支持和金融保证。四是要提高企业家培训水平,增强浙江企业家的科技素养和创新意识。

(三)产业升级是总支柱:加速产业高端化新兴化服务化发展,绘制经济结构新图景

(1)建设国际重要的信息经济高地。一是发展基于云计算和大数据的新一代信息技术,确保在这一信息经济基础领域的领先地位。二是促进互联网时代信息化和工业化"两化"的高度融合,以及工业化、信息化、城镇化、农业现代化同步发展。三是鼓励和引导一批智慧城市产业的发展。以信息带动智慧政务、智慧交通、智慧医疗、智慧养老、智慧教育、智慧社区等公共服务领域发展。四是坚持高端化发展路线,优先发展云计算和大数据产业、电子商务、物联网产业、智慧物流产业。

(2)建设全国民营金融和财富管理服务中心。充分调动浙江民营资本和民间资金,大力创新互联网金融、小微金融、租赁金融等新型金融,建成与上海国际金融中心相协同联动的全国性金融强省和中小企业创新创业金融服务中心。第一要加快发展地方金融业,通过大力推动符合条件的地方法人银行、期货、信托、证券和保险公司上市,发展壮大一批"浙商系列"总部金融机构,多渠道推进企业上市,积极推动各类创投公司的发展,创建一批符合浙江特色的新型金融机构。第二要抓住设立民营银行试点开放的契机,推动民营银行、互联网银行的建立,为中小企业打造"伙伴银行";促进地方城市商业银行加快改革发展。第三要进一步推动私募、基金、财富管理市场发展。坚持政府性母基金和市场化私募母基金并举,努力争取国内外主权基金、社保和养老基金、保险资金、大型国企和民间资本参与。

(3)大力发展海洋经济等战略性新兴产业。一是可持续发展海洋经济。进一步推进宁波—舟山一体化,打造以宁波—舟山港为龙头,嘉兴、温州、台州等为组合的沿海港口体系,大力发展海洋运输物流服务,打造区域"航运中心"。二是大力发展海洋产业。巩固水产品加工、船舶修造等传统海洋产业,有序发展海洋装备、临港石化等临港重化工,大力发展海洋生物医药、新能源等海洋高科技以及海洋旅游等海洋服务业。三是积极对接国家"一路一带"战略,特别是"21世纪海上丝绸之路"建设。战略模式上,加强综合保税区、开发区(工业园区)间的跨国合作。同时,结合浙江企业境外梯度转移态势,加强和优化政企合作,支持浙江海外生产、销售基地建设及其区域性零售、物流网络搭建,努力打造以浙江为科研、决策、贸易等总部基地,形成以海上丝绸之路国家生产、消费的雁行经济格局。

(4)建设具有全球影响力的电子商务贸易与物流中心。现代商贸物流是国际产业链和价值链的微笑曲线高端环节,"十三五"时期必须进一步发挥浙江市场大省优势,推动浙江向实体市场、网上市场、跨境市场整合统一的现代贸易强省升级发展。第一要依托宁波—舟山港为核心、嘉兴港和温台沿线港的沿海港口体系,大力发展与上海差异化定位的国际大宗商品物流与国际集装箱物流中心。第二要充分发挥义乌市国际贸易综合改革试点机遇,将义乌市进一步打造为全球性中小商品现代贸易中心城市。第三要依托阿里巴巴等国际型电子商务龙头企业,大力发展线上交易和电子跨境贸易。第四要强化遍布各县(市)的专业市场升级,加强品牌展示、仓储物流、商务办公、网上交易、产品研发、休闲娱乐等周边延伸服务功能,推动专业市场向一站式、复合型、现代化的综合商贸物流中心垂直升级。

(四)城市聚核是总枢纽：以都市经济区建设总领新型城镇化和城乡统筹发展机制，铸造现代成熟都市文明

(1)推进"都市经济区"战略，重点打造两大核心都市，形成浙江应对未来全球竞争的战略高地。当前浙江前两大城市杭州、宁波与同类别的南京、苏州、青岛等沿海城市相比，不仅在省内人口集聚度较低，而且产业层次仍停留在传统制造业为主，高端新兴产业和生产性服务业发展明显不足。进入"十三五"时期，第一要明确支持将杭州、宁波推动建设为具有广泛国际影响力和国际竞争力的两大核心城市，强化面向国际一流标准的要素凝聚平台建设，增强两市中心区对全球资本、创新等高级要素的集聚功能，形成全省创新驱动产业升级的不懈源泉。第二要加快两核心城市的产业服务化、价值高端化、城市品质化发展，着力推动核心城市与其他县(市)产业分工格局有水平竞争向垂直整合转型。第三要推动两核心城市开放度的跨越升级，成为全省接轨国际国内社会发展的主要管道和窗口、辐射带动周边地区经济社会发展的重要引擎。

(2)推进"都市经济区"战略，在全省优先打造四大都市经济区，探索以整个都市经济区为新的单位治理空间，创新城乡统筹发展方式，一体化解决人口户籍、县(市)财政、土地调剂、服务差异等传统城乡失衡难题。目前杭州、宁波、温州和金华—义乌等四大都市经济区发展条件相对成熟，应加快探索以整个都市经济区为新的单位治理空间试验，创新城乡一体化发展新经验。一是建立都市经济区发展联席会议等顶层统筹机构，大胆创新都市经济区内部跨县、跨市域的要素自由流动、规划共连和资源共享机制，推进区域中心城市与相邻县(市)一体化发展。二是加大城乡统筹发展力度，率先在都市经济区内部推进城乡户籍制度改革和公共服务均等化进程，放大都市现代服务业和公共服务业的辐射半径，努力实现覆盖城乡居民人人公平享有更高质量的五项基本公共服务，即"学有优教，病有适医，劳有应得，住有安居、老有善养"，确保提高居民收入、分享发展成果的机会均等。三是充分利用都市区管理具有居民社会发展较成熟、治理网络效应明显的条件，优先鼓励民间和社会力量参与都市区内部的公共服务提供、公共决策参与等社会事务，积极发展城市文明。

(3)推进"都市区经济"战略，促进县域块状经济向现代国际性专业化产业集聚区升级转型，打造一批立足于全球经济版图上的特色产业制高点型城市。以县域为单位的单打独斗模式很大程度上解释了块状经济为何无法向现代产业集群升级的原因。当前首先要跳出县级行政区划的空间束缚，从主导优势

产业集群发展的市场自身需求出发,在更高视野统筹整合强县、强县周边县以及强县所属城市之间的服务资源与要素资源,打造以现代产业集群为核心的制高点型城市,强化发展与特色产业集群相配套的总部型企业、创投风投中心、特色工业设计基地、新品博览与贸易中心,推动都市服务区与产业集聚区协同互动发展,最终在省内形成一批立足于全球特色产业版图上的制高点型城市。

(五)开放提升是总杠杆:构建新型纵深开放格局,打造全球开放新浙江

(1)开放动力调整:率先营造接轨世界最新先进标准的国际投资规则环境,大力凝聚外资外智外企,推动浙江由长期单一的内源主导型向内外源混合动力型战略调整升级。当前第一要充分挖掘全国新一轮开放升级的政策窗口,加快以舟山群岛新区为依托,积极申报国内第一个港区联动性自由贸易区——舟山自由港区,尽快建成达到全球先进标准的国际贸易和跨国投资环境,将舟山港区建设成为打造浙江开放型经济升级版的战略引擎。第二要在全省推进最优营商环境构建,大力强化引进外资外企进程,推动浙江本土企业和国际企业公平有序竞争。第三是要以杭州市国家级未来科技城为基础,在其他综合型都市区内设立同类高级别创业园,进一步加大对国外智力、技术、创业团队的引进力度,强化国际新兴产业的推广速度,充分发挥开放战略调整对创新转型、增长质量提升、产业升级的杠杆效应。

(2)开放层次调整:有效培育浙江系跨国公司,增强直接对海外稀缺高级要素的整合配置能力,推动由单一产品输出向国际资源配置调整升级。第一充分发挥浙江工商资本实力雄厚特点和优势,鼓励优势行业企业横向兼并重组,整合省内国内资源,提高行业集中度,打造行业龙头企业。第二创造政策激励,引导鼓励龙头企业"走出去"到国外进行攫取和配置国际低流动型稀缺要素,进行跨省、跨国上下游垂直兼并重组,突破国内技术、品牌、渠道、创新等高级要素匮乏瓶颈,形成规模更加强大、优势更加明显的跨国企业集团公司,率先在海外攫取高级版开放红利。提高浙商国际地位,推动浙商群体成为国际上独特的一股经济力量。

(3)开放效益调整:强化技术创新和品牌覆盖,驱动浙江竞争优势产业由廉价低端市场向国际中高端市场调整升级。"大纺织、小电器"等轻工制造业是浙江长期以来的优势产业,轻工型产业并不必然是低附加值产业。相反,法国、意大利、日本甚至以重工业著称的德国,也存在众多轻型产业中的全球"隐

形冠军"。对当前浙江众多优势产业,必须加大技术原始创新与开放创新力度,采用并逐步引领国际先进标准,提升产品品质,向上游开发新材料、新功能,向下游进军高端设计、高端品牌和高端市场,全面提升优势产业的国际话语权和国际营利能力。

（六）民生丰裕是总落脚点:建设"橄榄型社会",推动全体居民生活质量同步跨越升级

（1）按照抑峰填谷思路,加快推进基本公共服务均等化。一是增强社会保障制度公平性和科学性,加快推进机关事业单位社会养老保障制度改革,稳步提高城乡居民基础养老金水平、城乡居民基本医疗保险筹资水平和公共卫生筹资标准,建立健全社会保障待遇确定和调整机制,控制和缩小社会保障待遇的群体差距。二是加强老年人、残疾人、儿童等特殊群体保障服务,保障其有尊严地生活和平等参与社会生活。三是深化医药卫生体制改革,全面加强基层医疗卫生服务,优化医疗卫生服务资源配置。四是在对房地产市场进行有效监管的同时,致力于完善多层次的住房保障体系,通过多渠道解决支付能力相差悬殊的住房需求,保障所有常住人口的居住权。

（2）以产业结构升级与就业结构改善的"匹配型"思路为重点千方百计提高就业质量。在劳动力市场一体化的背景下,产业结构决定就业结构,就业结构决定劳动者就业质量。当前,首先要通过设立两条"门槛":企业准入门槛、就业准入门槛,倒逼产业结构调整升级,改变劳动力需求总量和结构;其次优化人口生育政策、迁徙居住政策和职业教育培训,加快推进由补供方为主转向补需方为主的职业技能培训投入机制,以市场需求为导向改进职业教育的培训方向,全面推行工学结合、校企合作、顶岗实习的职业教育模式,形成结构匹配性的高素质技能型人才的活水源头,改变劳动力供给总量和结构。

（3）坚定不移支持中等收入群体发展壮大,以建设"橄榄型社会"推动经济升级,形成巨大需求拉动力。国际经验表明,中等收入阶层创造着支撑经济增长所需的巨大消费市场、对教育的投资、制度化的储蓄和社会动员力,也是维护社会稳定的重要力量。因此,一要进一步优化创业环境,创造新兴就业机会,建立更多适合于创业者及白领的就业岗位,包括管理层、专业技术人员和社会服务岗位。二要通过把劳动生产率、附加值率、人力资本与创新能力、员工报酬水平和工资支付能力作为招商选资的重要依据,促进劳动收入比上升。三要多渠道增加城乡居民财产性收入,近期要抓住温州金融改革试点的机遇,

设计适合小额投资者的金融工具,把拓展企业融资渠道与增加居民财产性收入有机结合起来;同时要特别注意在城乡一体化进程中,完善土地产权和用地管理设立,使土地和房产收益成为农民财产性收入的重要来源。

（七）生态美化是总保障:升级山水环境保护标准,再现碧水蓝天美丽生态

(1)建立绿色经济发展长效机制,从末端控制转向源头控制。一是政府要给予企业、科研院所研发补贴,鼓励研发主体从事节能环保技术的研究和开发。进一步强化政产学研体制在推动节能环保技术研发上的积极作用。二是采用多种政策手段推广节能环保技术的应用。激励企业采用绿色技术、生产绿色产品、采用清洁工艺,实施工厂园林化工程,利用绿色技术全面改造一、二、三产业,从源头上扭转生态污染。三是要加强节能环保技术的国际合作,通过"走出去"和"引进来",建立中外合作的协同创新机构,加快绿色经济的发展。

(2)建立健全碳排放权、排污权、水权交易、生态环境补偿、政府绿色采购等生态市场制度。一是要进一步推进碳排放数据的检测和对外公开制度。目前,政府尚未公布碳排放数据,使得环境保护政策缺乏科学的决策基础。二是要制定有关碳排放权、排污权、水权交易的政策、法规,坚持使用"资源付费和谁污染环境、谁破坏环境谁付费"原则。形成充分反映资源环境要素全周期成本的价格体系,引导能源和排放容量的优化配置。三是建立吸引社会资本投入生态环境保护的市场化机制,推行环境污染的第三方治理。

(3)强化节能环保等市场准入标准,体现更高生态文明要求的市场准入门槛。一是要制定相关的行业准入标准。借鉴发达国家的标准和相关措施,适应目前的发展阶段并稳妥地推进和提高现有准入标准。二是要加强对行业准入标准的执行力度。一方面,对未能达到准入标准的企业坚决不予进入市场;另一方面,对尚未达到行业准入标准的原有企业进行限期整改,乃至责令退出市场。三是依据行业准入标准,"招商选资"。将一批经济效益好、环境污染少的外资引进,避免引进高耗能、高污染的外资项目。

(4)创新政府在生态文明建设中的管理职能。一是要完善发展成果考核评价体系,纠正单纯以经济增长速度评定政绩的偏向,加大资源消耗、环境损害、生态效益等指标的权重。二是进一步优化"公共产品"的供给,强化政府的基础性作用。以"五水共治"工程为突破口,继续谋划实施一批山系绿化工程、空气洁净工程等全面参与型生态保护行动,力争在五到十年时间内再现碧水蓝天。

下篇

浙江省"十三五"规划基本思路研究分报告

浙江大学课题组

2014 年 12 月

目　录

分报告一

"十三五"时期浙江省提升政府治理能力的总体思路与战略举措研究

目　录

【报告执笔人:郁建兴、黄飚、冯涛】

党的十八届三中全会指出,"全面深化改革的总目标是完善和发展中国特色社会主义制度,推进国家治理体系和治理能力现代化"。围绕这一目标,《中共中央关于全面深化改革若干重大问题的决定》强调"使市场在资源配置中起决定性作用"和"解放和增强社会活力,提高社会治理水平"。毫无疑问,提升作为现代国家治理结构重要组成部分的政府治理能力,是深化经济体制改革和社会体制改革的紧迫要求。只有正确处理好政府和市场、社会关系,创新政府治理,才能从根本上推进国家治理体系和治理能力现代化。

政府治理能力不同于政府能力。政府能力强调政府单一主体的管理,自上而下的科层制组织与控制方式。在强调治理的新时代,合同外包、结成公私伙伴关系、第三部门服务供给、政府购买服务以及其他形式的合作等新的治理方式将被大量采用,民主、参与式、互动式的多元主体治理的发起问题、可持续问题、绩效问题、责任控制问题都已出现。因此,提升政府能力迫切需要向提升政府治理能力的转变。

政府治理能力是指政府治理的水平和质量,是对政府治理模式稳定性、有效性和合法性的直观度量。较高的政府治理能力意味着政府对经济社会运行具有较强的调节能力,能够较好地规避市场失灵,提高社会成员的总体福利水平。概括地说,政府治理能力是政府为增进公共利益,转变政府行政方式,调动和协同社会多元主体共同参与社会事务管理,并不断调整治理方式以达到最佳的社会运行状态的行政水平和能力。政府治理能力更加注重发挥多元社会主体包括企业组织、社会组织及社区的作用,以达到与这些主体对社会共治的目的;更加注重行为方式的选择,通过与多元社会主体的协商来实现对社会的有效治理;更加注重治理依据的多样性,在依法治理的基础上,通过非强制性契约方式与治理对象达成共识。

根据增强市场内生动力和激发社会活力的目标,简政放权是新一轮政府改革的核心,它也是政府治理能力现代化的内在要求。李克强总理在 2015 年《政府工作报告》中强调要"用政府权力的'减法',换取市场活力的'乘法'"。简政放权需要政府向市场、社会和低层级政府放权、还权,还需要政府进一步厘清自身职责范围,完善治理结构,创新治理方式,从而更好地适应竞争性市场体系建设和社会治理体制创新的要求。相比于以往改革,新一轮政府改革更加注重改革的主动性、适应性、系统性和协同性。

"十二五"时期,浙江省以"平安浙江"和"法治浙江"建设为重点,把强化政府公共服务和社会管理职能、减少政府对微观经济活动的干预作为加快政府职能转变的重要切入口,着力推进经济体制、政治体制、文化体制、社会体制等领域的改革创新,强调改革的统筹协调和整体推进,积极探索有利于科学发展的体制机制。但也必须看到,传统理念影响、利益障碍、法律法规限制等要素都是制约进一步转变政府职能和提升治理能力的不利因素。

"十三五"时期,是地方政府目标从单一的经济发展进一步向多元目标转变的过程,更是全面深化改革的攻坚期,应认清发展形势,把握问题症结,全面深化政府治理改革,切实解决现实问题,是"十三五"时期浙江再创体制机制新优势的重要保证。

一、现实基础和发展环境

(一)现实基础

"十二五"时期是浙江发展极不平凡和取得巨大成就的五年,是全面深化改革、加快转变经济发展方式的关键时期,也是全面建成惠及人民的小康社会的攻坚时期。面对国内外环境的深刻复杂变化和全球宏观经济下行的巨大风险挑战,全省上下认真贯彻党的十八大、十八届三中全会重要精神,深入实施"八八战略",围绕干好"十三五"、实现"四翻番"目标,大力弘扬浙江精神,锐意进取、共克时艰,经济保持平稳较快发展,政府改革得以全面深化,社会治理取得全新成就,文化发展迈上更高台阶,美丽浙江建设扎实推进,成功开启了全面深化改革时代的历史新篇章。依各领域目前情况,"十二五"规划制定的主要目标和任务总体完成情况良好,尤其在全面深化改革的新征程上迈出重大步伐,为"十三五"发展打下了坚实的基础。

综合经济实力稳步增强。在国际经济下行压力渐增、国内经济增长总体放缓的背景下,2014 年全省生产总值达到 40154 亿元,突破 4 万亿元大关;人均GDP72967 元,突破 7.2 万元关口,增长 7.3%;地方财政收入不断增加,欠发达地区经济增速普遍高于发达地区。

产业转型升级成效显著。高新产业发展迅速,创新驱动更加明显,研究与试验发展经费占 GDP 比例逐年提升,2014 年已达到 939.6 亿元,占 GDP 总量 2.34%,经济结构战略性调整加快推进,产业结构进一步优化,2013 年第三产业增加值占 GDP 比重达 47.9%,第三产业比重首次超过第二产业。

基础设施建设快速推进。综合交通、水利、能源、信息"四大网络工程"进一步铺开,一大批重点项目加快推进,综合交通运输体系的运行效率和服务水平显著提升,水利设施体系逐渐完善,能源保障能力进一步加强,"三网"融合进展良好、信息化水平全面提高。

社会民生明显改善。2014年浙江全体居民人均可支配收入32658元,同比增长9.7%,其中城镇居民人均可支配收入和农村居民人均可支配收入分别达到40393元和193737元,城乡收入差距进一步缩减,居民消费水平不断提升,基本公共服务体系逐步完善,覆盖城乡居民的社会保障体系基本形成,惠及全省人民的小康社会预计在"十三五"时期全面建成。

城乡一体协调发展。新型城市化进程不断推进,2014年全省城市化率达到64.87%,开始步入成熟阶段,区域中心城市集聚辐射能力逐渐增强,小城镇、中心镇迅速成长,欠发达地区城市化进程快速推进,区域差距不断缩小,城乡一体化建设迈上新台阶。

环境治理取得突破。以"治水"为突破口倒逼转型升级,"五水共治"取得明显成效,资源环境保护投入力度逐年增加,单位工业增加值能耗显著下降,主要污染物排放控制在合理范围内,总体能够完成"十二五"规划确定的节能减排目标,可持续发展能力显著提升,美丽浙江建设取得实效。

上述各领域取得的重大成就,很大程度上得益于"十二五"期间浙江省行政体制改革的全面深化和政府治理能力的不断提升。浙江省以"简政放权"作为撬动改革的突破口,全面深化行政、财税、投资体制等多领域改革,释放出巨大的改革红利,并积累了一整套政府改革的成功经验。"十二五"期间,浙江省率先在全国公布省、市、县三级权力清单,行政审批事项大幅削减,首创"全流程"审批制度以打造"办事最快政府","四张清单一张网"基本形成,"法治浙江"成果丰硕,服务型政府建设进入全新阶段。

在取得可喜成就的同时,我们也应看到部分领域发展中存在着一些问题和不足:经济增速放缓,产业转型升级瓶颈开始显现,发展中的结构性问题和深层次矛盾依然存在,资本要素对经济增长的牵引作用逐渐弱化而新兴动力不足,自主创新能力有待加强,内外需求仍然乏力,进出口贸易表现疲软,能源资源环境约束趋紧,经济发展转型压力加大;城乡区域发展不够协调,不同群体收入差距依然显著,城乡居民收入持续稳定增长的基础还不稳固,社会活力尚未得到全面激发,社会治理缺乏体系化,不稳定因素仍然较多;应对自然灾害、事故灾难的能力不强,部分地区生态环境恶化趋势尚未得到有效遏制。

要解决上述问题,首先要突破原有体制机制的积弊,进一步深化行政体制改革,提升政府治理能力。"十三五"期间,应进一步转变观念,以更大的勇气和决心冲破传统思维的束缚、突破利益固化的藩篱,加快健全法律法规,改革市场监管、不断完善现代市场体系,进一步增强社会发展活力、提升社会治理水平,继续创新服务供给方式、完善公共服务体系。"十三五"期间,浙江省政府治理能力的进一步提升和政府治理体制机制的全面创新将成为各领域发展的坚实保障和重要推力。

(二)发展环境

"十三五"期间将是我国重要的战略转型期,浙江省在提升政府治理能力方面,将主要面临如下发展环境:

1. 政府改革进入全面深化的新阶段

党的十八届三中全会开启了全面深化改革的新时期,并提出"全面深化改革的总目标是完善和发展中国特色社会主义制度,推进国家治理体系和治理能力现代化",提升政府治理能力作为其中重要的组成部分,成为下一阶段政府改革的主要内容。

围绕政府治理能力提升,必须转变政府职能,正确处理好政府与市场、社会的关系,减少对市场和社会的过度干预,代之以"凡公民、法人或者其他组织能够自主决定,市场竞争机制能够有效调节,行业组织或者中介机构能够自律管理的事项,政府都要退出",使政府成为市场和社会的补充机制。这将为浙江省建立完善现代市场体系以及创新公共服务供给方式等提供良好机遇。

另一方面,当前改革已进入深水区、攻坚区,障碍主要来自于传统观念的延续、法律法规的滞后、既得利益的固化等方面。与以往相比,改革面临的全面性、深刻性、复杂性、艰巨性前所未有,这也给浙江省"十三五"期间的改革深化提出了新的挑战。

"十二五"期间,浙江省以"简政放权"作为深化改革的突破口和关键着力点,在纵向撬动政府职能转变、横向撬动经济社会各领域改革和激发民间活力方面起到了积极的作用,形成了一整套行之有效的实践经验,并将在"十三五"时期提升政府治理能力方面发挥更为重要的作用。

2. 经济发展进入"三期叠加"的新常态

从国际来看,2013 年以来,美国经济缓慢回升和欧元区成员国持续复苏将给全球增长和贸易带来提振,预计全球经济近年总体将会保持较为平稳的恢复性增长势头。

从国内来看,目前整体处于经济增速换档期、结构调整阵痛期和前期政策消化期的"三期叠加"阶段。增速转档意味着我国经济已经从高速换挡到中高速的发展,这是由经济发展的客观规律所决定的;结构调整则是加快经济发展方式的主动选择,因为当前结构调整刻不容缓,不调整就不能实现进一步的发展;前期政策消化期是指在国际金融危机爆发初期实施的一揽子经济刺激计划目前还处于消化之中,这是化解多年来所积累的深层次矛盾的必经阶段。此外,浙江省还面临要素投入效应快速衰竭、传统发展模式优势逐步弱化而创新优势尚未形成,从而可能跌入"中等收入尾部陷阱"的风险。"十三五"时期,浙江省将着力实现经济社会发展方式深刻转变,从投资主导向改革推动转型,从数量发展型到质量发展型转变。因此,全面深化政府治理改革、再创体制机制新优势正当其时。

3. 新型城市化建设步入"成熟稳定"的新轨道

截至 2014 年,浙江省常住人口城市化率已达 64.87%。根据国际惯例,城市化率达到 60%~70% 开始步入成熟阶段。可见,浙江省目前已处于快速发展阶段的后期,速度将渐趋放缓并逐步迈入成熟阶段。通常在此阶段城市人口承载量开始趋于饱和,人口布局逐步稳定,此后少有大幅度变动,公共服务的供给对象和规模也能在很大程度上加以确定,因此应适时考虑如何进一步优化城镇及人口布局;另一方面,尽管城镇人口总量一般变化不大,但由于交通运输发达、产业集聚形成,地区人口流动性将显著提升,人口流入流出会形成相对稳定的动态平衡,尤其是随着浙江省全球贸易日益发达,外籍人口流动也将大幅增加。因而,社会治理与公共服务需要更加灵活多元才能与人口跨地区平稳流动的新常态相匹配。

总的来说,"十三五"时期浙江省城市化进程与经济发展进程相类似,总体上将处于由快速推进期向成熟稳定期的过渡阶段、由行政推动向内源发展的转换阶段、由城乡二元向城乡一体的跨越阶段、由总量提升向均衡发展的巩固阶段以及由规模扩张向内涵丰富的全面建设阶段。因此,"十三五"时期对于我省新型城市化进程将是一个环境因素复杂、挑战与机遇并存的战略转型关键期。浙江省必须从新一轮城市化发展现实要求出发,及时转变政府职能,创新政府治理方式,更好地回应并促进新型城市化发展。

4.公共服务面临多元优质的新需求

"十二五"时期浙江省基本公共服务已实现总体覆盖,但优质服务资源紧缺、区域城乡公共服务数量分布不均、质量差距明显等问题依然存在。"十三五"时期,浙江省公共服务面临由"扩大覆盖保基本"向"提升内涵谋发展"层次的转变。

首先是公共服务供给水平的变化。"十三五"期间浙江省或将进入"高收入经济体"序列,相应地,民众消费能力提升、选择公共服务的主动意识增强,已不再满足于基本层次的服务供给,而是有了更多发展型、改进型需求,对公共服务水平的要求更高。其次是公共服务供给领域的变化。随着收入水平的提高,通常也会产生更为多元化的公共服务需求,对各领域的关注度也会产生相应变化。先发地区经验表明,在此阶段民众往往由于收入提高而弱化对基本保障领域的关注,转而更为重视环保、科技、文化、教育等与生活质量或自我提升相关的领域。公共服务领域需要更加多元化。再次是公共服务供给方式的转变,这是上述两种变化的必然结果,由于政府单一提供的公共服务无法同时满足多元性和高层次两大需求,公共服务供给体系的改革升级将是必然趋势。

总的来说,"十三五"将是浙江省公共服务事业突破转型瓶颈、迈向更高层次的关键时期。公共服务需求的快速变化要求政府加快治理能力的提升,创新公共服务供给方式,使服务供给主体多元化,为市场和社会的作用发挥提供更大空间。

5.社会治理迎来"体系整合"的新挑战

党的十八届三中全会指出,要增强社会发展活力、提高社会治理水平、激发社会组织活力,"实现政府治理和社会自我调节、居民自治良性互动"。在此背景下,新一轮政府与社会关系的调整将在"十三五"期间全面铺开,政府将进一步减少对社会的干预,社会组织及基层自治组织的活力有望在更大程度上得到激发和解放。浙江省社会组织数量及社会工作者数量均居于全国前列,发展态势强劲,本轮政社关系的新调整为浙江省社会组织及基层自治组织在社会治理与公共服务领域发挥更大作用提供了良好的战略契机。

随着新型城市化的推进、经济总量及人均收入的增长,尤其是"十三五"期间将实现人均GDP1.5万美元的新跨越,浙江省社会结构将发生进一步变化,外来人口流动、贫富差距明显、群体性事件频发等诸多问题的叠加将对浙江省社会治理能力提出更高的要求,并且需要政府在职能转变的同时,更要把传统观念中的"社会管控"转变为"社会治理",大力培育社会组织,加强社会组织能力建设,使其优势得以更充分发挥,构筑"专业化服务、网络化治理"新格局。

"十二五"期间,浙江省社会治理创新数量大幅增加,但总体存在碎片化、协调性不足等现象。"十三五"期间,面对众多潜在社会问题,需要政府进一步发挥顶层设计的优势,将社会治理创新体系化、制度化,并在更大范围内推广应用,使治理创新发挥更加显著的效果。

二、指导思想、主要原则和发展目标

(一)指导思想

全面贯彻落实党的十八大、十八届三中全会和十八届四中全会精神,紧紧围绕"推进国家治理体系和治理能力现代化"的总目标,立足建设"物质富裕、精神富有"的现代化浙江要求,以提升政府治理能力为基本目标,全面、深入实施政府管理体制改革,以简政放权为改革主线,以改革经济体制和社会体制为基本点,以法治建设为基本保障,着力深化政府自身改革,着力完善适应新型城市化建设的管理体系,着力明确政府与市场边界,着力优化政府与社会关系,着力提高公共服务供给质量,推进依法行政,加快建设法治政府,提升政府能力,激活市场内生力,激发社会活力,实现经济建设从"投资主导"向"改革推动"转变,社会建设从"社会管控"向"社会治理"转变,生态文明建设从"数量发展"向"质量发展"转变,为实现美好社会建设目标提供完善的体制机制保障。

(二)主要原则

全面深化改革原则。充分认识并尊重市场决定资源配置与社会发展和社会建设的基本规律,切实转变政府职能,深化行政体制改革,简政放权,处理好政府与市场、社会关系,从根本上优化政府治理结构,提升政府治理能力。

法治原则。依据"法治中国"总部署,以深化"法治浙江"建设为契机,运用法治思维和法治方法解决治理问题。充分发挥各级人大在改革决策中的重要作用,深入推进法治政府建设,扫除改革障碍,增强改革动力,巩固改革成果。

与时俱进原则。适应经济新常态、新型城市化新要求,立足全面深化改革的新阶段,适时转变权力运行方式,转变政府职能,创新职能履行方式,再创浙江省体制机制新优势,全面推进经济社会体制改革。

因地制宜原则。高度重视省级层面在治理体制改革总体性、原则性与目标导向方面的引领作用,立足各地区的现实条件,激发基层在改革创新中的积极作用,及时总结和吸取各地创新经验,并将其上升为全局性政策措施。

协调推进原则。以全面深化改革为抓手,协调好省一级与各市县间、不同部门间关系,处理好局部利益与整体利益,近期建设与长远发展,经济、社会、文化与环境等范畴间关系,实现改革、发展与稳定的有机统一。

(三)发展目标

"十三五"时期,浙江省提升政府治理能力的总体目标是:按照党的十八大和十八届三中、四中全会总部署,适应美好社会建设及经济体制和社会体制改革新要求,以政府职能转变和政府职能履行方式创新为主线,全面深化政府治理改革,整体推进政府治理能力现代化。

——以深化"法治浙江"建设为契机,建设法治政府。健全建设法治浙江体制机制,从制度建设、体制机制创新角度推进"法治浙江"建设。以深化"法治浙江"建设为契机,为经济体制改革与社会治理创新提供制度性保障,从而确保改革的有效性。

——全面提升政府适应经济社会新形势能力,创建学习型政府。经济发展进入新常态,传统社会管理模式退出历史舞台,经济社会发展步入"大转型"、"大调整"时期,政府必须与时俱进,提高学习能力和适应能力,及时更新治理理念,转变政府职能,创新治理方式,切实提升治理水平。

——进一步简政放权,深化行政审批制度改革,构筑有限政府。同步纵向政府间的简政,同步横向部门间的简政放权放权,同步简政放权与法律、法规的修改完善。最大限度地减少各级政府对经济社会领域微观事务的管理,凡市场或社会能有效调节的事项,不再设定行政审批;凡可采用事后监管的不再前置审批。直接面向基层、量大面广、由地方管理更方便更有效的经济社会事项,一律下放由地方和基层管理。

——立足全面深化改革新阶段,建设有为政府。正确处理好政府与市场、社会关系,以"有效市场"构建推进"有为政府"建设,充分发挥市场在资源配置中的决定性作用,在此基础上,政府要在克服市场失灵上发挥重要作用,为"有效市场"建设营造良好的环境。

——全面推进政府职能转变,创新公共服务供给方式,建成服务型政府。这是市场机制和社会机制改革的内在要求和必然结果。简政放权有助于政府重点发挥公共服务和社会管理职能。为确保职能履行有效性,坚持政府负责的前提下,激发市场动力和社会活力,创新基本公共服务供给模式,形成多元参与、公平竞争的新格局。

"十三五"时期,是全面深化改革的重点推进期,也是浙江省加快实现"四翻番"目标,创建"物质富裕、精神富有"的现代化浙江重要时期。政府治理能力的提升,将成为全省经济社会稳定可持续发展的坚实保障和动力来源。"十三五"时期,浙江省应在转变观念,统一改革认知的基础上,进一步深化行政体制改革,提升政府治理能力,突破传统体制的束缚,突破利益固化的藩篱;以法治政府建设为基础,加快健全法律法规,基于法治精神重塑政府与市场关系,完善现代市场体系,让市场在资源配置中发挥决定性作用;理顺政府间关系,优化行政机构设置,深化行政审批制度改革,落实简政放权;厘清政府与社会关系,激活社会活力,创新社会治理方式,提升社会治理水平;创新公共服务供给方式,完善公共服务供给体系。

三、主要任务

浙江省民营经济发展比较快速,社会力量发育比较充分,地方政府改革与创新比较活跃,这为进一步改革创新体制机制奠定了很好的基础。围绕"十三五"时期政府改革的主要原则和发展目标,浙江省政府改革的战略举措可以从以下几个方面展开:

(一)深化政府自身改革,全面正确履行政府职能

继续推进"法治浙江"建设,强化依法行政。服务型政府必然是法治政府,依法治国、依法行政是服务型政府的基本前提和保障。应以"法治浙江"建设为重要抓手,首先在认识上转变法治是"管治工具"的错误观念,强化法治作为"规则意识"的正确认知。在此基础上,改进政府立法工作,完善重大行政决策机制。进一步健全立法机制,扩大公民对立法工作的有序参与,做到倾听民声、集中民智、体现民意,将民众利益转化为法律权利。坚持决策的科学化、民主化,使各项政策更加符合实际,经得起实践和历史的检验。明确重大行政决

策范围,完善决策程序,健全合法性审查、集体讨论票决、专家咨询、社会公示和听证、决策责任追究等制度,将保障民权规定为政府权力的目的。深化行政执法体制改革,切实做到规范、公正、文明执法。继续推进行政处罚权和综合执法改革。加快整合行政执法资源,减少行政执法主体和行政执法层次,提高行政执法效能。规范行政自由裁量权。加强对行政权力运行的制约监督,政府工作公开透明,让权力在阳光下运行,创造条件让人民群众更好地批评政府、监督政府。深入推进政务公开,完善各类公开办事制度和行政复议制度。充分发挥新闻舆论的监督作用,切实发挥监察、审计部门的职能作用。提高执行力和公信力。加强对政策执行情况的监督检查,强化行政问责,严肃查处失职渎职、不作为和乱作为行为。

全面推行权力清单制度,明确政府职权范围。2014年,浙江省已在全国率先公布了省级政府和部门权力清单,"十三五"期间,浙江省应在此基础上推进权力清单制度的覆盖范围,采取广泛多层的立体化形式展开,涵盖政府各个层级及主要领导岗位,涵盖政府各个部门及各类权力事项,建立地市、县区、镇街等各级政府及其组成部门的权力清单,进一步将权力清单制度延伸至所有行使公共权力的机构,并使其与法律、法规的调整同步,建立动态化、常态化查验更新机制。权力清单的编制与公开还需结合事业单位的分类改革。在权力清单的编制过程中,按照"政企分开、政事分开、政社分开"的原则,分类推进事业单位与行政机关的全面脱钩改制,做好过渡性安排,让权力清单真正系统、全面地呈现和规范行政权力及其衍生权力。同时,也要对制定出的权力清单进行合法性、合理性和可行性审查,做到"法无授权不可为",确保权力来源符合相关法律规定,权力行使符合地方实际。需要注意的是,权力清单制度的深入拓展可能受到法律和立法层面的约束。行政权力事项的设立依据,主要来自于相关组织法、行政许可法、行政处罚法等法律法规,这些法律法规实际上成为权力清单制度的改革红线与禁区。应深入研判全面深化改革的新形势,将不再符合改革形势、不再适应发展规律的法律法规通过合法程序进行调整或废止;对需要建立法律规范、加强监管的领域,尽快启动立法程序进行法律法规的补充和完善,为权力清单制度发挥正面效应清淤除障,并将权力清单制度可能的负面效应予以剔除,切实构建有效、完整的省域权力清单体系。

探索建立政府责任清单,合理界定部门职责。继制定政府权力清单之后,浙江省应在推行权力清单的基础上,同步开展政府部门职责梳理,探索建立政府责任清单。按照权责一致、有权必有责的要求,逐一制定责任清单;根据不同类别行政权力的职责定位和工作任务,落实责任主体,规范职责权限,明确相应责任,全面梳理各个部门的主要职责,并将各部门的职责以制度的形式加以确定,避免部门职责交叉重叠和推诿扯皮现象,理顺政府职能,实现"减权不减责",探索建立与政府部门行政权力相对应的责任清单。同时,责任清单制度的落实,需要坚实的核查监督制度作为保障。针对不同岗位明确各自责任,逐级分解责任归属、确定具体责任承担者,做到责罚措施具体化,责罚严格化,形成全方位、经常化、立体式的监督和责任追究机制,将责任清单和权力清单有机结合起来。另外,责任清单的进一步推进,还应将任务逐项明确责任单位、责任人,制定明确的时间进度表,落实责任清单建设,切实做到"法定责任必须为",加快构建"权界清晰、分工合理、权责一致、运转高效、法治保障"的地方政府职能体系和组织体系。

着力优化权力运行流程图,规范政府职能履行。权力清单、责任清单体系的构建应连带权力运行流程图的优化与落实。要以权力清单为依据,对每项权力进行精细化分解,制定各项权力的运行流程图,规范政府职权履行的行为,确保权力清单制度的实效化,纠正政府部门与公务人员的不作为、乱作为等现象。首先,依照规范行政权力运行和便民高效的要求,绘制各项权力的运行流程图,优化运行程序,着力减少内部运转环节,简化办事环节,缩短办理时限,提高运行效能。有法定程序的,按照法定要求细化流程;没有法定程序的,按照便民原则设置流程。同类行政权力且运行流程基本相同的,可绘制通用流程图;有关键性差异的,单独绘制流程图。取消和简化前置性审批事项,确需前置审批的,由有关项目审批部门协助办理,减少行政相对人的负担。其次,公开每一项权力的授予依据、名称编号、办事流程、责任单位等信息。行政权力清单和运行流程图公布后,要将行政权力纳入网上运行,结合浙江政务服务网建设,大力推进网上办事,明确办理时限,公开办理过程,及时反馈办理结果,强化权力运行监督,对权力运行进行全程、实时监控,促使显性权力规范化、隐性权力公开化,确保公权公用、规范运行、阳光操作,降低行政成本,提高行政效率。

(二)增强基层政府履职能力,推进新型城市化进程

加快财税体制改革,完善新型城市化背景下,基层政府的权力配套。推进扩权强镇,促进小城市建设,强化基层政府的社会治理和公共服务职能。浙江省于2010年启动全省小城市试点,首批27个试点中心镇已经在财权、事权、

人事权以及用地等方面得到了"扩权"。2014年4月,浙江省启动第二轮小城市培育试点工作,新增了16个镇作为新一轮改革试点镇。但是,人、财、事"三权"的扩大程度不匹配加剧了基层政府原本的权责不对等局面。"十三五"时期,浙江省的城市化发展应实现"由点到面"的战略转型,从"强镇扩权"逐步转为"扩权强镇",着力破除现有简政放权改革的局限,充分发挥基层政府权能,其关键在于完善财政税收体制,有条件的地方试行一级政府的每一城镇都具有一级完整的财政。以小城市试点镇为例,当前可以进一步延伸省管县财政制度,即由省直管43个小城市培育试点镇的财政。人、财、事三权匹配,是着力破除等级制行政体制对城市化发展的体制障碍,充分发挥市场在新型城市化进程中的决定性作用,促进大中小城市协调发展机制,完善城乡一体化新格局的基础保障。

深化人事制度改革,加强绩效管理约束,强化基层政府职能承接能力。在新型城市化进程中,基层政府正在承担越来越多的政府职能。在此背景下,应充分优化人员结构,依据事权合理确定人员编制,对编制进行结构性优化和调整,合理使用有限的编制,最大限度地减少群团组织占编,增加基层一线部门的编制数量。积极探索试行聘任制,扩大聘任制范围,通过引入竞争提高行政人员工作效率。建立健全人才选拔机制和政策扶持机制,积极鼓励新录用公务人员到基层培养锻炼和长期工作。建立高层级政府工作人员赴基层"轮岗"工作制,大力加强上级政府部门的中层干部下基层的比例和时间,指导帮扶基层政府职能承接与履行的实践工作。同时,改革激励机制,优化绩效评估体系,遵循按劳分配原则,建立完善薪酬与绩效挂钩、行政职务与行政级别脱钩的现代薪酬制度,严肃核查"在编不在岗、在岗不到岗"现象,充分调动全体基层干部和一线工作人员的积极性。

规划先行,引导各方投资,充分发挥政府在城市化进程中的积极引导作用。过去的城市化重点是城市面积扩大和人口比例增加,而新型城市化的重点在于城市要素出城进入城镇,包括产业和人口向城镇分流。这是与市场调节的方向相悖的。而且,目前农村城镇与大城市经济社会发展水平和市场化水平的差距十分明显,任凭市场调节,在优胜劣汰机制的作用下,农村城镇不但没有能力吸引城市发展要素,自身的发展要素还可能被城市吸走。未来五年,政府应在城市化进程中充分发挥积极的引导作用。首先,制定合理的城市发展规划。目前,城镇实际上是涉及县城、中心城镇、小城镇和新农村的结构。分散的城镇区位形不成集聚效应,达不到规模经济。新阶段,政府应科学规划、统筹安排,合理地规划大中小城市和小城镇的布局和功能,协调大城市、城市群、城镇密集地区城乡空间发展布局以及城镇建设、产业发展、耕地保护和生态环境等方面的关系,落实区域性重大基础设施控制用地、线性基础设施廊道、区域性生态绿地,为全省形成分工合理、分层竞争、有效协作、大中小城市协调发展的城镇体系提供依据。其次,创新财政政策作用方式。在保障财权配套的同时,着力实现从"挖坑放水"到"开渠引水"转变。加强政府投资引导,把基础设施建设和社会事业发展的重点放在农村城镇。政府按照规划在城镇进行基础设施、公共设施建设,并鼓励社会各方面的力量共同参与,充分发挥民间资金充裕和体制机制灵活的优势,通过民资造城、城镇国有土地出让、特许权项目经营、市场化筹资等途径,动员各方力量参与城市建设,加速城市化的整体进程。最后,还应注重城市化进程中的软件建设,使硬件建设与软件建设配套发展,协同提高,实现精细化管理、人性化管理、多元化管理的有效融合。

增加新型城市化发展和城乡一体化进程的体制机制供给,加速"人"的城市化。首先,落实教育、医疗、住房等方面保障。有序推进农业转移人口市民化,推进符合条件的农业转移人口落户城镇、并实现农业转移人口享有城镇基本公共服务。同时,同步推进工业化、信息化、新型城市化和农业现代化,推动形成以工促农、以城带乡、工农互惠、城乡一体的新型工农、城乡关系,促进城乡一体化发展。在理念上,从农民工市民化转变为农民市民化。对于试点小城市建设的中心镇,必须创造条件实现全域城市化,使农民享有同样舒适、便利的市民化生活方式,和市民一样都享有同等的公民待遇,真正实现"农民市民化"。其次,创新户籍管理制度,积极开展以本地农民进城落户原有权益可保留、当地城镇居民基本公共服务可享受、原有经济和财产权益可交易流转,以及外来务工人员积分落户、享受当地居民基本公共服务等为主要内容的户籍制度改革。实现农民市民化或城乡一体化的重心在于真正落实户口登记制度背后的教育、医疗、养老、低保、保障性住房以及土地利用等方面福利待遇的配套政策。最后,改革土地管理制度,关键是要尽快把土地权益落实到土地使用权人,同时赋予集体土地使用权完整的财产权,实现城乡土地同地同权同价,并确立集体建设用地直接入市的方式和途径。要基于市场机制让农民退出土地。切实保护农民权益,对于进城落户的农民,其承包地和宅基地流转或退出遵循自愿原则。妥善解决农村土地的综合整治和开发利用问题,一方面真正使土地使用权人成为土地的主人,尽快确立农民在此过程中的谈判主体地位,变"要我改造拆迁"为"我要改造拆迁";另一方面要遵循市场原则,形成合理的利益分配和共享机制。目前,应该对符合规划并已办理确权登记手续的经营性集体建设用地,开展土地使用权流转试点,探索试行集体建设用地流转模式和相关机制,探索建立经营性集体建设用地使用权流转收益分配及相应的税收调节机制。允许农村集体经济组织使用城市土地,利用总体规划确定的建设用地兴办企业,或以土地使用权入股、联营等形式参与开发经营,并依法办理用地手续。

(三)厘清政府与市场边界,发挥市场的决定性作用

进一步完善负面清单制度,充分激发市场活力。探索建立覆盖内外企一体化的投资负面清单,将禁止企业介入的领域和产业在投资负面清单上明确列出,对于负面清单未列出的领域,按照内外资一致的原则,将外商投资项目由核准制改为备案制(国务院规定对国内投资项目保留核准的除外),提高外资利用效率,进一步激发企业活力,促进政府简政放权。需要注意的是,在制定负面清单时,应该对以前的法律法规进行一次认真清理,尽可能减少上单名录。在民间资本的市场准入上,真正做到"非禁即入"。建立"违单投诉"机制。负面清单最好由第三方机构评估制定,并通过人大立法,以条例、法律的形式发布。在实施过程中,如有"违单"现象发生,应允许"投诉"。同时,为充分发挥负面清单的积极作用,同时防控可能产生的风险,需要不断自我完善,及时修正"负面清单",使"负面清单"的内容更加科学、完整,既符合现实省情,又符合改革开放政策。实现负面清单管理模式不是简单地"由正转负",把原来的鼓励类去掉,把禁止类和限制类合并起来,再加上其他一些限制条件,而是要进一步厘清政府与市场的边界。因此,要对各行业各门类进行重新分析评估,尽量缩短清单条目,放宽市场准入门槛。

结合负面清单制度,加强政府的事中、事后监管。大量简政放权后,政府更多的由事前审批转为事中、事后监管,实行"宽进严管"。结合权力清单与责任清单建设,各级各部门要抓紧建立健全事中、事后监管制度,推进监管重心下移,确保监管真正到位,当好市场秩序的"裁判员"和改革创新的"守护者"。首先,在监管范围上,负面清单管理模式的宗旨是要建立"以准入后监督为主,准入前负面清单方式许可管理为辅"的管理体制,这样就要求将传统的主要关注准入阶段的监管,转向加强对运营阶段的全程监管。其次,在监管方式上,必须构建严格、完备、有效的监管体系和风险防范体系,包括信息共享、安全审

查、反垄断审查、技术标准、信用体系、行业监管等事中、事后监管机制,以及权责利相统一的综合执法体制。应当深化行政执法体制改革,降低行政执法重心,加强食品安全、安全生产、环境保护、劳动保障等重点领域的基层执法力量。最后,在监管责任上,有关监管机构必须依照负面清单所明确的内容,对照市场的经营行为实施监管,如果在监管的过程中出现重大失误,监管机构将承担相关法律责任。对于负面清单之外的事项,监管机构不得以任何名义影响企业的正常经营活动。省级部门简政放权以后,要把更多的精力转到加强发展战略、规划、政策、标准等制定和实施上来,转到对市县工作指导和监督上来,在创造良好发展环境、提供优质公共服务、维护市场统一和公平竞争、维护社会公平正义等方面更好地发挥作用。

统一市场准入制度,推进资源要素配置的市场化改革。坚持公平开放透明规则,落实"非禁即入"原则,各类市场主体可依法平等进入负面清单之外领域。取消和废止制约民间投资发展的各种歧视性法规规章和政策规定,大幅度放宽准入门槛,坚决破除"弹簧门"、"玻璃门"、"旋转门"。鼓励民间资本办医办学,进入公共事业、金融服务等领域,探索民间资本进入特许经营权领域。推进商事登记制度改革,加快推进改"先证后照"为"先照后证"工作步伐,把注册资本实缴登记制改为认缴登记制。深化土地要素配置机制改革,探索建立存量土地盘活、土地产出效益与新增建设用地计划指标分配挂钩制度,推进工业用地的弹性管理制度改革,建立低效利用土地的退出机制,总结推广低丘缓坡未利用土地的开发利用试点经验。深化能源要素配置改革,实行能源消费预算化管理,探索开展区域用能权交易试点,完善用电、用气差别化、阶梯式价格机制。深化水资源配置改革,开展流域用水总量控制和水权交易制度改革试点,全面实行阶梯式水价制度,探索建立中水回用和再生水利用激励机制。

推进民企创新发展,深化国有企业改革,积极发展混合所有制经济。首先,坚持权利平等、机会平等、规则平等,废除对非公有制经济各种形式的不合理规定,消除各种隐性壁垒,促进浙江省民营经济持续健康发展。切实抓好"个转企、小升规、规改股、股上市"各项工作,落实和健全"个转企、小升规"后续扶持政策,引导小微企业健全组织结构和改进管理;健全民营企业做大做强的引导机制,引导上规模民营企业加强制度创新、管理创新。完善"浙商回归"体制机制,健全回归浙商重大产业升级项目的资源要素保障机制,不断优化浙商回乡创业环境。其次,完善国有资产管理体制,以管资本为主加强国有资产监管,改革国有资本授权经营体制,探索组建国有资本运营投资公司,全面梳理经营性、非经营性国有资产,盘活存量,实现国有资产监管的全覆盖。准确界定不同国有企业功能,加大国有企业整合重组力度,加快国有企业上市步伐,培育若干具有核心竞争力的企业集团。进一步优化省属国有资本投向,更多进入社会公共产品领域、关系国民经济命脉的重要行业和关键领域,有效整合省、市、县国有优质资产。推动国有企业完善现代企业制度,健全法人治理结构,建立职业经理人制度,合理增加市场化选聘比例,强化内部管理和制度改革,完善国有企业考核评价机制,合理确定并严格规范管理人员薪酬水平、职务待遇、职务消费、业务消费,健全长效机制,强化国有企业经营投资的监督和责任追究。最后,鼓励国有企业引入战略投资者,支持民间资本参与国有企业改革重组,大力发展国有资本、集体资本和非公有资本等交叉持股、相互融合的混合所有制经济。国有资本投资项目允许非国有资本参股。鼓励混合所有制经济实行企业员工持股,形成资本所有者和劳动者利益共同体。健全归属清晰、权责明确、保护严格、流转顺畅的现代产权制度,确保各类投资主体权责利统一,充分激发各类市场主体发展活力。

(四)完善社会治理体系,推进社会治理能力现代化

完善法制建设,改革已有制度,构筑社会治理体系现代化的根本保障。法律是社会治理能力提升与社会治理体系完善的基础保障。社会治理体系的现代化要求以"法治浙江"建设为契机,紧密结合浙江省社会治理实际,强化治理理念,针对社会治理领域法律法规缺失、滞后问题,通过深入创新,立"新法"、改"旧法",规范、引导和推动社会治理各项工作依法运行,重点加强在社会组织监管、基层社会治理职能界定与履行、政府向社会组织购买服务、公民参与社会治理等领域的立法,对社会组织的法律地位、等级管理、权益保障、监管等方面做出进一步规定,对基层政府履行的社会治理职能进行明确界定并设置规范流程,完善政府向社会组织购买服务行为的指导和监管,合理有序地鼓励民众参与社会治理,在宏观层面上创造有利于社会发展和公民参与的政治与法律体系。

改革已有制度,优化社会治理体系现代化的政策环境。社会治理体系的现代化要求政府治理体制从"以经济建设为中心"转向"经济建设与社会建设并重",各级政府应充分摆正作为社会治理体系构建与完善的主导者的角色定位,重新考察属地社会治理现状,充分激活社会本身的治理创新能力,充分利用权力清单、负面清单等方式合理界定自身的权力边界,规范政府社会治理行为,推进政社分开,开放市场准入,全面推开社会组织的直接登记制度。同时,

切实区分公共服务与社会管理的职能边界，从制度上明确公共服务职能的部门分工与专业提供，属地社会治理的个性需求与积极回应，减轻基层政府部门的额外工作负担，提升社会治理能力，落实基层政府社会治理职能全面履行。另外，进一步发挥政府作为社会组织孵化器的角色，着力推进社会组织在社会治理中的作用与地位，切实防止在社会组织发展壮大后出现行政束缚、制约等阻碍社会自身发展的行为，完善政府向社会组织购买服务的竞争机制，在中观层面上，营造扶持社会组织发展壮大、鼓励社会参与治理、政府与社会组织合理分工的政策环境。

总结创新经验，鼓励公民参与，完善社会治理体系化建设。进入新世纪以来，浙江省各地在社会治理方面做了大量可贵的探索，无论是在社会服务领域（如义乌的工会社会化维权模式、衢州的农技 110、温岭的工资集体协商制度）、公民参与领域（如温岭的参与式预算改革、民主恳谈会、杭州的开放式决策），还是在社会监督领域（如武义的村务监督委员会、乐清的人民听证制度、绍兴的中心镇权力规制），都积累了许多宝贵的经验。然而，许多好的社会治理创新因为没有上升为正式制度而被中止，或者仅在小范围内实施。应当系统地总结全省各级政府的社会治理改革经验，建立社会治理创新评定机制，合理区分社会治理创新和常规社会治理手段，重新审视已有的社会治理经验，从"网格化管理、组团式服务"升级为"网络化治理、专业化服务"，及时将成熟的改革创新经验上升为正式制度，并在全省范围内推开。积极鼓励各级政府在社会治理创新较少的领域，如社会组织管理、社会治理应急管理、政府预算精细化公开、网络社会治理等，重点进行改革突破。将总结已有经验与加强薄弱环节相结合，全方位、多维度地完善社会治理体系建设。同时，社会治理体系的建立与完善要求充分尊重公民在社会治理中的主体地位，鼓励公民参与，培育公民精神。公民是社会力量参与社会治理的基本单位。公民的参与程度直接影响社会力量自身的发育。虽然各地政府的社会治理创新也不同程度地表达了希望公民参与的意愿，但是受到旧有制度惯性等的影响，公民参与的程度仍然较为有限。中华民族历来具有"忠、孝、仁、义"等优秀传统，并拥有丰厚的处理个人与国家关系的哲学智慧。加强社会治理需要进一步发挥传统文化优势，并将这一优势融入社会主义核心价值观当中，以参与作为公民教育的主要形态，提高公民的权力及责任意识，激活公民参与热情，营造符合浙江特色的参与氛围，推动具有实际意义的公民参与。

培育社会力量，健全协作平台，实现政府与社会的良性互动。社会组织是公民参与社会治理的有效载体。虽然浙江省的社会组织在过去的十多年当中蓬勃发展,但由于长期受制于"双重管理体制"的约束,浙江省目前的社会组织发育仍不健全,行政依附和行政干预大量存在,大部分社会组织并不具备独立自主地承担社会治理职能的条件与能力。符合省情的社会治理能力建设应该充分发挥政府引导、支持社会组织发展的重要作用,特别注重对社会组织能力的培育,拓展社会组织的参与渠道,充分发挥社会力量的治理能力,凡是社会能力可及的治理需求交由社会自身承担,在完善的法律框架和制度环境之下,让社会组织在参与中不断强化自身能力,提升整体社会治理水平。同时,社会治理能力的现代化还要求各地政府进一步健全社会组织参与社会治理的协作平台。过去的十多年,浙江省各地政府进行了众多的社会治理创新,这些创新也确实在一些方面建立了政府与社会合作治理的平台,但是大部分的社会治理创新几乎都来源于行政推动,社会自身的治理创新能力仍有很大的提升空间。下一阶段,应将社会治理创新的着眼点从创新社会治理手段本身转移到创新提高社会自身治理创新能力的机制上来,使社会在健全的协作平台上参与社会治理,并成为社会治理创新的重要来源。当社会力量足够成熟的时候,更多地让社会承担社会治理的主要责任,与政府形成良性互动,探索符合省情的社会治理能力现代化的战略机制。

(五)改革公共服务提供方式,形成有序、多元的供给格局

坚持公共服务的有限市场化,设计分类推进的渐进式市场化制度。第一,坚持有限市场化。结合省情,确定公共服务市场化的范围,一些具有特殊意义的纯公共服务,包括维护国家机器正常运转,行政管理正常运行以及涉及全体公民共同利益的核心公共服务,政府必须保留,不得市场化。第二,设计分类推进的渐进式市场化制度。对于准公共服务,运用多种市场化工具,分类别渐进改革推进。一是对具有竞争性、经营性的公共服务,如垃圾处理、污水处理和公共交通等,可以仍由政府管理,但应允许私人投资或外资参与进来,形成一定市场竞争。二是对具有竞争性、非经营性的公共服务,如街道清扫、道路绿化等业务,政府可向不同的生产主体进行竞争性购买。三是对具有自然垄断性、经营性的公共服务,主要包括供水、供电、供气等行业中的弱竞争弱选择性消费品,可以考虑在保证国有资本控制力的前提下,通过股份制的形式允许民间资本进入。四是对具有自然垄断性、非经营性的公共服务,如公共绿地、休憩场所、雨水排放设施等,在适当条件下,政府可以考虑退出这类业务的直

接生产经营,代之以特许经营或进行政府购买。

完善基本公共服务购买目录,加大政府购买服务力度。改革公共服务提供方式,就是政府将原来直接提供的公共服务,通过拨款或招标的方式,交给有资质的社会机构完成,并根据服务的数量和质量支付费用,即"政府承担、定项委托、合同管理、评估兑现"的新型公共服务提供方式,从而建立有效的公益服务和公共产品市场,引进竞争机制,各类机构进行公平有序竞争,促进公共服务市场化、社会化、分权化、专业化。首先,各级政府应根据基本公共服务范围,进一步建立健全现有的基本公共服务购买目录。在制定与更新购买基本公共服务目录时,一是要注重针对性,解决急需问题,民众迫切需要政府提供哪些公共服务,提供什么水平的公共服务,充分听取民众的意见建议,全面了解民众最急需建设的服务设施和服务内容。二是民政、司法、劳动、文化等社会民生相关政府部门认真梳理现有的和计划增加的能够委托社会公益性组织承担的公共服务项目和标准。三是依据现有的财力,确定可以提供公共服务的范围,服务能力可以达到的水平,对基本公共服务的范围进行制度上的厘清和规范。其次,由购买社区公共服务入手,鼓励在基层街道和社区试点政府采购公共服务,提升社区基本公共服务能力。按照强化基层的原则,为把更多的财力、物力投向基层,把更多的人才、技术引向基层,要将政府提供的社区公共服务纳入政府采购和财政预算,切实加强基层公共服务机构设施和能力建设。目前,浙江省基层社区的公共服务设施建设已经取得了较好成果,城区社区基本建成了综合性社区服务中心,但地方间经济发展水平不一致,城乡社区公共服务发展水平不平衡,公共服务水平和功能有待提高。同时,各社区居民构成差别较大,不同社区对基本公共服务的需求和满足条件不尽相同,可以鼓励条件成熟的街道和社区根据不同情况,先行创新试点,积累经验,探索公共服务新模式。

发挥公共财政的引导和调控作用,鼓励和引导社会资本参与公共服务提供。第一,加大财政支持,鼓励民间资本进入公共服务领域。政府对民间资本进入公共服务领域,可在土地、金融、财税、技术、人才开发等方面给予财政扶持和倾斜。如对于风险高的行业,财政可组建担保基金,为民间资本的介入提供有限或全部担保,以分担风险;为部分民间资本提供贴息,争取以较小的代价调动较大数额的闲置资金;扶持民营企业上市筹资,壮大实力等。第二,提供必要的财政补充,使民间资本得以在公共服务领域坚持运营。政府在公共服务方面要保证足额资源投入,不能将市场化作为减轻政府负担和扔掉财政包袱的手段,一改了之。尤其在关系到政府履行普遍服务责任且与民生息息相关的公共服务领域,在民营资本出现亏损时,应合理进行财政补贴,避免因政府履职的缺位导致服务缺失。以医疗服务供给为例,应将非营利性民营医院纳入公共医疗体系管理,予以适当的财政补助;鼓励高水平民营医疗机构连锁经营或组建医疗集团;鼓励境外资本和医疗机构办医;鼓励社会资本举办各类医疗机构,适度降低公立医院比重,优先选择具有办医经验、社会信誉较好的非公立医疗机构规范参与部分公立医院改制重组。

出台多方位立体管理措施,加强公共服务监管。第一,构建绩效评估指标体系。针对公共服务建立统一的公共服务标准,既包括制定涵盖基本公共服务的各项标准,也包括不同公共服务领域的设施、技术、质量标准,保障公共服务的公共性和公平性。第二,引入科学的考核评估措施。一要建立动态供方资源库。既要保证服务提供者的资质和能力,又要保持一定数量的供方资源,以形成一定范围内的有序竞争和淘汰。二要建立评估专家库。通过专家评估和群众评议,对相关公共市场化项目实行定期考核、评价,提高项目运行的质量和效率。第三,以合同约束代替行政管理。对公共服务供给,政府要以合同管理代替传统行政管理,切实落实"管办分离"原则,实现公用事业部门去行政化。政府以合同为监管依据,公共服务提供方以合同为运营保障。宏观层面,设立独立的合同监管机构,组建专业的合同管理人才队伍。微观层面,合同管理的每个环节,要建立和健全具体的可操作的规则、程序,并明确资产的退出及处置方式、争议的解决方式。第四,保障公民对公共服务提供单位的监督。在公共服务提供过程中,可以通过舆论等非制度化途径,以及选举、听证等制度化方式保障社会主体的参与和制约,使公共服务提供者能充分反映各种社会群体的偏好,从而具备最大限度的包容性,防止公共服务的提供蜕变为特殊利益集团的特殊利益服务工具。

(六)加强公务员队伍建设,切实改进政风

全面深化改革,转变政府职能,提高办事效率,建设廉洁、勤政、务实、高效的政府,关键在于改革和完善干部人事制度,健全公务员制度,加强公务员队伍建设,提高公务员队伍的整体素质和能力。

提升公务员法治理念,提高公务员依法行政能力。行政机关承担了80%的法律、近90%法规的执行任务,依法行政能力是最关键的政府能力之一。公务员是政府行政能力的直接体现者,提升政府依法行政能力,首先在于提升公务员的法治理念。转变行政理念同时也是完善社会主义市场经济的需要。

市场经济是法制经济,市场经济的健康、有序运行,需要法律的调整、规范、引导、保障和服务,客观上要求公务员提高依法决策、依法治理的水平和能力。提升公务员法治理念也是防止腐败,建设阳光政府的重要保证。用法律来约束公务员的行为,是从源头上治理和预防腐败,防止腐败现象蔓延的重要手段。因此,为达成依法行政的目标,公务员应树立正确的权力观,着重实现三个观念的转变:第一,实现向公民权利本位和政府责任本位的转变;第二,实现向依法治官和依法治权的转变;第三,实现向强化政府责任的转变。行政理念的转变,是提高公务员依法行政能力,推进公务员队伍建设的基础保障。

完善公务员指标考核体系,激发队伍整体活力。我国公务员考核制度的建立,打破了计划经济下人治色彩的干部管理体制,在激励先进、鞭策落后上起到了一定作用。但是由于目前的考核体系和运行机制本身的不完善,致使公务员的考核流于形式,考核指标的科学性不强也削弱了其约束力。"十三五"期间应当注重公务员考核指标设计,激发公务员团队的活力。建议指标设计秉承公平、科学、准确、可操作性强的原则,遵循定性评价与定量评价相结合、素质与绩效相结合的宗旨,实现考核过程的公平公正合理透明。同时,应当建立沟通反馈机制,强化考核结果使用的公正性;深化人事制度改革,拓宽考核结果使用渠道的广泛性;重视考核结果,科学选拔公务员。通过考核指标体系的完善,起到激发活力的最终目的。

深化干部人事制度改革,探索建立编制与人员身份脱钩的管理模式。目前,部分地区存在因基层政府人力不足而导致承接转移下放事项能力不够,政策执行力不强等问题。针对上述现象,建议在严格控制编制数量的基础上,探索建立新的公务员职位管理模式。第一,扩大公务员聘用制度实施范围,对于专业性强的岗位和后勤等辅助性职位全面实行聘用合同制管理。第二,放权同时要控制人员编制,否则,无法真正达到简政放权的目的。通过深化编制改革、干部人事制度改革,最终实现编制下沉、各级统筹、多方联动、合力推进的新局面。

分报告二

"十三五"时期浙江省保障和改善民生的基本思路、重点任务与政策建议研究

目　录

【报告执笔人：何文炯、杨一心、侯雨薇、纪楠楠】

根据"浙江省经济和社会发展'十三五'规划前期研究"课题组的总体思路和工作部署,本课题组系统地回顾进入 21 世纪以来,尤其是"十二五"规划实施以来,浙江省民生保障与改善情况,分析存在的问题及其根源,并在杭州、宁波、温州、台州、舟山、衢州等地进行了调查研究,与当地城乡居民、政府官员和基层管理服务人员进行了座谈讨论,研判经济社会发展趋势,分析民生保障和改善需求,在学理分析和定量分析的基础上,提出了"十三五"时期浙江省保障和改善民生的基本思路、重点任务和相应的政策建议。

一、背景与思路

浙江省自然环境良好,百姓勤劳智慧,民生状况一直处于国内各省份之前列。进入 21 世纪以来,各级政府更加重视民生,从"创业富民、创新强省"到"物质富裕、精神富有",再到"美丽浙江、美好生活",无不以保障和改善民生为核心。政府推行积极的就业政策,并致力于构建和谐劳动关系,近五年城镇登记失业率均控制在 3.5% 之内;加快推进城乡社会保障体系建设,率先全国实现最低生活保障制度城乡一体化,率先全国实施农村五保对象集中供养,率先全国建立城乡居民基本养老保险制度,老年人、儿童、残疾人等特殊群体保障和福利水平稳步提高。10 多年来,扎实推进"全面小康六大行动计划",于2008 年率先全国实施"基本公共服务均等化行动计划",又于 2012 年率先全国发布并实施《浙江省基本公共服务体系"十二五"规划》,近年来实施"美丽乡村建设"、"五水共治"等取得有效进展,人民生活进一步改善,社会更加稳定和谐。2014 年浙江城镇居民人均可支配收入 40393 元,比全国平均水平 28844元高出 11549 元,居全国 31 个省(区、市)第 3 位(仅次于上海、北京),省(区)第 1 位,是自 2001 年以来连续第 14 年位居全国前列。2014 年浙江农村居民人均纯收入 19373 元,比全国平均水平的 10489 元高 8884 元,居全国 31 个省(区、市)第 3 位(仅次于上海、北京),已连续 30 年居全国各省(区)首位。

(一)面临问题及原因

在为浙江民生状况不断改善而感到自豪的同时,我们应该看到,民生领域还存在不尽如人意的地方。一是人民群众对保障和改善民生的诉求尚不能完全得到有效满足。尽管各级政府已经作了很大的努力,但总体上看,保障和改善民生的资源相对不足,贫困问题、失业问题、缺医少药现象依然存在,控制和减少这些问题尚需持续加大力度。二是就业创业环境有待改善。纵向比较看,工薪劳动者收入增长不快;横向比,浙江的人均工资水平不仅明显低于上海,而且工资增长率低于江苏等省份。而且,经营性收入对城乡居民收入增长的贡献度开始下降,在一定程度上反映出浙江的创业环境有待改善。三是民生保障资源配置不够合理,投入与产出效果不匹配,有时甚至资源投入却带来不良的社会效应。前些年,受全国性制度和政策的影响,虽然民生领域资源投入逐年增加,但群体间攀比现象日益严重,社会矛盾不减反增。民生保障的部分制度不仅没有缩小收入差距,反而强化收入差距:地位越高、收入越高、保障服务越好;地位越低、收入越低、保障服务越差,尤其是农村居民享受到的民生保障服务数量相对少、水平相对低。

进一步深入分析,可以看到现行体制机制和制度政策的缺陷:一是保障公民基本权利的体制机制尚不健全。农民增收缺乏长效保障机制,城乡收入差距扩大的趋势未能有效遏制;中低收入阶层进一步上升的渠道不够通畅,发展机会有限,制约着中产阶层队伍壮大;城乡居民财产保障机制不够健全,某些方面预期不稳定、心里不踏实,影响着创业的积极性。二是产业层次相对较低,产业结构调整和转型升级实质性进展不快,劳动力整体素质和平均素质提高较慢,制约着工薪劳动者工资增长,从而影响城乡居民收入提高。三是民生保障的若干项目人群分等、制度分设、区际不衔接,导致不公平和资源浪费,加上地区间利益协调机制不健全,在一定程度上制约劳动力正常流动,影响着人力资源配置效率,也导致跨地区流动人口基本公共服务权利难以落实,引发群体矛盾冲突。四是民生保障待遇确定和调整机制不完善,部分领导干部的短期行为和媒体舆论的不当引导,导致民生保障某些项目不可持续,最典型的是社会保险若干项目基金潜伏危机。五是保障和改善民生的资源主要依靠政府投入,市场机制运用不够,民间资源没有充分调动,民间机构发展空间受限,缺乏用武之地,导致政府责任不断扩大而又吃力不讨好。

(二)形势分析

"十三五"时期,将是浙江经济社会全面转型的关键时期,也是经济发展方式转变的攻坚阶段。这一时期,浙江将逐步接近或进入新兴高收入经济体行列。同时应该看到,经济转型升级伴有诸多不确定因素,社会转型会产生更多复杂问题,保障和改善民生的任务更加繁重。从现有的基础和近几年国家的政策导向出发,城乡居民对于保障和改善民生已经形成了一定的预期,而从未来经济发展走势看,GDP 和财政收入的增速均将逐渐趋缓,并进入一种"新常态",这将在一定程度上形成民生保障服务的供求矛盾。因此,需要从多方面深入分析经济社会发展趋势及其对民生状况和民生工作的影响。

1. 经济转型升级

经过改革开放 30 多年的发展,浙江经济实力大大增强,已经成为国内最发达的地区之一,并接近国际上中等发达国家水平。按照党的十八大和中共浙江省委、省政府确定的发展目标,到"十三五"末的 2020 年,浙江将全面建成小康社会。然而,目前经济发展方式还比较粗放,产业层次不高,转型升级任务繁重,经济发展中还有诸多结构性矛盾有待解决。尤其需要注意的是,产业结构的调整和消费结构的变化一定程度上会加剧摩擦性失业,进而要求有更加完善的制度来托底保障。"十三五"时期,随着人口、资源、环境红利的变化,经济保持高增长的态势将难以为继,对财政收入持续增长的预期不能过高,这是保障和改善民生的约束条件,因此要从浙江经济发展的阶段性特征出发,适应新常态。

2. 社会日趋复杂

伴随着经济转型和改革开放的深入,社会转型将加速,因而我们的社会变得更为复杂,社会结构变动,国情、省情、社情、民情变化万千,社会利益进一步分化,社会诉求更加多样,社会活力进一步增强。在这一变革进程中,自然灾害将依然存在,重大事故难以避免,食品药品安全形势不容乐观,保障人民群众切身利益的任务更加繁重。在进入信息化、大数据时代之后,虚拟社会的松散性、个体性、隐匿性、多变性特征日益明显,网络舆论的影响力、冲击力、破坏力不可限量。我们在享受生产力提高、生活便捷等利益的同时,需要承担相应的成本。因而,需要主动适应大数据时代,利用信息化手段提高民生保障和服务水平,造福于民。通过社会治理创新,形成有效的机制,在进一步激发社会活力的同时,切实保障每一个社会成员的生存权、发展权,统筹兼顾各利益群体的合法权益和利益诉求,持续保持社会稳定和谐。

3. 人口家庭变化

根据人口统计分析,"十三五"期间,浙江人口结构加速转变,老龄人口所占比重越来越高,劳动年龄人口相对减少,人口老龄化、高龄化程度进一步加深,而且人口老龄化现象将在 21 世纪上半叶持续存在,无论人口生育政策如何调整,都不能改变这一趋势。尤其是值得重视的是,"未富先老"的基本国情将放大老龄化对经济、社会和文化发展的影响。而且,高龄化还将带来失能、半失能老年人数大量增加。与此同时,家庭小型化、空巢化现象更加普遍,使得传统意义上的婚姻、家庭、抚养等关系将发生重大变革。因而,需要从经济、健康、照护、精神等多方面建立有效的机制,进一步传承弘扬民族传统美德,营造尊老爱幼社会风尚,建立健全家庭社会政策,提高家庭发展能力和抗风险能力,为社会和谐稳定提供基础保障。尤其是要通过规划引导,健全市场体系,培育市场主体,运用市场机制,加大公共服务购买力度,鼓励引导社会各方积极参与,从而更好激发市场活力。

4.新型城市化推进

根据中共浙江省委、省人民政府关于推进新型城市化和关于户籍制度改革的精神,"十三五"时期,常住人口城市化率将接近 70%。在这一进程中,社会流动性加剧,农村人口进一步向城市集中,非农产业进一步在城市集聚,城市群集聚经济、人口的能力将明显增强。这就要求解决好在城市就业居住但未落户的农业转移人口享有城市基本公共服务的问题。因而需要有序推进农业转移人口市民化,帮助他们融入城市,融入社区社会生活,享受相应的基本公共服务。

(三)基本思路

根据前面的分析,可以看到"十三五"时期浙江省民生事业发展的基础和环境,我们既要有充分的信心,又要正视现实的矛盾,更要把握好未来的发展机会,并注重可能出现的问题。

浙江作为经济社会转型的先发地区,应该在尊重人权、保障民生、提升生活质量方面走在全国前列。要以科学发展观为指导,深入贯彻落实党的十八届三中全会、四中全会和中共浙江省委十三届五次全体(扩大)会议精神,按照"建设美丽浙江、创造美好生活"的要求,朝着"富饶秀美、和谐安康、人文昌盛、宜业宜居"的目标,坚持创业创新,改革体制机制,加快构建符合省情、覆盖城乡、公平而又可持续的民生保障体系,做大"蛋糕"并分好"蛋糕",让浙江大地上的老百姓更有保障、更加富裕、更加幸福,逐步走向更加丰裕的社会。

1.保障和改善民生要以培育"橄榄形社会"为目标①

"橄榄形社会"是能够实现长治久安的社会,保障和改善民生要以此为目标。我们要通过发展经济增加社会财富,减少低收入家庭和贫困人口数量,培育富裕阶层、壮大中产阶层,并通过改善收入分配,保障低收入人群的基本生活,并为其创造脱贫致富、向上发展的机会。当前,要在努力发展经济的同时,致力于"保障底部,壮大中间,规范高端"。要通过扶贫开发、就业创业服务和社会保障制度安排,进一步减少贫困人数,保障贫困者的基本生活;要通过创造平等的教育和就业机会,扩大就业、提高就业质量,完善收入分配制度,让劳动者公平地获得其应该得到的薪酬、保障和福利;要通过健全的法律、法规、制度和政策,激发人民群众创业热情,鼓励诚实劳动、合法经营,为中下层群众架设上升发展的通道,为高素质人才施展才华提供广阔的舞台;要营造和保护能够满足多层次、多样化需求的市场环境,实现各得其所。同时,要规范各类收入,特别是高收入群体的所得及其纳税行为,实施合法有效的监管。

2.保障和改善民生要坚持"基本保障保基本"的原则

保障和改善民生,既要尽力而为,又要量力而行。前些年,受全国性政策影响,社会保障领域的某些项目偏离了"基本保障保基本"的原则,导致了不良后果。因此,我们要重视欧债危机的教训。要按照中央领导"守住底线、突出重点、完善制度、引导舆论"的精神,进一步理清思路,改进制度安排、优化政策设计。关于民生领域的制度安排和政策设计,要与经济社会发展水平相适应,要贯彻可持续的原则,确保其能够长期持续健康运行。要结合本省经济社会发展水平和公共财政承受能力,坚持"基本保障保基本"的原则,制定适度的保障待遇水平和服务标准,切实保障社会成员基本生存和基本发展的需要。要正确处理经济发展与公共福利增长的关系,从可持续的要求出发,建立合理的基本保障待遇自然增长机制,引导社会公众形成理性的预期。要根据社会公平的原则,按照"抑峰填谷"的思路,做现阶段政府应做而必须做、可做而又能做的事,控制高保障人群的保障水平,稳定中保障人群的保障水平,提高低保障人群的保障水平,有效控制并逐步缩小群体间的基本保障待遇差距和基本公共服务差距。

---

① 何文炯:《关于浙江保障和改善民生的若干思考》,载郑造桓主编《民生保障与社会建设》,浙江大学出版社 2013 年版。

3.保障和改善民生要与转型发展相结合

在经济社会转型的背景下,保障和改善民生已经成为促进经济持续发展和满足人民群众需求的重要着力点。只有保障和改善民生,才能实现经济发展方式转变,才能实现社会稳定和谐,才能实现全面小康的目标。浙江的发展,就是要让全省老百姓持久地过上幸福生活,因此,保障和改善民生是发展的目的和动力。要科学把握增长与民生的关系,妥善处理经济增长与民生保障的矛盾,要善于通过保障和改善民生,增强居民消费能力和消费信心,持续拉动内需,适应和引导居民消费结构转型升级,促进经济健康发展。要把保障和改善民生与社会治理体系和治理能力现代化结合起来,切实推进基本公共服务均等化,建立有效的机制,发挥市场作用,充分动员全社会资源,保障民生,全面提高生活质量。

4.保障和改善民生要以深化改革为动力

保障和改善民生,需要做大"蛋糕",更需要分好"蛋糕"。这就需要通过深化改革,更加合理地调整利益关系、改善利益格局;需要通过深化改革,建立更加有效的机制,调动各方面的积极性,去创造更多的社会财富。因此,保障和改善民生要以深化改革为动力,正确处理好政府与市场、政府与社会的关系。不能把保障和改善民生与经济发展对立起来,而是应该使保障和改善民生与经济转型发展有机结合起来;不能把政府保障民生基本职责与市场在改善民生方面的重要作用对立起来,应该探索有效机制,让民间资源更多进入民生领域,让民间力量在民生领域发挥更大作用。各级政府要把保障和改善民生作为自己工作的重点,坚持以人为本,少取多予,调整财政收支结构,努力为群众提供方便、快捷、优质、高效的公共服务,同时,通过建立切实可行的渠道,让群众对重大的民生问题有知情权、参与权、决策权和评价权,把它作为推进民主政治建设的重要切入点和推动力。

二、重点任务

根据前述思路,从浙江民生发展的现实基础出发,"十三五"期间,要通过提高就业质量,使广大群众增加收入、改善生活,提高抗风险能力;通过有效的制度安排,营造创业发展环境,加快中产阶层队伍壮大;通过健全社会救助制度,筑牢民生保障的兜底之网,免除社会成员基本生活后顾之忧;通过提高社会保险制度的公平性和可持续性,更好发挥其在二次分配中的正面作用,增进社会保险制度运行的绩效;通过改进特殊群体福利、公共卫生、医疗服务和生活环境,发展补充性保障,进一步提高老百姓的生活质量。

(一)着力提高就业质量

就业是民生之本。当今社会,按劳分配是最基本的分配方式。凡有劳动能力者,都应当通过自己的劳动获得生活资料,创造幸福生活,实现自身价值;社会则根据劳动者提供劳动的数量和质量给予相应的回报。这其中,市场机制发挥主要作用。政府的职责主要在于,通过创造经济发展环境,尤其是促进产业结构调整和转型升级,创造更多更好就业机会,为社会成员积累劳动能力、参与劳动力市场竞争、并在劳动中公平获取劳动所得创造公平的机会,同时,对于先天不足、缺乏劳动能力、丧失劳动能力或竞争失利者,则通过社会保障制度为其提供基本的生活资料。因此,让有劳动能力并有就业愿望的社会成员就业,是保障和改善民生的基本途径。一是通过引导产业和产业结构调整,改变劳动力需求总量和结构;二是通过生育政策、移民政策和教育培训,改变劳动力供给总量和结构;三是通过最低工资制度等适度干预劳动力供求双方的行为;四是对于就业困难群体提供特殊的帮助。近20年来,得益于经济增长,浙江已经成为劳动力输入大省,"十三五"期间,根据产业转型升级的目标和人口结构优化的思路,省外劳动力输入浙江的速度将放缓,因而今后一个时期就业工作的重点不是增加就业人数,而是改善就业结构、提高就业质量。据此,建议重点抓以下几件事情:

1.以产业转型升级促进就业质量提高

就业与产业结构有密切关系。一个地区的就业,无论是数量,还是质量,都与该地区的产业结构相联系。在劳动力市场一体化的背景下,产业结构决定就业结构,就业结构选择劳动者,劳动者理性决定去留。产业层次不高,必然导致低端劳动力大量进入,而高端劳动力则就业机会很少,则就业质量整体水平不会高;反之,高层次人才集中的地区,必然会有高端产业的形成,就业质量就会提高。从这几年的实践看,转型升级进展不快。因而必须采取更加积极有效的政策措施,逐步抬高两条"门槛",倒逼产业转型升级。

第一条门槛——企业准入门槛。浙江经济发展到今天,已经具备了适度提高企业准入门槛的条件,而各种资源的约束条件则迫使浙江提高这条门槛。

这里需要把住三个环节:一是对于准备新办的企业,需要讲"亩产",即考量其土地占用、技术含量、环境保护、能源利用、劳动就业和经济效益等多种因素,综合评价达到一定条件后才予准入。二是对于现有企业,需要做一个分析,制定一套标准,并采取有效手段,对于吸纳本地劳动力少、经济效益差、高能耗、高污染的企业,在保持区域经济平稳的前提下,有计划、有步骤地逐步淘汰一批企业。三是积极主动引进有利于产业层次提升、高端人才集聚的企事业单位,加快发展总部经济、高新技术产业和现代服务业。

第二条门槛——就业准入门槛。在市场经济条件下,虽然雇佣双方可以通过自由订立的劳动合同建立劳动关系,但政府可以通过一定的行政手段加以适度干预,对劳动力市场进行有效的引导和调控。例如,可以通过规定统一的执业要求,执行最低工资标准等手段。据此,建议政府各有关部门和行业协会,尽快制定和完善各行业执业规范和执业要求,逐步提高各类职业的专业化程度,提高劳动者专业技术水平。无论是农业劳动者,还是制造业中的生产工人,或是服务业中的出租车司机、保姆、保安、养老服务人员等等,各行各业都要有明确的职业资质要求。以此促进全省劳动力队伍整体素质提升,为产业转型升级提供源源不断的优质劳动力。

2. 加强劳动就业公共服务

在通过提高企业准入门槛和就业准入门槛,以改善产业结构从而提高就业质量的同时,要进一步加强劳动就业公共服务。

一是推进就业公共服务精细化。在全面落实对劳动者的就业政策法规咨询、信息发布、职业指导和职业介绍、就业失业登记等免费就业公共服务的基础上,完善就业困难人员就业帮扶政策和创业激励政策,建立健全对零就业家庭、残疾人和"4050"人员等就业和大学生创业的个性化帮扶机制。

二是完善职工工资共决机制和正常增长机制。扩大工资集体协商覆盖范围,适时适度提高最低工资标准,并建立最低工资标准自然增长机制,加快建立企业薪酬调查和信息发布制度。

三是加强劳动关系协调。要鼓励和促进用人单位与优质劳动力签订较长时间的劳动合同,同时加强对劳务派遣用工的规范引导,规范企业规模裁员行为,稳定劳动关系。要按照劳动力市场一体化的要求,破除身份等级,实行按岗位、按贡献论报酬的同工同酬制度,着力解决同工不同酬问题。要进一步健全协调劳动关系三方机制,发挥政府、工会和企业共同协商处理劳动关系问题的作用,深入实施劳动关系和谐指数评价和发布制度。

3.加强职业技术教育和职业培训

人力资源是第一资源。提高劳动力素质,对于缓解劳动力供求结构矛盾,提高劳动者收入,具有决定性作用。这就需要有效的教育培训、良好的社会规范和文化氛围之浸润,其中教育培训对于劳动能力的提高具有直接的作用。然而,这些年来,政府在教育培训方面投入不少,但绩效并不理想,因此,迫切需要创新体制机制。

(1)要转变职业技能培训投入机制,逐步由补供方为主转向补需方为主。要建立健全面向全体劳动者的职业技能培训制度,并提供职业培训补贴和技能鉴定补贴,优化职业技能培训资源配置。一要确立用人单位作为职业技术培训的主体地位,逐步减少政府部门直接组织职业技能培训的行为,以增强职业技术培训的绩效。二要树立终身教育理念,倡导"终身培训保障终身就业",采用岗前培训、在岗培训、转岗培训,以赛促训等模式。三要改进职业技能人才培养方式,建立健全职业导师制,通过"师傅带徒弟"的办法,提高职业技能,实现技术和文化传承。四要鼓励和引导用人单位建立健全劳动收入与职业技能提高相联系的薪酬和激励机制。例如,国外的许多保险公司精算人员参加精算师考试,考出一门课程,公司会加薪。五要鼓励用人单位对那些具有良好发展潜质、有可能长期服务浙江的省外流入劳动者,增加培训投入。六要充分发挥行业协会在职业技能培训中的作用,加强职业技能培训社会机构的行业规范和评估监督。

(2)要进一步加强和改进职业教育,形成高素质技能型人才的活水源头。当前就业领域结构性矛盾突出,技能型人才短缺,适合高校毕业生就业的岗位短缺。用人单位需要的熟练技术工人供不应求,高职与职高毕业生就业顺利,但大学毕业生就业难。这虽有大学生自己就业预期与现实差距过大的问题,更重要的是教育体制问题,学非所用、用非所学,造成严重的浪费。事实上,现行教育体制、布局、结构和专业设置以及培养质量与本省产业结构和经济转型升级的要求不相适应,需要调整和改进。

为此,一要优化高等院校的布局,按照全省产业结构及其转型升级的需要,在确保义务教育质量的同时,加大职业技术教育比重,提高高等教育质量。二要加快发展职业技术教育,加强实训基地建设,全面推行工学结合、校企合作、顶岗实习的职业教育模式。实施职业技术类学生学费减免制度和困难家庭学生补助制度,鼓励学生就读职业技术类学校和专业。三要健全高等教育专业设置和调整机制,在继续按照学科设置专业的同时,根据本省经济社会发展需要适当调整专业设置及其教学内容,增强毕业生专业对口程度和社会适应能力,促进学生及其家庭就业预期理性回归,逐步改变某些高校高不成低不就、特色不鲜明的状况。为此,需要改进教育行政部门对于学校、学校对教师的考核、评估机制。四要改进教育方法,使理论教育与实践教育相结合,将单纯的"教室培训"与"车间实训"有机融合起来,有效提高学生的动手能力。

(二)全面优化创业环境

国际经验表明,中等收入阶层创造着支撑经济增长所需要的巨大消费市场、对教育的投资、制度化的储蓄和社会动员力,也是维护社会稳定的重要力量。目前,浙江省年人均 GDP 已接近 12000 美元,即将进入高收入经济体,如果按照收入状况作社会结构分析,中等收入阶层的比重正在加大,但仍大大低于国际上与浙江经济发展水平相当的国家或地区。从培育"橄榄形社会"的目标看,需要坚定不移支持中等收入群体发展壮大。因此,要在进一步加大扶贫开发力度、提高低收入群体帮扶绩效的同时,高度关注中等收入群体对于浙江经济持续增长、社会稳定和谐,并向高收入社会转型的重要性,需要高度重视这一群体在民生改善、社会转型升级方面的诉求。

一般地说,社会成员的收入来自四个方面:工资性收入、经营性收入、财产性收入和转移性收入。从国际经验看,低收入群体的收入,主要来源于工资性收入和转移性收入,而中等收入阶层的收入主要来自于工资收入,也有一部分来自于经营性收入和财产性收入。根据世界银行研究报告《中国经济中长期发展和转型》,如果 2009 年劳动者报酬占 GDP 的份额增加 10%,中等收入阶层人口比重将立即增加 6%。从浙江省的情况看,由于产业结构和产业层次等方面的原因,企业在职职工的工资性收入增长较慢。因此,需要通过产业结构的调整和就业质量的提高,来增加工薪劳动者的工资性收入——让工薪阶层富裕起来,从而扩大中等收入群体的规模。同时,要着重做好以下几件事情。

1. 设计促进创业的公共政策

最近,中央提出"大众创业、万众创新",浙江应该率先做到。改革开放30 多年来,浙江经济社会的快速发展,表明了创业环境的重要性。但是,能否继续保持这种环境优势,并非简易之事。现在做实业不容易,企业不仅税负重,而且行政性收费不少,灰色支出依然还有。因此,需要在新的发展阶段探求服务企业发展、促进人才创业的体制机制。要通过深化改革,特别是行政管理改革,简政放权,改善企业生存发展环境。要进一步强化为企业服务的思想,规范施政行为,消除政府对企业的不当管制和干扰,切实改进公共服务,减少审批环节,降低税率,有效减少行政性收费或变相行政收费,降低企业成本。特别是要以结构性减税为契机,切实减轻企业负担,扶持创业行为,支持民营企业成长。同时,要深入实施人才战略,加大高科技、创业型人才引进力度。通过改进城市建设和城市管理,改善住房、交通和公共教育,努力提高生活质量,并采取积极有效措施,降低城市生活成本和商务成本,增强浙江在人才领域的竞争力,使高端人才在浙江进得来、用得上、留得住。

2. 创造新兴就业机会

在培养企业家和创业者的同时,需要增加适合于白领的就业岗位,包括管理层、专业技术人员和社会服务岗位,这类岗位有可能培育出中等收入者。因此,要建立招商选资、投资决策的新标准,把劳动生产率、附加值率、人力资本与创新能力、员工报酬水平和工资支付能力作为投资选择的重要依据,促进产业转型升级和集约化经营;要放松垄断行业准入管制,加快石油、电网、金融、民航、电信、邮政、铁路、养老服务等领域市场化改革,让民营经济畅通无阻地进入这些领域,推进生产性服务业的发展,创造更多新兴就业岗位;要打破科教文卫等领域的行政垄断,推行供给的市场化和社会化,要让民资顺利进入医疗服务行业和教育行业。这样做,既可以发展服务业,提高公共部门的效率,也可以增加新兴就业岗位,并破解大学生就业难的问题。

3. 优化劳动力队伍结构

产业结构的调整和新兴就业岗位的增加,需要有相应的高素质劳动力,而这些高素质劳动力是未来成为中等收入群体的后备力量。因此,要更加有效地实施人才战略,通过完善人力资本定价机制,以合理的待遇吸引高端人才,以优化劳动力队伍结构,这里的重点是调动用人单位的积极性和主动性,采用科学合理且可持续的薪酬福利体系,并为优秀人才健康成长创造适宜的环境。要改进人力资本投资的方向和领域,提高人力资本投资的绩效,加快发展高等职业教育并提高其教育质量,增强学生就业能力和适应社会需要的能力,培养创新型人才。要加大对农村、贫困地区、贫困家庭的教育支持,注重技能型人才、实用型人才培养,使他们的知识和能力与本地区经济社会发展需要相适应,使他们有意愿、有能力直接服务于家乡建设,尤其是要培育一支能够服务于现代农业的新型农民队伍。

4.增加城乡居民财产性收入

近几年的中央精神和党的十八届三中全会都提出要让群众拥有更多财产性收入,这是培育中等收入群体的一种有效渠道,也是优化收入结构的必然要求。在提高工资性收入在收入分配中的比重的同时,要采取有效措施,保护城乡居民合法的财产性收入,这是人民群众积累财产并获取收入的前提,也是保持一个社会经济持续发展的原动力。要引导和规范中高收入群体的投资行为,通过鼓励金融企业设计适合小额投资者的金融工具,把拓展企业融资渠道与增加居民财产性收入有机结合起来。浙江民资丰富,前些年在某些领域投资,不乏成功者,也不乏吃亏者,引导其在省内投资,既可以缓解省内建设资金不足问题,也可以降低投资者的风险。尤其重要的是,要注重从农民中培育中等收入群体。改革开放30多年,浙江农民中涌现出一大批中等收入者,要继续培育扩大之。特别是要在城乡一体化进程中,完善土地产权和用地管理。推进农村土地流转置换,保障农民征地拆迁补偿权益,解决进城农民的宅基地和农村住房变现问题,允许在一定范围内进入市场流通,使土地和房产收益成为农民财产性收入的重要来源。

(三)强化社会救助托底保障功能

社会救助是历史最悠久的民生保障项目,在民生保障体系中处于兜底的位置。从浙江民生保障事业发展和社会救助工作状况看,"十三五"时期社会救助工作的重点将由制度建设转向制度优化。要以改革为动力,实现体制机制创新,着力完善社会救助制度和政策,着力提升社会救助管理水平和服务能力,全面提高社会救助制度的规范化、精细化程度和制度运行的绩效。具体地说,一是以社会成员救助需求分析为基础,根据现代政府职责和维护社会公序良俗之需要,进一步明确社会救助项目和救助标准及其调整机制,完善社会救助制度,形成更加合理的社会救助项目体系和标准体系;二是以部门协同为基础,充分运用现代信息技术,建立健全困难群体家庭收入核对制度,实现动态管理下的"应保尽保"、"应助尽助"和"应退尽退",充分保障社会成员的基本生存权和基本发展权,有效维护社会救助制度的公正性和严肃性;三是以管理体制改革为先导,创新社会救助供给机制,鼓励支持民间组织和社会力量参与社会救助,加强资源整合,动员更多资源进入社会救助领域,努力优化社会救助资源配置,使有限资源发挥最大效用。

1. 健全低收入家庭收入核定机制

低收入家庭收入核定工作是整个社会救助工作的基础,是社会救助制度公平、公正实施的重要保障。因此,要研究改进收入核查方法,积极探索从事先审核制转向事后追究制,逐步降低社会救助管理服务的成本,同时切实维护受助者的尊严。要加强部门协同,把收入核查制度与社会信用制度建设结合起来,提高其违法违规的成本,对于情节严重的虚报冒领者给予严厉的处罚,并列入社会信用记录。一是要对申请对象的隐形就业、存款和有价证券、房地产、轿车等收入和财产信息进行全方位的审查和核实,实现多部门协同和信息资源共享。二是要探索制订一套较为完善的低收入家庭收入核定工作的工作流程,研究制订一套较为完善的低收入家庭收入核定办法实施细则,形成一支专业收入核定工作队伍,建立一个多部门的面向城乡低收入居民的收入核定综合信息平台。三是要兼顾低收入家庭收入核查制度的科学性和人文性。低收入家庭收入核查的工作流程和核定办法实施细则既要保证相关信息的准确性和真实性,又要注意保护申请家庭的隐私和信息安全;既要争取各相关部门的理解和支持,又要取得申请家庭的理解和授权。四是要真正做到全口径信息汇聚。尤其是对口帮扶部门和单位的帮扶信息也要汇总到信息平台中,计入低收入家庭的当期收入,折抵补差金额,实现社会救助信息和资源的"一口上下",实现低保家庭之间的横向公平。

2. 完善救助对象和救助标准确定及调整机制

救助对象和救助标准是社会救助制度的核心内容,需要通过制度完善和政策改进来实现。一是适度扩大社会救助覆盖范围。取消对违反计划生育政策家庭、有吸毒、赌博、嫖娼等行为经教育不改者等人员限制低保申请资格的政策。对法定劳动年龄内有劳动能力,因拒绝就业或消极怠工等被辞退的失业人员、有劳动能力却抛荒农田的农村居民等也不能简单地限制其低保申请资格,除了加强对其履行参加公益性劳动等义务以外,要积极鼓励其参加就业。二是积极采取措施,逐步降低低保制度和户籍制度的关联度。对于非本地户口的外来务工人员,尤其是具有稳定劳动关系的劳动者,考虑逐步将其纳入社会救助的范围之内。三是在不降低现行最低生活保障标准的前提下,逐步建立以适度简化的"市场菜篮子法"为基础的低保标准自然增长机制,使低保标准的确定和调整建立在更科学的方法基础上,实现低保标准随着经济社会发展水平同步提高。四是要强化社会救助制度的就业创业激励机制。逐步降低专项救助和优惠政策与最低生活保障制度的"捆绑度"。研究制定低保对象等救助对象的就业补助政策,在最低生活保障制度中设置就业激励系数,使其就业所得并非全部计入家庭收入计算范围,鼓励低保对象参加社会劳动取得劳动报酬,逐渐脱贫致富。

3. 加强综合防灾减灾救灾体系建设

灾害救助历来是社会救助的重点,要强化综合防灾减灾救灾工作理念,把救灾工作延伸至防灾减灾,重在预防,使防灾、减灾、救灾有机统一,努力实现灾害少、损失小、恢复快。一要推进减灾救灾工作社会化。健全政府主导、企事业单位和社会组织、城乡基层群众自治组织、公民个人各负其责、积极参与的减灾救灾机制,引导社会力量自觉投入到减灾救灾行动。二要加强城乡基层减灾能力建设。推进城乡社区集防灾减灾宣传教育、减灾救灾技能培训、人员紧急避险转移为一体的避灾安置场所和救灾物资储备库网络建设。三要重视救灾储备库的合理布局和储备物资的科学配备,要以灾害分析为基础,充分考虑当地地理状况地质特征、灾害风险规律、实际人口分布、建筑物抗灾等级和市场物资临时采购的便捷程度等因素,因地制宜,按照资源优化配置的原则,确定救灾储备库和避灾安置场所的建设计划。四要建立健全与经济社会发展水平相适应的灾害救助标准动态调整机制,确保受灾群众的基本生活和灾后重建发展之需。五要增强自然灾害应急保障能力。加强自然灾害抢险救援指挥体系和成员单位协同联动机制建设,积极推进骨干救援队伍、专业救援队伍、志愿者队伍和灾害信息员队伍建设。六要提升防灾减灾科技支撑能力。深化成灾规律、成灾条件、灾害预警、风险评估、防御对策及应急处置等方面研究,大力推进防灾减灾科技创新工作。

(四)增强社会保险制度公平性和可持续性

社会保险是民生保障体系中惠及面最宽、资金量最大、技术性最强的民生保障项目。经过多年的建设,浙江省社会保险体系制度框架已经基本形成,下一步的任务,主要是增强公平性和可持续性。因此,要根据党的十八届三中全会"建立更加公平可持续的社会保障制度"的精神,优化制度安排,完善制度设计,以有限的资源为老百姓提供良好的风险保障服务,实现从"制度全覆盖"走向"人员全覆盖",从"人人享有"走向"人人公平地享有",并确保这张"安全网"能够长期持续健康运行。

1. 完善社会保险制度体系

要通过增强制度的公平性,来增强社会成员对于社会保险制度的认同感和信任度,以缩小群体间保障待遇差距为目标,深化制度改革、加强制度整合、完善制度体系。一要实施机关事业单位退休金制度改革。最近 20 年来,部分地区对于这项制度改革做过一些探索,但基本上不成功。2008 年,浙江省被作为五个试点省份之一,但也没有实质性的改革进展。2013 年,党的十八届三中全会作出改革的决定,2015 年初国务院提出了改革的具体方案。"十三五"时期,将全面实施这项改革。这里的核心是设计合理的养老金计发办法和确定科学的增长机制,达成合理的目标替代率,妥善处理历史问题,实现新旧制度的平稳过渡。二要实行城乡居民基本医疗保险制度整合。经过近五年的努力,浙江省已经在多数地区实现了城乡居民基本医疗保险制度整合,即把新型农村合作医疗制度与城镇居民基本医疗保险制度整合成为一个制度——城乡居民基本医疗保险制度,但从全省层面看,需要有一个统一和规范,"十三五"之初,应该能够做到。三要逐步完善职业伤害保障制度。加强工伤预防工作,深入推进以职业康复为重点的工伤康复工作,预防工伤和职业病的发生,努力让更多工伤职工重返工作岗位,积极探索建立农民职业伤害风险保障机制。四要改革生育保障制度。现行生育保障制度"碎片化"、公平性不足、实际惠及人数不多且运行效率不高。"十三五"期间要积极探索生育保障制度改革,确立全体国民的生育保障权益,建立覆盖全民的生育保障体系——生育津贴制度＋基本医疗保险中的生育医疗保障。建议将现行生育保险制度分拆,其中生育医疗费用纳入基本医疗保险,同时建立生育津贴制度,补偿其因生育而中断劳动的基本收入,并将覆盖范围由工薪劳动者扩展到全体国民。

2. 优化社会保险制度设计

社会保险是一项永久性的事业,各项制度必须能够持续健康运行,但是现行某些制度还存在严重的缺陷,其基金潜伏支付危机。因此,要顺应新型城市化、人口老龄化、劳动力市场一体化和就业形式多样化的趋势,优化社会保险制度,增强开放性、包容性和科学性,降低基金风险,实现可持续发展。一要建立健全社会保险制度转换与衔接机制。在制度一体化实现之前,建立职工基本养老保险制度与城乡居民基本养老保险制度之间的衔接机制,建立职工基本医疗保险制度、城镇居民基本医疗保险制度、新型农村合作医疗制度之间的衔接机制,解决土地被征用人员社会保险政策与其他社会保险制度的衔接问题。积极创造条件,寻找提高社会保险基金统筹层次与明确地方政府责任的结合点,改进社会保险金计发办法和待遇调整机制,建立地区间社会保险权益结算机制和利益协调机制。解决社会养老保险、社会医疗保险和失业保险跨地区转移问题,促进劳动力流动和劳动力市场一体化。二要合理确定社会保险待遇水平。要根据社会成员基本风险的保障需求和政府职责,合理确定社会保障各项目的保障待遇水平,建立有效的约束机制,控制社会保险待遇的非理性增长,形成合理的预期。要按照逐步缩小群体间待遇差距的原则,控制机关事业单位保障待遇,稳定企业保障待遇,稳步提高农民和城镇居民的保障待遇。三要完善社会保险筹资机制。通过调整财政支出结构,适当增加财政对社会保险领域的投入。做实缴费基数,规范缴费行为,适度降低社会保险费率,减轻用人单位的缴费负担。建立健全社会保险精算制度,增强社会保险基金管理的科学性。研究更加合理的社会统筹与个人账户相结合的方式,科学评估和分析历史债务。加快制定并实施社会保险基金投资运营规则,实现基金保值增值。

3. 控制和缩小社会保险待遇的群体差距

要控制机关事业单位退休金增长速度,稳定企业职工基本养老保险和基本医疗保险待遇,提高城乡居民社会养老保险和医疗保险的保障水平。2014年企业退休人员人均养老金每月 2500 元左右,机关事业单位退休人员人均退休金每月在 7000 元以上,而城乡居民养老保险的平均养老金只有每月 180 元左右。根据近几年增长速度和缩小与其他群体的待遇差距的原则,建议"十三五"末将城乡居民养老金中基础养老金这一部分逐步提高到每月 300 元(不含个人账户养老金);职工基本医疗保险目前人均筹资每年约 3000 元,而农村合作医疗和城镇居民医疗保险年人均筹资为 600 元左右,建议"十三五"末逐步提高到年人均筹资 1000 元以上。

(五)提高特殊群体保障服务水平

为老年人、残疾人、儿童等弱势群体提供保障服务,使他们能够有尊严地生活和平等参与社会生活,这是民生保障的重要内容。

1. 加快老年人照护服务体系建设

随着人口老龄化、高龄化、家庭小型化和基本生活保障制度和医疗保障制度的建立,老年人照护服务体系建设应当放到更加重要的位置上。要加快建设城乡社区居家养老服务配套体系,积极探索社区和住宅适老化改造,重点发展居家养老现代服务业和非营利性民间服务业,尤其是要鼓励企业从事居家养老服务。适度增加机构养老床位数,特别是护理型床位,逐步实现每千名老年人拥有养老床位数达到30张,有效满足不同层次、不同类型的养老服务需求。公办养老机构应主要保障失能(失智)、半失能老人所需,要采取有效措施(包括制定各种优惠政策),大力发展民办养老机构,并对部分公办养老机构进行改制,同时发展公建民营养老机构。全面实施老年照护服务补助制度,增强老年人购买社会养老服务的能力,并增强养老服务财政投入的公平性和资金使用绩效。建立服务需求评估体系和信息管理系统,健全养老服务质量评估制度。

这里需要重点注意的是养老服务的社会化和市场化改革。从总体上看,目前全省养老服务和产品供给不足,质量还不高,市场发育不健全,资源配置结构不合理。《国务院关于加快发展养老服务业的若干意见》明确了要使社会力量成为发展养老服务业的主体,营造平等参与、公平竞争的市场环境。因此,要发挥市场在资源配置中的决定性作用,首先要在养老服务领域取得突破。核心是要明晰产权,尊重价值规律。居家养老服务方面,支持多元主体举办面向居家老人的生活照料、家政服务、安全援助、社区日间照料、物品代购、服务缴费等服务;机构养老服务方面,支持社会力量办养老机构,提供机构养老服务的民办机构享受财税、金融、土地、价格、人才等扶持政策,实行用电、用水、用气与公办机构同价的政策。指导开展公办养老机构改制试点,公办养老机构床位应逐步通过公建民营等方式管理运营。同时,要建立健全财政补需方制度;建立一套科学的、完整的评估体系,对申请享受政府购买服务的老年人家庭收入情况、子女数量、身体状况等进行资格评估,确定其养老服务补助水平。

2. 健全残疾人社会保障体系和服务体系

在确保残疾人在一般社会保障项目中权利的同时,设置若干针对残疾人的专项项目,并逐步实现由"道义性救助"向"制度性救助"的转变。一是要扩大残疾人基本生活保障覆盖面,适度提高救助标准,建立完善残疾津贴制度,加强残疾人安居宜居保障,重点推进残疾人津贴制度,包括残疾人生活津贴制度和残疾人护理津贴制度,即通过政府财政预算,对生活困难的低收入残疾人给予一定现金补贴,以保障残疾人基本生活需求,对生活不能自理的重度残疾人给予一定现金补贴,以满足残疾人基本护理需求。二是加强残疾人就业援助,提高国家机关和事业单位中残疾人实际就业比率,制定支持庇护性就业和残疾人自主创业政策,同时继续执行残疾人社会保险参保补贴,并适时提高补助标准,将部分康复项目纳入社会医疗保险支付范围,加强贫困残疾人医疗救助力度。三是进一步重视残疾儿童福利,努力提高残疾人义务教育入学率,推进残疾儿童学前教育和残疾人职业教育,继续实施重度残疾人托安养工程和残疾儿童免费抢救性康复工程,加快专业康复、托养服务和庇护性就业机构建设和重度精神障碍残疾人的托养机构建设。四是构建覆盖城乡的残疾人服务网络,建立残疾人专业或综合服务设施规范运行机制,加快残疾人信息服务网络建设,建立残疾人专业服务人才的培养渠道。

3. 加强儿童福利保障

要从国家竞争力的高度认识儿童福利的重要性,以孤儿和困境儿童为重点,加快构建适度普惠的儿童福利保障体系。在继续推进孤儿保障制度建设的基础上,将保障对象扩大至留守儿童和困境儿童。要通过制定优惠政策,动员、吸引和支持社会力量参与学前教育,同时实施有效监管。对残疾儿童和家庭经济困难的儿童入园,给予减免。建立孤儿和困境儿童生活补贴制度,建立基本生活最低养育标准自然增长机制。“十三五”时期的重点之一是加强对留守儿童和困境儿童的关爱保护。要健全困境儿童的具体认定标准和认定程序,掌握困境儿童状况,建立困境儿童救助范围、救助方法和救助标准及其调整机制。建立留守儿童关爱服务体系,推动地方在社区公共服务设施中开辟儿童活动的场所,配备图书资料和文体设施,为留守儿童提供生活照顾、学习辅导、亲情慰藉、安全管护等服务,切实为外出务工人员解决后顾之忧。建立困境儿童分类保障制度,加强对事实无人抚养的困境儿童的保障,建立困境儿童基本生活补贴自然增长机制和物价补贴制度。加强对困境儿童各类救助政策的衔接,推进未成年人保护体系和儿童福利制度建设的融合,逐步建立以家庭监护为基础、以社会监督为保障、以国家监护为补充的监护制度。

此外,要根据资源优化配置的原则,积极探索老年人服务、残疾人服务和儿童照护服务设施综合利用,打破部门分割,实现政策统筹和资源整合。同时,充分利用互联网等现代信息技术和理念,改进特殊群体服务的体系、制度、政策和机制。

(六)切实改善医疗卫生服务

疾病风险是人人面临的一项基本风险。这些年来,包括政府在内的全社会,在医疗服务领域有大量的资源投入,且持续增长,但群众的需求满足程度依然不高。这在某种程度上是因为需求的释放,但与医疗卫生服务资源配置有密切关系,尤其是基层医疗卫生服务质量不能令人放心,因而必须通过深化医药卫生体制改革,全面加强基层医疗卫生服务,优化医疗卫生服务资源配置,提高公平性、可及性和质量水平。

一要全面提高公共卫生服务水平。公共卫生具有预防疾病、延长人寿命和促进人的身心健康的职能。从国际经验看,这是一种成本低、效果好的服务,但具有社会效益回报周期相对较长的特点。因此,该项职能一般由政府承担。1950年代以来,与全国各地一样,浙江省的公共卫生事业有很大的发展,人民生活质量因此有极大的提高。今后一个时期,需要进一步扩大公共卫生服务范围,提高公共服务水平。要建立健全公共卫生服务项目调整机制,逐步将食品安全、职业卫生、精神卫生、饮用水卫生、卫生应急等重点任务纳入公共卫生服务项目。同时要增加财政对于公共卫生的投入,"十三五"末人均公共卫生经费逐步提高到100元。

二要增强基层医疗服务能力。随着健康预期和生活质量要求的提高,人民群众对于医疗服务的需求越来越大。尽管医疗卫生事业发展很快,但医疗服务供求矛盾依然很大。大城市里的大医院人满为患,而基层医疗卫生服务能力不足,有的基层医疗机构冷冷清清,医疗服务资源配置严重不合理。这就需要有体制机制的创新。关键是要通过提高基层医疗卫生服务的质量,提高老百姓的信任度。核心是要制定有效的政策,完善基层医疗卫生机构运行机制,鼓励医疗卫生专业技术人员到农村、到基层服务。同时要改进基本药物制度和基本医疗保险制度,鼓励患病群众在基层看病治病,促进医疗卫生资源优化配置。要努力吸引民间资本进入医疗服务行业,鼓励支持民办医院发展。

三要加强药品供应和安全保障。药品是解决老百姓看病问题的三个关键要素之一,需要有体制机制的创新。这里的关键是药品流通体制的改革,要着力减少药品流通环节的利润,以减轻老百姓的负担。因此,要进一步改进和完善基本药物制度,形成更加有效的药品供应保障体系,推进药品连锁配送设施与网络建设,完善基本医疗保险制度和医疗救助制度中的基本药物报销办法,加强药品安全基层基础工作,建立健全县、乡、村三级监管网络。

(七)进一步改善居住和生活环境

随着全面小康社会建设的进程,人民群众对于居住和生活环境的要求日益提高,而当前的住房和环境污染问题解决速度不快,因而"十三五"期间的居住和生活环境将是民生领域的一个热点问题。

1. 完善多层次住房保障体系

住有所居是最基本的民生需求之一,也是人民群众开支较多的民生项目。在对房地产市场进行有效监管的同时,致力于完善多层次的住房保障体系,通过多渠道解决支付能力相差悬殊的住房需求,保障所有常住人口的居住权。一是要切实解决最困难人群的住房问题,重点是因自然灾害意外事故所造成的灾民住房困难和城乡危旧房改造,把住房救助作为一个重要的社会救助专项,持续加强。二是要在准确把握各类住房需求数量的基础上,积极筹资建设保障性住房,加强廉租住房、公共租赁住房等各类保障性住房的政策衔接,鼓励集体经济组织利用留用地建造廉租房。三是要加强对私有出租房的管理,改善和稳定租赁关系,为低收入群体、外来务工人员和新就业大学生等提供公共廉租房。四是要充分认识改善型住房需求量很大的省情和自住性住房的复杂情况,抑制投机投资性需求,继续实施差别化住房信贷政策。

2. 加强食品药品安全管理

民以食为天,食以安为先。随着生活水平的提高,人民对于食品、药品的安全标准进一步提高。然而,现行的食品药品生产、销售机制却难以保证,矛盾越来越突出。因此,必须进一步加强食品药品生产加工、流通和市场准入诸环节的监管,并采取更加严厉的惩罚措施,以加大违法成本。建立权威高效的食品药品安全监测体系,强化检验检测、认证检查和不良反应监测等安全技术支撑能力建设。健全群众举报、部门联动和协作机制,加强基层和农村的监管力量。依托省、市、县三级联动的食品药品监管信息系统,构建统一的预警应急管理信息平台,实现应急信息的实时传递和共享,强化快速通报和快速反应机制。与此同时,需要加强道德教育,培育诚信文化,进一步提高食品药品生产销售者的社会责任感的自觉性。

3. 着力改善环境质量

水和气为生命不可或缺,必须保障其质量。要进一步加强危害环境与健康的各种环境风险控制,持续推进固体废物、核与辐射的污染防治,加强重金属、持久性有机污染物和危险化学品的污染防控,提高生活垃圾无害化处置水平,建立完善环境风险防范体系。坚持源头预防和全过程控制综合推进,注重从工业、生活和农业全方位挖掘减排潜力,提高工程减排质量,有效降低污染物排放强度。持续推进"五水共治",深入实施"清洁水源、清洁空气、清洁土壤"三大行动,加强海洋环境污染防治,全面深化环境污染防治,构建完善区域污染联防联控机制,促进环境质量持续改善。

因此,要正确处理经济增长与人民生活的关系,以住房保障、食品药品安全、环境保护等为重点,提高人民群众的安全感和生活品质。

(八)加快发展补充性保障

随着收入水平和生活水平提高,人们对风险保障有更多的需求和期待。由于社会保障只提供基本风险的基本保障,在有了社会保障之后,补充性保障的需求就会增加,因而发展补充性保障、构建多层次风险保障体系,将是"十三五"期间的一个亮点。因此,需要积极创造条件,做好准备。所谓多层次风险保障体系,是指基本保障加补充保障。由政府直接举办的各社会保障项目只提供社会成员的基本保障,这是第一层次。在此基础上,要充分发挥社会各方面的积极性,利用社会力量发展风险保障事业,包括各用人单位,各社会团体,各类民间组织和保险企业,建立第二层次、第三层次的保障。

1. 发展职业年金

职业年金(含企业年金)即补充性养老保险,是用人单位在参加基本养老保险基础上,为职工提供的补充性养老保险,属于职工福利范畴,旨在增加用人单位的凝聚力和吸引力。在社会养老保险制度改革之后,基本养老保险所提供的养老金替代率将比以前更低,因为基本养老金以保障退休人员基本生活为职责。要使本单位职工在退休之后具有更好的生活,用人单位就必须提供职业年金。但是,并非所有用人单位有此福利,尤其是经济效益不够好的企业,目前基本上没有职业年金。随着机关事业单位退休金制度改革,职业年金的需求将增加。"十三五"期间,既要推进机关事业单位职业年金,更要积极推进企业的职业年金(即企业年金)。为此,一要完善现行的法律法规,二要落实税收优惠政策;三要建立政府监管机制。

2. 发展补充医疗保险

与职业年金类似,补充性医疗保险也应加快发展。根据社会医疗保险制度改革的有关精神,国家鼓励用人单位在参加基本医疗保险的基础上,为其职工办理补充医疗保险,可以有相当于工资总额 4% 的税收政策之优惠。但事实上,很少有企业为员工办理补充性医疗保险。因此,各级政府及有关职能部门应当予以支持和鼓励。与此同时,对于城乡居民大病保险需要积极探索、进一步明确定位、完善机制。

3.发展商业保险

商业保险具有产品丰富、服务周全、运作效率高等优势,从国际经验看,商业保险是社会保险的重要补充,在全社会风险保障体系中占有重要地位。因此,在鼓励各用人单位发展职业年金、提高职工保障水平的同时,应当鼓励劳动者和社会成员个人通过储蓄、投资和购买商业保险等途径增强风险保障能力,政府在税收等政策方面予以优惠,在舆论方面予以引导。最近,国务院发出了《关于加快发展现代保险服务业的若干意见》(2014 年 8 月),对于商业保险在全社会风险保障体系中的作用作了新的阐述,并对保险业发展提出了一系列支持政策。

4.发展互助合作型保险

互助合作保险是指民间举办的不以营利为目的的各种保险。长期以来,各级工会组织开展过一系列互助保障活动,发挥着积极的作用。目前,互助合作保险在我国还没有明确的法律地位,需要尽快明确。浙江省可以积极尝试明确其地位,并制定相应的政策,鼓励和支持包括工会组织在内的一切有条件的民间组织开办互助合作保险,建立互助保险基金,作为全社会风险保障体系的一个组成部分。

三、政策建议

保障和改善民生,需要建立有效的机制,动员更多的资源进入民生领域,并进行合理的配置。这套机制必须以现实为基础,同时需要以改革的精神,创新体制机制。

(一)建立健全社会资源动员机制

保障和改善民生,政府具有天然的职责,但不能仅仅依靠政府。从当前的情况看,"十三五"时期的重点,应当积极寻求有效的机制,充分调动社会力量,逐步形成多元参与的局面,扩大民生保障服务的资源。

一是开放部分公共服务市场。当前养老、医疗、教育等公共服务领域政府包揽过多,且法律和政策限制较多,导致民间资本进入困难,影响到了社会各方面参与民生事业的积极性和活力,也导致了公共服务效率不高。因此,要明确政府的责任范围,划分政府与市场的界限,构建政府与市场互促共进的体制机制,充分调动全社会参与发展民生事业的积极性。要积极探索促进民办养老机构、民办医院和民办幼儿园的地方性法规和制度政策,鼓励非营利机构进入这些领域,也允许营利性机构进入获得合理的利润,同时要健全规制、加强监管、指导和支持。积极引导省外浙商回归参与家乡民生服务项目建设,捐建社会公益项目。考虑到纯民办的这类机构短期内不能满足事业发展需要,建议采取公建民营的办法,政府抓紧先建设一批,再交给市场民营,也可以考虑将现有部分公办的服务机构改制转为民营。

二是制定促进补充性保障发展的政策。为发展补充性保障,政府必须完善法律法规,实施有效监管,落实优惠政策。"十三五"期间,重点应该出台关于发展职业年金(含企业年金)、城乡居民大病保险、商业性养老保险、商业性医疗保险、责任保险和各类互助合作型保险的税惠政策,使之真正能够落地操作,例如养老保险递延税等。

三是培育社会组织。要充分认识社会组织在保障民生整体格局中的地位和作用,像扶持民营企业那样扶持社会组织,要大力培育、发展各种社会组织、中介组织,包括律师、公证、会计、审计、资产评估等机构和行业协会、学会、商会、基金会等社会团体,引导更多的社会力量参与民生的保障与改善。要充分发挥社会组织在民生服务需求表达、服务供给与评价监督等方面的积极作用,适合由社会承担的民生服务事项以政府购买服务等方式交由社会组织承担。大力发展慈善事业和志愿服务,促进志愿服务经常化、制度化和规范化。

四是优化慈善事业发展环境。要大力支持慈善事业法制,加强慈善主体培育力度,探索慈善事业与社会福利的政策衔接。一要改革完善慈善组织登记制度、备案制度、退出机制等,备案制度主要适用于规模较小的慈善组织、社区和企事业单位内部的慈善组织、非慈善组织进行的网络募捐活动等。二要引导慈善组织建立健全内部治理结构,规范人事制度、薪酬制度、财务管理制度、信息披露制度和志愿者风险保障机制等。三要培育慈善组织发展的外部环境,推动慈善文化建设,鼓励引导网络慈善、微信公益、慈善超市健康发展,完善政府购买服务政策、税收优惠政策,探索市场主体以捐赠资金留本运营、利润分配、安置就业、股权相赠、股息使用等方式参与慈善。四要积极打造慈善信息平台,促进慈善信息公开透明。加强对慈善组织的法律监督、行政监督、舆论监督、公众监督,逐步形成自律机制和监督管理机制。

五是加强社会工作队伍建设。随着从社会管理向社会治理转变,社会工作的角色和地位发生明显变化,社会工作在社会治理中的作用进一步增强。社会工作队伍是社会治理的一支生力军,其中的一项职能就是协助政府更有效地解决部分民生问题。发展社会工作队伍,核心的问题是要稳定队伍、留住人才。因此,要建立社会工作人才的薪酬制度、培养制度、评价制度等,畅通其成长发展空间,使社会工作者付出的劳动和技能贡献有合理的回报,以吸引更多专业人才加入社会工作队伍,引导社会工作者扎根基层、服务一线。切实解决基层社会工作者的后顾之忧。要大力开发社会工作岗位,建立健全政府购买社会工作服务政策,通过购买服务岗位、购买服务项目、购买综合服务等方式,让更多社会工作进入社会组织、进入社区,有效增长社会工作服务的可及性。要促进社会工作与民政工作、社会治理的融合发展,优先孵化以老年人、残疾人、青少年、城市流动人口、农村留守人员、特殊困难人群、受灾群众等为重点服务对象和以婚姻家庭、教育辅导、就业援助、职工帮扶、犯罪预防、矫治帮教、卫生医疗、人口服务、应急处置等为重点服务领域的民办社会工作服务机构。

(二)优化民生保障服务资源配置

最近几年,政府在民生领域投入大量资源,但效果并不理想。有不少项目常常是"按下葫芦浮起瓢",某些本该是社会稳定器的民生保障项目竟然成为社会不安定因素。这种现象值得我们好好反思。这一方面要求我们对于保障和改善民生的制度和政策加强顶层设计,增强公平性、科学性、协调性,另一方面要求创新民生保障服务的机制。

一是明确政府的责任。要确立民生在整个经济社会发展中的地位,实现民生领域与其他领域资源的合理配置;要在明确政府责任的基础上,界定"基本"与"非基本",明晰基本公共服务与非基本公共服务、基本保障与补充性保障的边界,从而实现全社会资源的优化配置。

二是创新公共服务提供方式。在政府实施有效监管、机构严格自律、社会加强监督的基础上,扩大民生领域公共服务面向社会资本开放的领域。鼓励和引导社会资本投资建立非营利性公益服务机构,探索民生服务项目经营权转让机制和民间投资公共服务的财政资助机制。逐步扩大直接补需方的方式,增强公民享受服务的选择权和灵活性。推动社会资本兴办养(托)老服务和残疾人康复、托养服务等机构。积极采取招标采购、合约出租、特许经营、政府参股等形式,扩大政府择优购买民生服务的规模。提供基本公共服务的民办机构,在设立条件、资质认定、职业资格与职称评定等方面与事业单位公平对待。

三是调整民生保障资源配置结构。按照"抑峰填谷"的思路,可以通过控制高保障群体的保障待遇,稳定中保障群体的保障待遇,将节省的资金用于提高低保障群体的保障待遇。根据课题组的政策模拟,前文提出的关于增加若干民生保障项目和提高若干原先保障程度较低项目待遇标准的建议,从资金的角度看,完全可以通过"抑峰填谷"的办法来实现。例如,最近 11 年企业职工基本养老保险待遇保持在年增长率 10% 左右。未来如果继续保持这样的增长速度,则势必对基金以及财政造成极大的压力。如果降低其待遇增长的幅度,则既可以减轻企业的负担,又一定程度上减小财政为基金兜底的压力。虽然,这笔资金不能直接用于城乡居民提高养老和医疗保障待遇,但能够间接增强财政对于其他民生项目的保障能力。

四是盘活社会保险基金。根据现行规则,社会保险基金只能存银行、买国债,因而实际投资回报率很低,近年来年回报率大约在 3% 左右。这种严重的贬值,是社会保险基金重要的风险因素,也是一种浪费行为。全省现有社会保险基金余额为 2000 亿元左右,需要高度重视这一问题,积极探索有效的办法,提高投资回报率。假如投资回报率可以提高到年 6%,则每年可增加社会保障基金 60 亿元。

(三)健全财政保障机制

无论是国际经验还是国内实践,保障和改善民生是现代政府的基本职责,因而其资源有相当部分来自于政府的财政。事实上,浙江各级政府在民生领域已经有不少投入。"十三五"期间,应当继续保持,并有所增长。因此,要建立民生领域财政支出增长的长效机制,切实增强各级财政民生服务的保障能力。前面我们提出的一些新项目或对原有项目提高保障标准,都需要有一定的财政投入。

一要进一步改善财政支出结构。"十三五"期间要继续维持前几年实行的"确保全省财政新增财力 2/3 以上用于民生领域"的原则。

二要加强廉政建设,优化财政支出存量结构,逐步削减财政公务开支,进一步巩固执行中央"八项规定"的成果,将节约的资金用于民生领域。

三要进一步合理界定各级政府保障和改善民生的事权支出责任,完善民生领域财政预算和财政转移支付制度。

(四)提高民生保障基层服务能力

基层服务能力的高低,直接决定着民生保障和改善政策能否落实、服务能否到位、群众是否满意。为此,一方面要优化政府内部资源配置,另一方面整合外部社会资源,通过"借力"促进基层能力的有效提升。首先,要把人、财、物更多引向基层,加大各种资源对基层的倾斜力度。要根据服务对象数量合理配比服务人员数量,根据实际工作量安排工作经费,改善办公条件;其次,要加强骨干队伍建设,提高综合素质和业务能力,建立人力资本投资的长效机制,包括培训和激励两个方面,绩效考核与奖励并重,日常工作与定期培训相结合。再次,在提升政府工作效率的同时,需要加大资源投入来培育和引进优秀的社会组织,充分发挥社会组织的优势,提供优质的专业化社会服务,创建基层政府与社会组织的多种合作模式(如公建民营、信息平台、服务外包等)。

与此同时,还应该通过优化工作流程来提高基层服务能力。这就需要改革创新。这些年来,民生保障服务领域项目增多,业务量大大增加,而且大部分业务都已经建立起了工作规范和相关流程规制。"十三五"时期,从省市县到最基层,都要深入思考工作规范和程序优化问题。经验表明,对公共服务流程进行再造,是提升工作绩效的有效途径。在民生保障服务领域,对工作流程进行优化再造,就是要整合破碎的流程、合并重复的流程、改善低效的流程、取消无效的流程。就业公共服务、公共卫生服务、住房公共服务、社会保险经办服务、社会救助服务、老年服务、残疾人服务和儿童服务等等,都可以站在更高的视野,考虑整合与资源共享等问题。

(五)建立民生领域的评估和监管机制

为了保障和改善民生,必须加强这一领域的评估和监督,以提高绩效。事实上,最近10多年来,民生领域投入资源不少,但其绩效并没有同步增长,有时某些投入还起到相反的作用。因此,运用科学方法适时评估,并严格执行之,当有益处。

一要建立评估制度。这里包括制度体系和运行绩效的评估。要根据民生保障制度的政策目标、需求变化和环境变化,评估制度的科学性和合理性,适时依法改进完善。同时,要制定民生制度政策运行绩效的评价指标体系和评价方案,组织客观公正的评估,并将评估结果以适当方式向社会公布。这里的关键要积极引入第三方评估,改变由政府部门自己评自己、公共服务机构自己评自己的格局。

二要严格监督执法。要健全监督机制,加强对民生保障项目和重大过程的监督和检查,形成各负其责、逐层逐级抓落实的推进机制。实施季度督查通报制度,各级向上级及时反映民生工作的情况。要健全民生保障预算公开机制,增强预算透明度。加强对各级政府履行民生服务职责的动态监测、评估。要逐步建立政府行政承诺制度、听证制度、信息查询咨询制度,保障社会公众的知情权、参与权和监督权。尤其重要的是,各级领导要正确处理区域经济增长与民生保障的关系,按照以人为本的原则,妥善解决各种矛盾,依法追究有害于人民群众生命安全和身心健康的一切行为。对于食品药品、安全生产和生态环境保护,必须严加监管,绝不姑息。

三要健全问责机制。要强化激励约束,完善政府部门年度目标责任制考核办法,将民生保障工作评价结果,纳入各级政府领导干部政绩考评体系,规范并引导政府和公共服务部门的职责行为。要建立民生服务设施建设质量追溯机制,对学校、医院、福利机构、保障性住房等建筑质量实行终身负责制。开展民生服务财政资金绩效评价,对挪用下拨资金、不按规定使用资金和不按时达标的市县,按相应规定进行处罚。

分报告三

"十三五"时期浙江省实施创新(创业)驱动发展战略的总体思路与对策研究

目 录

【报告执笔人:吴晓波、杜健、吴东、朱培忠】

一、背景研判：再造三大红利，力促浙江转型

在波澜壮阔的改革大潮中，浙江人解放思想，敢为天下先，敢争天下强，秉持"义利双行、工商皆本"的文化基因，塑造了"特别能吃苦、特别能创业、特别能创新"的浙商品格，树立了"诚实守信、依法经营、公平竞争、勇担责任"的浙商形象，积淀了以"创业创新"为核心的浙江精神，迸发出浙江民本经济"聚沙成塔"的巨大能量。"民营、民富、民享"的民本经济始终是浙江最大的活力所在，充分激发民间活力，全面释放内生动力，既是过去浙江干在实处的基本经验，也是今后浙江走向"更加美好的社会"的重要法宝。

2014 年上半年，浙江全省工商部门登记的市场主体 392 万户，新增企业 36.2 万户，市场主体持续活跃；自 2011 年首届世界浙商大会以来，全省共签约浙商回归项目 1600 多个，到位资金超过 4000 多亿元，浙商回归态势强劲；浙江人在境外创办企业和机构 6600 多家，遍布 140 多个国家和地区，"跳出浙江、发展浙江"的态势同样显著。市场主体增加、浙商回归增加、海外投资增加，这三个"持续增加"，足以证明浙江的民间活力依然活跃、强劲。

浙江经济从改革开放以来年均近 13％的高速增长，转化为近几年 8％左右的中高速增长，这与当前错综复杂的外部环境带来的企业信心不足、房地产下行相关，也与全省主动调整转型、控制粗放发展相关。这意味着浙江省正在越过经济增长的拐点，从"旧常态"进入到"新常态"，我们要用"新常态"来衡量浙江经济，而"换挡期"的特点就是主动把速度控制在合理范围内，主动把重点聚焦到提质增效上，因为质量领先比速度领跑更加重要，高质量高效益的经济增长才是持续健康的发展。2013 年浙江省人均 GDP 首次突破 1.1 万美元，经济社会发展即将迈入高收入水平。2014 年上半年，全省常住城镇居民可支配收入增长 9.4％，全省财政总收入增长 8.2％，全省规模上工业利润增长 12.4％，从"三大收入"的增长来看，浙江省经济增长的质量和效益都保持了较高水平。

立足当前，着眼长远，如何把握浙江省转型升级的关键期，从高速进入到中高速的"换挡期"？全面实施创新/创业驱动发展战略是关键，通过"一个驱动，两个倒逼"，即以创新为驱动，环境和要素倒逼企业转型升级，从而实现浙江经济发展"引擎"的更新换代。创新驱动，就是要坚持市场在资源配置中起

决定性作用和更好发挥政府作用有机结合起来,积极推进技术创新、产品创新、组织创新、商业模式创新和市场创新。新的"引擎"需要释放"三大红利",即用改革红利、创新红利、人才红利推动浙江经济社会的持续健康发展。

（一）全球市场结构的变化:创新红利替代出口红利

过去 36 年间,中国经济创造了世界瞩目的伟大成就,在世界经济舞台上扮演了举足轻重的角色。伴随着世界经济格局经受国际金融危机和主权债务危机重创后的重大调整,外部世界环境所发生的广泛而深刻的变化对我国经济的战略性调整提出了迫切的要求。危机之前,中国顺应全球资源和市场整合带来的分工深化和增长趋势,创造了巨大的出口红利。金融危机和主权债务危机严重打击了发达国家的支付能力,导致由发达经济体主导的全球总需求出现明显下降,出现了需求不足和供给过剩的结构性冲突。与此同时,危机也带来全球经济结构的大幅调整,欧美发达国家积极寻求出口增长,以美国为代表的发达国家已经开始出现"制造业回归"、"再工业化"的趋势,全球分工体系再次被改写。

民间活力是浙江省经济社会发展的源动力。浙江依靠出口维持高速经济增长的方式已经不可持续,只有采取激发消费需求的根本策略,才能对抗外部需求下降造成的经济下行压力。这并不意味着简单地用货币、财税政策来增加需求,而是需要让浙江经济的每个细胞都变得自由起来,只有这样创造力才能都发挥出来,通过产品创新刺激消费,实现有质量的经济增长。2013 年,全省工业技改投资增长 25.8%,万元工业增加值用工下降 9.2%,新产品产值增长 24.4%,发明专利申请量增长 31%,网络零售额增长 88.5%,这意味着浙江产业素质正在加速提升。浙江省只有不断致力于打破壁垒迸发民间活力,才能更好地催化有效投资。

（二）内部供给要素的约束:改革红利替代资源红利

伴随着中国经济高速增长对低成本要素、高强度投入的过度依赖所积累的矛盾不断地强化,内部战略供给要素的转变给中国经济转型带来的压力也越来越大。城镇化步伐的加快,土地供求紧张导致土地价格的不断上升;重化工产能的过度扩张,能源资源大量消耗使得环境保护的成本随之增大;利率市场化的推进又导致融资成本的增加。多年来,廉价的自然资源为中国制造业的发展提供了有益的条件,但也由此造就了经济增长中的高能耗、高污染现象。"资源红利"衰减后经济增长面临的资源环境瓶颈,已经严重威胁到中国的可持续发展的上限:资源供给约束、环境质量约束、生态容量约束。

浙江省经济社会发展中也面临着同样的困难和问题,经济增长过多依赖低端产业、过多依赖低成本劳动力、过多依赖资源环境消耗等问题尚未根本改变。但是改革开放 36 年,浙江最成功、最值得总结的一条经验,就是浙江人在自然资源匮乏的情况下,把自身变成了资源。效率的改善往往需要通过制度的安排来实现,也就是改革红利。浙江省比较早地探索和建设公平、开放、透明的市场环境,建立法制化的营商环境。浙江省政府明确提出将"三张清单一张网"作为深化自身改革的主抓手,着力推行政府权力清单、企业投资项目负面清单、政府部门专项资金管理清单的制定与公布,加快构建政务服务网,打造有限、有为、有效政府,力争成为营商环境最优的省份。国内外的实践证明,哪里调整得早、转型得快,哪里就发展得好、发展得快。推动效率导向和公平导向的改革,将激发市场活力,强化竞争倒逼创新,用竞争政策推动资源要素流动与产业创新,进而促进经济发展的稳定性、协调性、普惠性和可持续性。

(三)要素结构转变的压力:人才红利替代人口红利

规模庞大的低成本劳动力曾经支撑了中国产业规模壮大,并融入全球产业分工体系之中去。随着"人口红利"的逐步衰减,劳动力供求关系的变化和成本的上升,中国在低技能的制造业中正在失去比较优势,依靠劳动力数量扩张推动经济增长的基础开始动摇。当中国在全球产业链上不断攀升时,存留的农村剩余劳动力的技能与经济增长中新创造的就业岗位之间出现不匹配,对高素质劳动力的需求越来越迫切。改革开放 36 年以来,我国已经从一个科技人力资源稀缺国家逐步成长为一个科技人力资源大国。截至 2013 年我国大学本科及以上学历的科技人力资源总量超过 7000 万人,连续 7 年保持世界第一。人才红利是和创新驱动战略紧密联系在一起的,劳动力要素的转型升级是转变产业发展模式的核心,只有摆脱国际劳动力要素分工体系中"体力劳动者"和"低端知识工人"的低端锁定,不断提升人力资本质量对经济增长的贡献,才能真正实现产业的转型升级

到 2010 年底,浙江省人才资源总量达到 752.1 万人,居全国第 4 位,人才贡献率为 29.9%,居全国第 5 位。截至 2012 年年底,浙江省"千人计划"学

者达到 653 人,其中进入前 8 批国家"千人计划"192 人,居全国第 4 位。人才是科学发展的第一要素、第一推动力,在实施创新驱动发展战略中,必须高度重视人才工作。高效率、高强度的人才引进和培育工作,必须贯穿于重大人才工程的有序实施,依托于人才发展平台的有效构建,落实于重大人才政策的有力保障,只有这样才能实现"四海贤能招进来、本土精英冒出来、创业环境好起来"。

此外,浙江省正在打造宜居宜业的"两美浙江",正营造一个良好的生活环境。浙江省各地下大力气治理环境,"五水共治"工程使得治水、治气、治城、治乡、治堵等都有明显进展,浙江的吸引力由此正变得越来越强。随着生产和生活环境的持续改善,浙江对人才的吸引力正在变得越来越强。"十三五"期间,人才红利将不断发力,促进管理创新、技术创新、劳动生产率提高,从而推动浙江经济的战略转型和稳健发展。

全面实施创新(创业)驱动发展战略需要我们正确认识新的"三大红利",但是,创新红利、改革红利和人才红利并非唾手可得,它带来了新的经济发展模式挑战,需要整个经济社会体系实现全新的转变来应对。这些挑战包括:企业和企业家自身需要怎么变?产业需要怎么变?区域需要怎么变?体制机制又需要怎么转变?只有政府、企业、社会实现和谐共振,经济改革的成果才会好。

二、当前浙江经济面临的严峻形势

浙江经济从改革开放以来年均近 13% 的高速增长,转化为近几年 8% 左右的中高速增长,揭示出浙江省正在越过经济增长的拐点,进入增长速度换挡期、结构调整阵痛期、前期政策消化期"三期叠加"。从"旧常态"进入到"新常态",我们要用"新常态"来衡量浙江经济,而"换挡期"的特点就是主动把速度控制在合理范围内,主动把重点聚焦到提质增效上,因为质量领先比速度领跑更加重要,高质量高效益的经济增长才是持续健康的发展。

目前浙江经济发展形势严峻,2014 上半年的经济态势中表现得尤为突出。一是传统产业占比过高,纺织、服装、皮革、橡胶塑料等传统产业占比超过70%,上半年平均增长不到 3%;电子、医药、专用设备、汽车等产业占比不到30%,平均增长 10%。二是龙头企业数量太少,浙江省产值 10 亿元以上的龙头企业只有 700 家,平均增长 9％,产值占比约 40％。如果能将传统产业比重控制在 30％以内,龙头企业比重提高到 60％以上,那么工业增长保八就没有问题,但与现实仍有很大差距,因此浙江经济转型升级迫在眉睫。

三、创新(创业)驱动发展面临的主要问题

从再造"三大红利"的视角来看,加快浙江省创新(创业)驱动发展还要破解企业、区域、产业、政府、体制五方面难题。

(一)企业创新突破能力薄弱

在规模以上工业中,中小企业占浙江省企业数量的 99％,创造了全省 82％的工业产值、71％的工业税收和 81％的外贸出口,拥有 88％的从业人员以及 78％的科技活动经费,中小企业已经成为浙江省经济社会发展的重要力量。但中小企业却存在竞争力不足、成长性不强的普遍特征。产业链处于低端,品牌影响力较弱,恶性竞争严重,传统行业面临产能过剩风险,企业管理水平较低。

浙江企业市场化起步较早,普遍面临创新创业意识强但创新突破能力弱的问题。第一,缺乏科技支持。浙江经济以外贸订单加工制造业为主,被国际品牌企业"锁定"在全球产业价值链的低附加值环节,远离价值链高端的研发、渠道、品牌等环节,企业本身创新动力和能力不强,很多企业研发费用不到产品销售收入的 0.2％,与发达国家相差 15 倍以上,加之知识产权制度的不完善,导致技术的随意拷贝,"搭便车"的机会主义行为进一步降低了中小企业技术创新的动力。第二,缺乏路径支撑。尽管有些企业有转型升级意愿,但现代市场化运作水平较差,缺乏先进的经营模式和管理体系,不少企业难以找到切合企业实际的转型升级的有效途径,面临"不转型等死,转型找死"的尴尬局面。

(二)关键资源要素缺失

浙江是资源要素较为稀缺的地区,由于竞争激烈和人员流动性的增大,中小企业现有优秀人才流失现象开始显现。在低端劳动密集型行业,由于地区生活成本不断上升,不少市、县(市、区)用工荒问题也日趋严重。中小

企业融资渠道单一,以银行贷款间接融资为主,直接融资仅占 12%,银行贷款"偏大轻小"的现象仍然比较明显,抵押物不足、信用能力先天不足。无论是靠自身还是靠市场,实体经济都难以获得比较优质廉价的技术、金融、人才等各种关键资源要素,面临"增长天花板"。浙江企业家又普遍理性,逐利思想过重,喜欢投资"短平快"项目。在关键资源要素稀缺、主业增长受限的情况下,浙江资本不愿投资实业转型升级,而是转投那些高回报的行业。例如浙江企业资产结构中房地产业结构比率过高。浙江 100% 的上市公司涉足房地产业,其中直接涉足的上市公司占 30%,此外浙江还有 50% 的中小企业直接或间接涉足房地产业。浙江在本身就资源要素稀缺的情况下,大量泡沫经济又挤占了实体经济发展所必需的资源,抑制了浙江经济的可持续增长。

(三)高端人才结构不合理

目前浙江存在比较严重的产业结构转型升级与人力资源供给的失衡问题。第一,浙江省内重点高校、大院大所、大企业比较少,因此具有国际国内一流水平的学科带头人、科技创新领军人才总量较小。作为制造业大省,浙江省在产品标准和质量管理领域的全国著名专家明显缺乏;作为走在全国改革开放和经济建设前列的省份,浙江省不仅全国著名经济学家偏少,就是能参与政府经济决策咨询的专家也比较欠缺。第二,浙江省技术改造投资力度较大,引进了大量先进装备,但缺乏熟练的操作工,从事研究开发新产品、新技术、新工艺的人员也偏少,已成为制约企业技术创新能力提升的重要因素。第三,浙江省已进入后工业化和消费结构升级加快的历史阶段,知识密集型服务业呈快速发展态势,与之相对应的现代服务业人才非常缺乏。第四,浙江省块状经济特征明显,大量生产和出口低价小商品,面临国际贸易反倾销和知识产权诉讼的形势非常严峻,而全省的人力资源中,既懂外语通专业和法律,又能够应对国际贸易纠纷的专门人才却很少。

(四)政府政策引导不清晰

政府的政策引导必须契合企业转型升级的需要,才能发挥最大的效果。此前,虽然浙江省围绕产业转型升级出台了一系列政策意见,但总体看,普惠性政策偏多,面向高端产业的偏多,面向广大中小企业的过少,具体有操作性和实践意义的则更少。具体体现在:第一,政策导向不够清晰。当前政策往往采取普惠式做法,未能采取有保有压,难以施行优胜劣汰。第二,重大建设项目实行政府审批制缺乏足够科学依据,批与不批,批多批少难以衡量。第三,政府行为与管理规范没有及时转型升级。多年的分税制,使中央政府税收比重过高,地方政府缺乏可持续发展的财政汲取能力,又要承担改革发展稳定的责任,转而把目光投向土地开发,导致土地价格和房价不断上涨。另外,地方政府为了增加财政收入和稳定就业,也难以痛下狠手淘汰落后产能。

(五)体制约束市场资源的有效配置

浙江具有市场经济先发优势,要坚持市场化改革,真正利用市场来配置资源。目前,政府在科技资源的配置当中过度行政化,资源配置的分散、重复、封闭、低效等问题还比较突出。第一,生产要素市场发育不完善,大量的土地、能源、资本等要素资源掌握在政府手里,生产要素价格受到过多的行政干预,市场机制难以充分发挥基础性调节作用。第二,政府过多地直接干预经济活动,有的直接成为市场投资主体,忙于招商引资上项目,由于领导任期较短,不惜引入低水平污染重的项目。第三,跨区域要素流动受到行政区划制约,产生各自为政的割据局面。例如,县域经济将用地指标分配到县,每县分得甚少;又如科技扶持资金平摊到各地企业,每家企业分得甚少。这种因体制而产生的割据,造成资源配置零散无法自由流动,难以发挥集聚效应和集中优势,制约了一些优秀企业转型升级的空间。

四、浙江经济创新驱动的重大机遇

当前,创新已成为地区之间竞争发展的关键,谁拥有强大的创新能力,谁就能把握先机、赢得主动。要抓住难得发展机遇,突破自身发展瓶颈,解决深层次矛盾和问题,根本出路在于改革创新,关键要靠科技力量。

(一)智慧产业新机遇

未来的商业空间将全面数字化,信息技术将无处不在,要准确把握这一未来科技发展的新范式,积极推进信息产业的发展,为浙江企业在未来的科技发展中博得更多地主动权。浙江在电子商务、IT信息技术领域已经处于全国领先地位,物联网、互联网和云计算为基础和重要内容的智慧产业的蓬勃发展有助于加快传统产业两化融合,有效集聚全省高端创新要素,构建"核心技术—战略产品—工程与规模应用"的创新价值链。

(二)民间金融市场新机遇

从传统来看,国有金融机构一直占据主导地位,在一系列金融改革政策相继出台之后,特别是 2012 年设立温州市金融综合改革试验区释放政策红利,金融开始适度向民间开放,让民间资本有机会可以参与其中,形成了金融机构多元化的市场形态,有力地推动了浙江省的经济建设。同时,互联网金融、小微金融、租赁金融等新型金融市场的出现为浙江中小企业转型升级提供了丰富的民间资本支持,打破了传统资本要素壁垒。

(三)海洋新兴产业新机遇

浙江海洋经济发展示范区和舟山群岛新区建设,充分发挥浙江海洋资源和区位优势,带动了海洋工程装备制造业、海洋生物医药业、海水综合利用业、海洋新能源产业、现代海洋服务业等海洋新兴产业,有利于宁波—舟山一体化,建成浙江乃至东部沿海地区的新兴增长极。

(四)全球化新机遇

面临资源瓶颈,当前越来越多的浙商"走出去",到国际市场寻求发展,从而构建"以我为主"的全球化制造网络。新世纪以来,通过市场扩张和"走出去",浙江已经初步形成了一批实体产业为主、多元化经营模式的跨国型公司企业,中国百强、民营百强的浙商数量日渐增多。随着金融危机进一步深化形成的机遇,以及与海外经济发展互动性增强,浙江企业在"十三五"期间对外投资并购和经营重组步伐将日益加快,战略重点将转向构建全球开放新格局,打造全球开放新浙江。

五、"十三五"时期加快创新(创业)驱动发展的必要性

全面实施创新(创业)驱动发展战略、加快建设创新型省份,是浙江省立足全局、面向未来的重大战略抉择,是深入实施"八八战略"和"创业富民、创新强

省"总战略的重要举措,是建设经济强省、文化强省、科教人才强省和平安浙江、法治浙江、生态浙江的有力支撑,是干好"十三五"、实现"四翻番",建设物质富裕精神富有现代化浙江的重要保证,是深入贯彻党的十八大精神的实践要求、是《国家中长期科学和技术发展规划纲要(2006—2020 年)》和省第十三次党代会的具体任务。

把创新驱动发展摆在核心战略位置。进入新世纪以来,浙江省把科教人才工作纳入"八八战略"的重要组成部分,先后做出建设科技强省、教育强省和人才强省,建设创新型省份、科教人才强省等决策部署,大力推进科技进步与创新,全省自主创新能力、科技综合实力和竞争力迈上新台阶,在促进经济社会发展中发挥了重要支撑作用。但与现代化建设需求相比,与发达国家和先进省市相比,浙江省的创新投入、创新能力、创新效率和创新体系建设仍有较大差距,特别是科技与经济相互脱节现象依然存在,科技投入产出不匹配、产学研用结合不紧密、评价考核科技成果的标准不科学、科技创新的体制机制不适应等问题比较突出。当前,创新已成为国家或地区之间竞争发展的关键,谁拥有强大的创新能力,谁就能把握先机、赢得主动。要抓住难得发展机遇,突破自身发展瓶颈,解决深层次矛盾和问题,根本出路在于改革创新,关键要靠科技力量。我们一定要从全局和战略高度,充分认识全面实施创新驱动发展战略、加快建设创新型省份的重要性和紧迫性,更加自觉地把工作着力点放到加大创新驱动力度上来,不断为创新发展注入新的动力和活力。

牢牢把握创新驱动发展的总体要求。坚持以邓小平理论、"三个代表"重要思想、科学发展观为指导,认真贯彻中央有关精神,深入实施"八八战略"和"创业富民、创新强省"总战略,围绕干好"十三五"、实现"四翻番"目标任务,进一步解放思想,破除陈旧理念和体制机制障碍,紧紧抓住科技与经济紧密结合这一核心问题,更加注重创新实效评价导向,更加注重教育、科技、人才工作协调发展,更加注重发挥市场导向、企业主体、政府引导作用,更加注重大产业引领、大平台集聚、大企业带动、大项目支撑,切实把创新贯穿到实施"四大国家战略举措"和中共浙江省委、省政府一系列重大决策部署之中,不断完善区域创新体系,大力发展创新型经济,为现代化浙江建设提供强大动力。

六、"十三五"时期创新(创业)驱动发展的思路设计与主要目标

从 2015 到 2020 年前后的一个时期将是浙江进入增长速度换挡期、结构调整阵痛期、前期政策消化期"三期叠加"多线程复合性重大变化的决定性时期。从"旧常态"进入到"新常态",我们要用"新常态"来衡量浙江经济,因此"十三五"阶段浙江实施创新(创业)驱动发展战略的总体思路是:

以"创新红利、改革红利、人才红利"三大红利再造为着力点,抓住"智慧产业、民间金融市场、海洋新兴产业、全球化"的重大机遇,围绕"增强企业活力、产业转型升级、构建全球开放经济、提高体制机制效率"实施创新(创业)驱动发展战略,推动"知识集群、服务深港、智慧浙江"三大升级,构建"制造业对经济支撑、信息化对科技引领、金融业对创新孵化"三大新竞争优势,积极引领创新"市场化、平台化、产业化"三化发展,健全创新创业"人才、投入、环境"保障机制,把浙江省建设为创新创业强省,从而走向更加美好的创新驱动型社会。

为此,需要明确"十三五"阶段浙江实施创新(创业)驱动发展战略的主要目标是:

通过未来 5 年的努力,浙江 GDP 和人均 GDP 指标接近甚至赶超韩国,率先成功迈进新兴高收入经济体行列。从 2015 到 2020 年前后的时期将是浙江省经济社会全面改革和全面结构调整的决定性时期,"十三五"阶段围绕"四转四升"①的浙江省经济社会发展的总体思路,以政府改革为突破口再创体制领先,以战略新兴为突破口提升产业格局,以效率提升为突破口转变发展方式,以深化开放为突破口构建全球浙江,全面实施创新驱动发展战略。坚持以改革释放"正能量",以创新培育"新动力",以人才撬动"大转型",扎实落实"四换三名"工程②,形成改革创新和经济发展的良性互动,实现"八倍增、两提高"目

---

① "四转四升"总战略,即"体制转型、经济转型、社会转型、城市转型;创新升级、开放升级、产业升级、环境升级"。

② "四换三名"工程,"四换"为:腾笼换鸟、机器换人、空间换地、电商换市;"三名"是大力培育名企、名品、名家。

标①,建立比较完善的区域创新体系,创新资源有效集聚,创新能力显著增强,创新效益大幅提升,基本形成创新驱动发展格局。打造特色鲜明的海洋经济、智慧经济、金融经济的浙江经济升级版,到2020年率先建成创新型省份。

七、"十三五"时期创新(创业)驱动发展战略的重点方向

(一)围绕增强企业活力目标实施创新(创业)驱动发展战略

浙江是中国经济发展最活跃的省份之一,也是外源性技术利用最多的省份,进入经济换挡期,技术引进的外部条件发生变化,产业转型升级与创新越来越融为一体。创新从根本上说是市场活动,只有使企业成为创新主体,鼓励创新资源向企业流动,引导创新要素向企业集聚,才能激活企业创新创业的活力,强化经济内生增长的动力。激发市场主体尤其是民营企业的活力,提升企业自主创新能力和核心竞争力,是浙江跨越"中等收入陷阱"、迈向高收入发展水平的现实要求,重点要从以下几方面入手:

针对大企业:

(1)着力培养全球创新型龙头企业,使其成为浙江经济发展的"地理标志性"企业和转型升级的"火车头"。第一,要以"三名"工程为引领,以培育和扶持100家百亿级企业作为重要契机,按照党的十八届三中全会提出的大力发展混合所有制经济的要求,积极推进产业兼并重组,把"资本优势＋市场优势＋政策优势"结合到一起,打造世界级的大企业。第二,坚持完善以企业为主体、"企业出题、政府立题、协同破题"的技术创新体系,扎实推进重点企业研究院培育、重大项目支持、科技人才派驻"三位一体"的产业技术创新综合试点,提升一些优势产业领军企业的自主创新能力。第三,加快培育科技型企业梯队,大力培育创新型企业、高新技术企业,支持龙头企业牵头组建产业技术创新战略联盟,促进大中小企业协同创新。

① "八倍增、两提高"目标,即全省R&D经费支出额、研发人员数、发明专利授权量、规模以上工业新产品产值、高新技术产业产值、技术市场实现交易额、高新技术企业数和科技型中小企业数"实现倍增",力促科技进步贡献率、全社会劳动生产率"两提高"。

(2)推进浙江大批传统家族企业的企业管理制度创新。传统家族企业要想可持续发展,建立现代企业制度是关键,重中之重是产权制度创新,核心在于明晰产权、优化产权结构。新形势下浙江传统家族企业组织制度的问题已经显现,要想优化组织结构,就应摒弃以往的血缘、亲缘、地缘关系下的家族模式,逐步实行股份制和公司制。判断企业制度是否有效,要看企业产权安排是否合理、组织职责划分和组织结构是否明晰、激励与监督机制是否科学、企业文化是否适合本企业的发展。

针对小微企业:

(1)通过配套龙头企业形式大力扶持小微企业。第一,实施小微企业创新能力建设计划,鼓励有条件的小微企业参与产业共性关键技术研发、浙江省或者国家科技计划项目以及标准制定;鼓励产业技术创新战略联盟向小微企业转移扩散技术创新成果;支持在小微企业集聚的区域建立健全技术服务平台,共享优势科技资源,为小微企业技术创新提供支撑服务;实施小微企业信息化推进工程,重点提高小微企业生产制造、运营管理和市场开拓的信息化应用水平,鼓励信息技术企业、通信运营商为小微企业提供信息化应用平台。

(2)通过金融创新努力纾缓小微企业融资困境。第一,拓宽小微企业的融资渠道,加快发展小金融机构以及信用担保服务,优先支持符合条件的商业银行发行专项用于小微企业贷款的金融债。支持商业银行开发适合小微企业特点的各类金融产品和服务,积极发展商圈融资、供应链融资等融资方式。第二,鼓励金融机构建立科学合理的小微企业贷款定价机制,在合法、合规和风险可控前提下,对创新型和创业型小微企业可优先予以支持,加强对小微企业贷款的统计监测。第三,进一步加大对小微企业的财税支持力度,通过完善和落实支持小微企业发展的各项税收优惠政策,减免部分涉企收费并清理取消各种不合规收费,依法设立国家中小企业发展基金以及支付采购支持等多种方式,帮助小微企业提振信心,缓解成本压力,稳健经营,提高盈利水平和发展后劲,增强企业的可持续发展动力。

(3)推进重在市场发现和价值挖掘的商业模式创新。第一,鼓励商业模式的创新试点、应用和推广。结合新兴产业发展趋势,选择容易突破的产业和环节进行探索创新试点。利用财政税收等政策工具,积极支持企业探索适应产业融合特点的经营管理、渠道管理和价值链收益方式,促进服务业与制造业有效融合。第二,增强对商业模式创新关键要素的支持。围绕人才、技术、资本等关键要素,培育和吸引更多的创新创业人才;鼓励技术引进、技术转让、技术服务和产学研合作,为商业模式创新提供技术支撑;完善资本市场制度建设,发挥风险投资发现和挖掘新型商业模式的市场选择作用。

(二)围绕产业转型升级实施创新(创业)驱动发展战略

浙江作为民营经济制造大省,以轻工纺织、普通机械加工等劳动密集型传统块状经济为主,制造业"低小散弱"特征鲜明。"十二五"期间,由于前述种种创新难题造成了传统产业集聚制造优势不断减弱,而技术相对高位的产业区位制造优势尚未显现。当前,坚持问题导向,以改革创新为突破口,助推产业结构优化升级,重塑浙江区域竞争优势凸显迫切。产业转型升级主要是指产业结构的改善和产业素质与效率的提高,关键是产业价值链和产品附加值的提升。立足浙江省情,既要培育新兴产业,又要兼顾传统产业。

针对传统产业:

(1)推进产业"高效集约化"。通过传统产业技术进步、管理创新、品牌构建、战略合作和产业重组,鼓励承接发展中高位技术密集型精细化制造,实现传统产业整体素质的提升。

(2)推进产业"结构软化"。鼓励企业向"微笑曲线"上下游纵向延伸,加快发展研发、设计、标准、物流配送和供应链管理等生产性服务环节,发展科技服务、信息服务和创意等生产性服务业,促进制造服务化和服务知识化。

(3)推进产业"绿色化"。推进传统产能梯度转移和绿色化改造,大力化解产能过剩,坚持通过市场竞争实现优胜劣汰,政府则应通过强化环保、安全等硬约束淘汰过剩产能和落后产能。

针对新兴产业[①]:

推进海洋经济、智慧经济、金融经济,转换浙江产业结构总体图景。

(1)大力发展海洋新兴产业。围绕浙江海洋经济发展示范区和舟山群岛新区建设,充分发挥浙江海洋资源和区位优势,加快培育海洋工程装备制造业、海洋生物医药业、海水综合利用业、海洋新能源产业、现代海洋服务业等海洋新兴产业,推进宁波—舟山一体化,建成浙江乃至东部沿海地区的新兴增

---

① 2014年初浙江省以重大技术突破和重大发展需求为基础,以对经济社会全局和长远发展具有重大引领带动作用为目标,明确将新能源、生物与现代医药、智能装备制造、节能环保产业、海洋新兴产业、新能源汽车、新一代信息技术和物联网产业、新材料产业和核电关联产业等9大产业作为浙江省战略性新兴产业发展重点。

长极。

（2）打造国际电子商务中心。立足在电子商务、IT信息技术的全国乃至国际领先地位，顺应两化融合新趋势，有效集聚全省高端创新要素，构建"核心技术—战略产品—工程与规模应用"的创新价值链，加快大力发展由物联网、互联网和云计算为基础和重要内容的智慧产业，率先打造智慧浙江、电商浙江。

（3）发展新型民间金融市场。充分调动浙江民营资本和民间资金，大力规范和创新互联网金融、小微金融、租赁金融等新型金融市场，服务民营经济发展，建成定位与上海国际金融中心有区分的全国性金融强省。

（4）发展高附加值新型产业集群。设立产业特色鲜明的高新园区，着力打通产业链条，进一步推动工业集聚和规模经营，新兴产业的垂直整合，支持不同区域形成一批高附加值的新型产业集群，弥补原有优势块状经济消失带来的真空。

（三）围绕全球开放经济构建实施创新（创业）驱动发展战略

当今是一个跨国公司主导世界经济发展的年代，只有越来越多的企业"走出去"，到国际市场的大风大浪中去搏击，才能增强浙商参与国际竞争的能力，从而构建以我为主的全球化制造网络。新世纪以来，通过市场扩张和"走出去"，浙江已经初步形成了一批实体产业为主、多元化经营模式的跨国型公司企业，中国百强、民营百强的浙商数量日渐增多。随着金融危机进一步深化形成的机遇，以及与海外经济发展互动性增强，浙江企业在"十三五"期间对外投资并购和经营重组步伐将日益加快，战略重点将转向构建全球开放新格局，打造全球开放新浙江。

（1）大力推进国际科技合作与交流。美国主导推动的"TPP"、"TTIP"正在重塑国际贸易与跨国投资格局，浙江要适应全球开放形势，研究建设高标准开放制度，加快在省会和沿海等合适地区建设全球一流的开放平台。第一，充分利用国家大力推进国际科技合作与交流的机遇，大力吸引省外境外企业和科研机构在浙江省设立研发机构，鼓励符合条件的外商投资企业与内资企业、研究机构合作申请国家科研项目。第二，支持浙江省企业和研发机构积极开展全球研发服务外包，在境外开展联合研发和设立研发机构，在国外申请专利。第三，鼓励浙江省企业和研发机构参与国际标准的制定，鼓励外商投资企业参与浙江省技术示范应用项目，共同形成国际标准。

（2）切实提高国际投融资合作的质量和水平。第一，鼓励企业家"走出去"进行跨省、跨国兼并重组，突破省内、国内高级要素匮乏瓶颈，率先在海外攫取高级版开放红利。第二，完善浙江省外商投资产业指导目录，吸引外商在浙江省设立创业投资企业，引导外资投向战略性新兴产业。第三，支持有条件的企业开展境外投资，在境外以发行股票和债券等多种方式融资。第四，扩大企业境外投资自主权，改进投资审批体制，加快同有关国家和地区商签投资协定，进一步加大对企业境外投资的外汇支持。

（3）培育浙江系跨国集团，增强全球资源整合能力。第一，大力支持企业跨国经营，充分利用出口信贷、保险等政策，结合对外援助等积极支持战略性新兴产业领域的重点产品、技术和服务开拓国际市场，以及自主知识产权技术标准在海外推广应用。第二，支持企业通过境外注册商标、境外收购等方式，培育国际化品牌，将国际研发、人才等高端生产要素与国内产业链有机衔接起来，提高在全球价值链中的位置，谋求更高水平地融入全球分工体系。第三，支持具有比较优势的企业"走出去"，积极扩大对外投资，鼓励企业到海外建立生产基地，引导过剩产能向境外转移，逐步将直接进口资源转变为进口原材料，推进浙江省制造业向精深加工化、服务化主导转变。

（四）围绕提高体制机制效率实施创新（创业）驱动发展战略

浙江转型升级推进之难，难在如何融合政府引导和民间活力。从过去的实践看，政府给予各种扶持的企业往往是"有心栽花花不开"，而那些放任自流的企业却形成了"无心插柳柳成荫"的局面。这样的案例表明，市场竞争是增强企业创新活力的源动力，创造公平竞争的市场环境远比给予某些企业特殊政策扶持更为有效。这就要求加快形成推动创新的体制机制，而其中的关键在于营造各类市场主体公平竞争的市场环境，打通科技和经济社会发展之间的通道，让市场真正成为配置创新资源的力量，让企业真正成为技术创新的主体。政府在关系国计民生和产业命脉的领域要积极作为，加强支持和协调，总体确定技术方向和路线，用好国家科技重大专项和重大工程等抓手，集中力量抢占制高点。

因此，对于浙江转型升级困境的突破关键在于如何发挥市场在产业转型升级中的决定性作用。具体来说：

（1）打破要素自由流动壁垒。推动以市场为基础的企业兼并重组，促进资源和生产要素由低效率企业向高效率企业流动。加快推进金融、电力、石油、电信等产品市场垄断行业改革,切实推行"非禁即入"政策,推动各种所有制经济公平竞争。

(2)加快完善现代市场体系。率先探索建设开放、统一、公平的要素市场改革,推动资源配置依据市场规则、市场价格、市场竞争实现效益最大化和效率最优化,确保国企、民企、内企、外企、大企、小企均按照市场规则平等获得生产要素使用权和收益权,再次激发和释放全省内生发展动力和创新活力。

(3)推行行政审批制度改革。以审批制度改革为突破口,横向撬动经济社会各领域改革,纵向撬动政府自身改革,不断优化发展环境、激发民间活力,力争成为审批事项最少、速度最快的省份。

(4)明确创新驱动政策引导。政府通过制定质量、安全、环保、技术等方面的市场准入标准,作为产业转型升级的导向和市场监管的依据,形成政府与市场的合力,提升科技进步对经济发展的贡献率,推动浙江发展从"要素驱动"向"创新驱动"转变,从"制造大省"向"创造大省"转变。

八、实施创新(创业)驱动发展的重大战略举措

基于浙江省现有的产业基础及其经济发展阶段,"十三五"规划及其今后一段时期,全省上下不仅要充分认识到浙江省实施创新(创业)驱动发展战略的必要性与有利条件,也要深刻意识到实施这一战略的长期性与艰巨性。"十三五"规划期间,浙江省要优先通过"三大战略升级、三大优势构建、三大创新引领、三大机制保障"共十二条重大战略举措来进一步推进创新(创业)驱动发展。

"推进三大战略升级"。破解自然资源短缺、附加价值偏低、环境污染严重的不可持续性发展路径;缓解高端人力资源短缺、企业创新能力薄弱、地区吸引力降低的转型阵痛压力;打破传统单一的转型升级思路束缚。

(一)推进"产业集群"向"知识集群"升级

浙江省内所形成的 800 余个产业集群已经成为浙江经济发展的突出特征与优势所在,"一乡一品"、"一县一业"几乎成为主流发展模式。但现有集群大量以皮革、化纤、服装、制鞋、文体用品、橡胶、五金、低压电器等劳动密集、高污染、低附加值等产品形式存在,少数如模具、汽车零部件、医药等集群的知识密

集度和发展水平仍然不高,而几乎看不到产业发展的高级形式——知识集群的存在。因此,当务之急是要推进集群升级,打造一批以知识创造与转化为主要特征、以内生性演进为主要机理的"知识集群",努力实现"浙江智造"。对于具备一定条件的现有集群,采取逐步过渡与引导的策略:

(1)创建集群中央研发区。中央研发区指块状经济中研发设计企业高度集中和市场化的地区。作为集群的研发核心,应具备研发、设计、展览、咨询、成果转化、产权交易、运用推广等多种功能。集群中央研发区定位于成为块状经济发展的技术和创意中枢,成为知识创新的示范区,集聚大批专业研发和创意企业,为创业企业孵化提供良好的环境。

(2)创建集群中央服务区。中央服务区指块状经济中生产性服务企业高度集中和市场化的地区。作为集群的服务核心,应具备物流运输、品牌营销、渠道经营、客户体验、信息中介、金融服务和政府服务等多种功能。集群中央服务区定位于成为块状经济的现代产业发展服务平台,集聚大批专业化的流通服务企业。对于正在兴起的高精尖等知识密集型集群,采取以企业为主体的直接培育策略。

(3)推动技术创新与商业模式创新结合以实现市场"闭环"。知识集群的关键特征是群内企业知识密集度均较高,且知识创造对企业经济产出的贡献要远远大于资源投入的贡献。技术创新与商业模式创新作为企业知识含量的集中体现,要充分挖掘它们的经济潜能,推动技术创新强化商业模式创新、商业模式创新反哺技术创新的完整的市场"闭环"。当务之急是要引进与设立一批具有政府或社会背景的集群技术研发专项拨款、集群技术孵化基金、集群股权投资基金、集群创新创业支持基金、集群基础设施建设基金等来作为黏合剂与催化剂。

(二)推进"生产工厂"向"服务深港"升级

推进"制造集群"向"智慧集群"升级是浙江省实施创新(创业)驱动发展战略的内在要求,而推进"生产工厂"向"服务深港"升级则是浙江省实施创新(创业)驱动发展战略的外在体现。浙江经济仍然要以制造业为根本,一段时间内,"服务深港"要以支持浙江制造转型升级为重点,以服务周边市场乃至国际市场为补充。

(1)为浙江经济贴上服务标签,并加强对外宣传。在"有决心、有耐心、有信心"地练好"内功"的同时,要积极对接市场,对市场进行逐步渗透、让市场来渐渐认可,使浙江"服务型经济"的地区品牌知名度广泛扩散。当务之急是要加强"对内认可、对外影响"的宣传工作。

(2)设立独立区块,承接国际服务业落地浙江。浙江要充分、积极挖掘本省承接国际服务业的优势与发展潜力。国内领先案例如前海深港现代服务业合作区启动多年,已逐步取得产业效果。浙江东依上海国际大都市,有天然的对接国际的区位优势;西靠长江沿岸众多中西部发达省市,有优良的市场出口;加上自身具备较深的制造业根基,具有独特的国际性服务业培育土壤。当务之急是要确立浙江省承接国际服务业的基本战略,划定独立区块进行聚焦发展,花大力气来支持与建设一批机构、企业与平台组织,来有效对接与带动国际性服务业落地。

(3)培育与发展一批国内领先、国际知名的服务业龙头企业。产业发展需要龙头企业来带领,浙江省要打造"服务深港"必须要优先培育和发展一批服务领先企业,对内起到示范与辐射作用,对外树立品牌与市场地位。由于浙江制造历史悠久、实业传统根深蒂固,再加上兄弟省市的激烈竞争,当务之急是要实施"发现一批、扶持一打、发展数个"的快速培优策略,为大批企业转型跟进营造氛围。

(4)平衡职业型教育与研究型教育。浙江省正面临教育体系极不平衡的客观情况,不利于服务深港的打造。当务之急是要建立"集群大学",以龙头骨干企业牵头,在有条件的产业集群中建立专业大学,培养满足转型升级实际需要的技师技工和管理人才,建立专项财政预算支持大学发展;改革职业技术学校教学方式,借鉴日本、韩国、德国职业教育经验,校企联培,培养具备自主设计、精密加工以及问题解决能力的复合型、创新型技术工人,建立科学的技工技师管理法规体系,加强宣传教育,提升技工技师的社会认可度;支持建设一批具有全国乃至世界影响力的研究型院校。

(三)推进"制造浙江"向"智慧浙江"升级

推进浙江持续健康发展,要突出转变经济发展方式这一主线,以"四换三名"为抓手,加快经济结构战略性调整,不断提高发展的质量和效益。浙江经济的转型升级,迫切需要的是加大新兴产业的发展和对传统产业的改造,并使其具有品牌优势而具有经济竞争力。

(1)推动新兴产业跨越发展。新兴产业决定浙江未来发展。坚持有所为有所不为,加快完善新兴产业布局,鼓励和引导各地明确主攻方向,实施重点突破,培育各具特色的产业新优势。深入推进新兴产业技术创新综合试点,积极规划建设一批省级重点企业研究院,实施一批产业技术重大攻关专项,培养一批青年科学家,研制一批具有自主知识产权和市场竞争力的重大战略产品,努力突破技术瓶颈制约,掌握核心关键技术,推动新一代信息技术、新能源、新材料、节能环保、生物与现代医药、智能装备制造、海洋开发和新能源汽车等产业加快发展,培育形成新兴产业高地和高技术产业集群。大力推进服务业创新发展,着力培育基于新一代信息技术的新兴服务、工业设计、工程设计、现代物流、科技服务等新业态,加快发展文化创意、动漫游戏、数字视听等科技文化产业。鼓励支持商业模式创新,提升发展电子商务产业,加快建设国际电子商务中心。加快国家交通运输物流公共信息平台建设,推动港航、物流、金融等产业与信息化深度融合、有效联动。

(2)加速推进传统产业改造升级。推动信息化与工业化深度融合,深化信息技术集成应用,加快推动制造业向智能化、网络化、服务化转变。大规模推进"机器换人",全面启动现代化技术改造专项行动,大力推进减员增效、减能增效、减耗增效、减污增效,提高劳动生产率和优质品率。切实抓好企业自动化、智能化、生态化的技术改造,加快高新技术和先进适用技术在纺织服装、皮革塑料、化工、建材等传统优势产业中的推广应用。积极推进先进装备制造业大发展,实施"百企装备优化提升示范工程",加大对采购和应用省产先进装备的支持力度。坚持促进工业投资与"腾笼换鸟"、淘汰落后产能有机结合,探索建立环保标准、调整城镇土地使用税、实行差别电价水价等新机制,倒逼企业技改和产业升级。加快关键共性技术研发,推动块状经济向现代产业集群转型。分类推进"智慧城市"试点,加快"智慧浙江"建设。

(3)全面提升"浙江制造"品牌形象。大力实施品牌创新、质量创新和标准创新工程,推动优势产业采用国际先进标准,加强质量管理,提升产品品质,创立知名品牌。以名企、名品、名家"三名工程"为抓手,深入实施知识产权战略、标准化战略和品牌战略。着力在规模超百亿、创新能力强、产业带动大、市场辐射广的龙头企业中发展一批大品牌,在科技型中小企业中培育新品牌,在提升县域经济和块状经济水平中培育区域品牌。鼓励和支持出口企业在境外注册商标、质量认证,推动国内品牌发展成国际品牌,着力培育一批国际知名品牌。鼓励技术先进企业主动参与国际、国家标准修订制定,提高标准话语权。

"构建三大新竞争优势"。夯实经济可持续发展根基,重塑制造业基础地位;构筑未来科技发展范式,抢占战略性产业制高点;打造市场化的综合创新生态系统,促进经济形成内生性增长机理。

(四)构建制造业对经济支撑的新竞争优势

构建制造业对经济的支撑优势,是要客观认识浙江乃至中国经济发展的阶段性限制,客观认识制造业对经济可持续发展的影响。实施创新(创业)驱动战略强调的是知识的创造及其价值实现,区别于传统的资源与投资驱动。因此,不宜简单地"腾笼换鸟",剥离传统制造业、装入先进制造业,而是逐步使浙江的制造业形成知识高地。

(1)对浙江的优势产业进行"凤凰涅槃"式转型升级,助其重生腾飞。插上"一双翅膀",用"信息化"和"金融资本"这双翅膀来改造提升传统产业。加快建立省级企业信息网络平台和现代融资平台(如温州金融示范区),将浙江大量"低"、"小"、"散"、"活"的资源重新整合,提高产业组织效率和生产柔性。装上"创新大脑",引导企业开展商业模式创新。转变企业经营角色,由产品提供者变为价值创造者,由同质化、低成本竞争向创新创意驱动型竞争转变。添上"品牌羽毛",引导企业创立自主品牌。要利用和延伸浙江现有集群地域品牌优势,建立"产业立牌—产地挂牌—产品创牌"的品牌发展结构体系,集聚资源在各产业集群中重点培养一批优势品牌企业。

(2)培育大系统集成制造与高精尖零部件加工制造,优化制造业结构。两者对技术、工艺、管理等均具有较高要求,是浙江制造乃至中国制造的弱点、难点和痛点,长期以来被发达国家垄断,特别是高精尖零部件加工制造已经成为中国制造的瓶颈。当务之急是要支持与培育一批大型民营企业、国有企业以及合资、外资独资企业参与大系统集成制造的产业链,积累产业经验与制造知识,如西子航空就是一个典型的深入大系统集成制造领域的实践案例。另一方面,在高精尖零部件加工领域,要花大力气资助一批科研院所进行重点研究,花大力气发掘一批有潜力的企业进行重点提升,尤其是在半导体、IC设计、数控、精密加工等领域,要形成浙江"智造"的独特优势。

(五)构建信息化对科技引领的新竞争优势

未来的商业空间将全面数字化,信息技术将无处不在,要准确把握这一未来科技发展的新范式,积极推进信息产业的发展,为浙江企业在未来的科技发展中博得更多地主动权。

(1)营建数字化生活与工作空间。积极推行城市的网络泛在性工程、基础硬件设施智能化工程、智慧城市等城市数字化工程,使人们能够随时随地获取信息与计算能力,实现通过网络与任何人和物的信息交换。从而提高工作效率、降低生活成本,构建更广泛的商业应用场景。如快的打车等。

(2)推动信息化基础产业跨越式发展。中国在信息化基础技术方面与国际发展相对同步,有些领域甚至更为先进。尤其是在大数据、云计算、物联网等领域完全可能实现跨越式发展。如阿里云等。

(3)率先突破两化融合,打造工业4.0。浙江省要力求率先突破现有两化融合战略的初级阶段,鼓励3D打印、数字化生物与医药等高级形式的发展。尤其值得关注的是,德国提出的工业4.0国家工业战略的概念,力图使各个环节都应用互联网技术,将生产工艺与管理流程全面融合,实现工厂智能化、原材料数字化。浙江省应在狠抓工业信息化的背景下,不失时机地紧跟国际先进的工业信息化理念。

(六)构建金融业对创新孵化的新竞争优势

一个市场化的综合创新生态系统既需要有聚焦于效率提升的工业生产系统,亦需要有聚焦于发现多元化创新的社会系统。目前来看,浙江的创新(创业)驱动发展战略需要在社会系统构建方面加大力度。要重视金融业对产业发展的催化,积极构建与打通良性的投融资循环,实现金融业对创新的孵化作用。

(1)构建多层次、灵活高效的资本市场。打造省级债务市场与平台、省级非上市股权交易中心等,弥补上市直接融资难度大,银行贷款额度低、要求高,信托、民间资本等融资方式成本高的缺点,逐步构建多层次的资本市场,降低企业融资,特别是对创新项目进行融资的门槛与难度。要出台规范性法律法规、组建行业自律组织,引导资本向创新领域聚焦,防止资本流向房地产等无效率领域。

(2)推动产业资本向金融资本转化。浙江省经过数十年的原始资本积累,已拥有庞大的产业资本,如何利用这些产业资本,关键是要提供一个合法、高效的资本转换通道或平台,引导产业资本过渡为金融资本。在控制一定风险的前提下,要积极放宽股权投资基金(天使、VC、PE等)、产业投资基金、资产管理公司、财务管理公司、贷款公司等机构的设立条件,大力促进浙江省资本生态的物种多样性,让资本市场发现创新、培育创新并从创新中获益,从而形成良性循环。硅谷模式仍值得借鉴。

（3）与上海金融中心差别定位，打造资本的产业腹地。避免与上海金融中心在战略定位上出现同质性，利用浙江打造金融改革先行试验区的历史机遇期，引导一批创新项目对接民间资本，引导一批民间资本、投资经验、项目管理人才走进浙江，使浙江的创新（创业）驱动发展战略更具广泛度、操作性和健康性。

"引领创新'三化'发展"。坚持以企业为主体，着力推进产学研协同创新；坚持以创新平台为载体，着力拓展转型升级和创新发展空间；坚持以市场为导向，着力从需求端推动创新成果产业化。

（七）积极引领创新市场化

积极引领创新市场化，就是要全面深化体制改革，真正确立以企业创新主体地位，调动企业家、研究人员推动创新的积极性。

（1）鼓励支持企业真正成为技术创新主体。进一步强化政策措施，推动企业成为技术创新决策、研发投入、科研组织和成果转化应用的主体。全面落实国家鼓励企业创新的各项优惠政策，特别是企业研发费用形成无形资产的按其成本150％摊销、未形成无形资产的按研发费用50％加计扣除的税收优惠，并拓展应用到中小企业购买技术和发明专利、企业在大学和科研机构设立实验室等费用支出领域。鼓励更多企业申报高新技术企业和国家认定企业技术中心，落实有关税收优惠政策。持续加大政府对企业科技创新的投入。2012—2015年，省财政创新强省专项资金安排50亿元，主要用于支持以企业为主体的科技创新和人才引进培养，此后在绩效评估基础上逐步增加。各市、县（市、区）要根据财力设立相应配套专项资金。

（2）大力培育创新型企业。实施"十百千万"创新型企业培育工程，到2017年形成十家国际水平、国内顶尖的领军大企业，新增百家科技型上市企业、千家国家级高新技术企业、万家科技型中小企业。采取针对性政策，鼓励领军大企业加大核心技术和关键技术攻关力度，加快形成自主知识产权和核心竞争力。鼓励有条件的企业加大研发投入，建立高水平研发机构，推进重点产业技术创新联盟建设，争取成为国家级高新技术企业和科技型上市企业。始终坚持以创业促创新，充分发挥民营经济优势，实施科技型初创企业培育计划、科技型中小企业成长计划，引导创业投资机构和社会资本投资科技型中小企业，推动科技型中小企业发展成为高新技术企业。对符合条件的初创期科技型中小企业，鼓励申请国家和省科技型中小企业创新基金。有条件的地区和高新园区设立创新基金,支持科技型中小企业发展。加快完善中小企业技术创新服务体系,抓好省级特色工业设计示范基地和科技创新服务平台建设,更好地为中小企业服务。

(3)鼓励和推动高校、科研院所与企业形成创新利益共同体。积极探索浙江特色的企业出题、政府立题、协同解题的产学研合作创新之路,加强顶层设计和资源系统整合。积极推进企业、高校和科研院所紧密结合,以产权为纽带,以项目为依托,形成各方优势互补、共同发展、利益共享、风险共担的协同创新机制;以成套装备工业设计为突破口,联合建立研发机构、产业技术创新联盟、博士后工作站等技术创新组织,联合申报科技攻关项目和产业化项目,加强龙头企业与配套企业的协同创新与协同制造。支持高校、科研院所将非经营性国有资产转为经营性国有资产,用于科技成果研发和产业化。鼓励高等院校和科研院所采用市场化方式,向企业开放各类科技资源,鼓励社会公益类科研院所为企业提供检测、测试、标准等服务。

(八)积极引领创新平台化

积极引领创新平台化,就是要加快建设青山湖科技城、未来科技城、宁波科技城、嘉兴科技城等一批创新平台,引进高端人才,集聚创新机构,为转型升级提供强大的科技支撑。

(1)积极创建国家自主创新示范区和国家级高新区。高新区是科技创新的核心载体。支持杭州完善区域创新体系,明确主导产业和主攻方向,争创国家自主创新示范区。以创建全国一流的国家级创新型高新开发区为目标,着力提升杭州、宁波、温州、绍兴等国家级高新区发展层次。采取切实有效措施,加快推进青山湖科技城、未来科技城及有条件的高新区创建国家级高新区。加快推进省级产业集聚区创建高新园区步伐,扎实推进各类经济开发区、工业园区创建高新园区,不断拓展高新产业发展空间。整合提升省级高新技术产业园区、特色产业基地及各类工业园区,突出主导产业,实现错位发展。加强省级产业集聚区等园区的绩效考核,实施动态管理、动态调整。

(2)扎实推进创新平台高水平开发建设。加快推进高新园区和产业集聚区融合发展,进一步突出科技创新特色,培育新兴产业优势,努力建成高端人才集聚区、科技创新先行区和高新技术产业示范区。支持宁波加快建设新材料科技城,着力拓展产业转型升级新平台。联动推进科技创新基地与新兴产业基地、研发基地与总部基地建设,加强创新链与产业链的对接和协同。加大招商引资、招才引智力度,积极引进重大创新项目和新兴产业项目,有效集聚科技、人才等创新资源,力争在改革重点领域先行先试并取得突破。有效推进创新平台提升开发建设水平,坚持"亩产论英雄",严格产业和项目准入,提高土地开发利用强度,走集聚集约发展道路。大力发展企业孵化器、大学科技园、大学生创业基地、留学人员创业园等创新创业载体,完善创业服务体系,强化创业辅导功能,促进科技企业孵化培育和科技成果产业化。经认定的省级以上科技企业孵化器、国家大学科技园、大学生创业基地和留学人员创业园内的在孵企业缴纳的增值税、营业税、企业所得税地方留成部分,5 年内全额奖励给企业。

(3)大力建设高层次人才发展平台。研究制定更加开放、更加灵活、更富效率的人才政策,大力发展人力资源服务业,引领全省各地建设一批人才智力高度密集、科技创新高度活跃、新兴产业高度发展的人才高地。加快中国海洋科技创新引智园区建设,发挥海外高层次人才创新创业基地作用,支持有条件的高新区创建国家级海外高层次人才创新创业基地。鼓励有条件的园区、高校院所和龙头骨干企业开展人才管理改革试验,在人才管理体制和政策机制创新上先行先试,充分调动创新人才的积极性创造性,让一流人才做出一流贡献、一流贡献获得一流回报。

(九)积极引领创新产业化

积极引领科技创新产业化,就是要推动科技与产业、科技与金融深度融合,促进科技成果加快转化,把科技创新真正落到产业发展上。

(1)强化对企业创新产品推广应用和市场拓展的扶持。综合运用政府采购、市场培育、需求创造、风险补助等多种措施,以市场引领创新,以应用促进发展。搭建信息平台,实施"浙江制造"工程,在政府采购和公共资源交易中,不断提高自主创新产品应用比重。依托国家级和省级重点工程,通过"浙江制造"、首台(套)重大技术装备试验、示范和推广应用项目等方式,推进本省企业新技术、新产品、新工艺和新材料的广泛应用。建立首购首用风险补偿机制,给首购首用单位以风险资助,支持保险机构开展自主创新首台(套)产品的推广应用类保险。加大首台(套)政策扶持力度,对技术水平突出、市场业绩好的首台(套)产品给予奖励或资金扶持。大力支持创新产品拓展市场,支持企业赴境内外参展,推进电子商务应用与发展,鼓励企业应用第三方电子商务平台发布信息、开拓市场,加快向网上网下市场融合创新转变,再创浙江市场新优势。在投资性消费、实物消费、服务消费、生态消费等各个领域,大力倡导和鼓励消费者使用创新产品、节能环保产品。

(2)加快高校、科研机构的职务发明成果转化。完善科技成果知识产权归属和利益分享机制,保护职务发明人和单位的合法权益。扩大高校、科研院所成果转化处置权限,支持高校、科研院所将科技成果产业化业绩作为应用型研究人员职务职称晋升的主要依据,充分调动职务发明人转化成果的积极性。财政资金资助的自主创新项目,应明确项目成果的知识产权目标和实施转化期限,并在验收时进行考核评价。高校、科研机构职务发明成果的所得收益,须按一定比例奖励有关贡献个人和团队,合同约定的从其约定。职务发明获得知识产权后,2年内无正当理由未能运用实施的,发明人在不改变专利权属的前提下,可以与单位约定自行运用实施。高校、科研院所转化职务科技成果以股权形式给予科研人员奖励,暂不征收个人所得税。

(3)推进科技大市场建设。加快建立展示、交易、共享、服务、交流五位一体的科技大市场,为产学研合作、科技成果转化搭建科技信息和交易平台。进一步健全网上技术市场体系,规范网上技术交易,促进网上网下协同发展。探索完善科技成果竞价(拍卖)机制,花大力气培育一批科技服务业、中介机构和技术经纪人,完善科技服务体系,促进国内外科技成果到浙江交易、转化。对通过科技大市场交易并实现转化、产业化的项目,省财政和地方财政予以一定的补助。依托国家专利、商标、版权等数据库资源,进一步完善全省知识产权信息公共服务平台,为企事业单位提供及时、准确、便捷的知识产权信息公共服务。

"健全创新创业三大保障机制"。就是要完善体制机制,加大对创新创业三大要素,即人才、投入和环境的保障,从而形成投入充裕、条件优越、导向清晰的创新创业驱动保障格局。

(十)健全创新创业人才保障机制

健全创新创业人才保障机制,就是要坚持以人才为根本,着力加强创新团队和创新人才队伍建设,并降低创新创业过程中的各种门槛,最大程度激发高层次人才的活力。

(1)大力培养引进高层次创新创业人才。人才是第一资源,是创新的核心要素。加快高层次创新团队建设,实施领军型创新团队引进培育计划,加快建设一批领军型人才领衔、国际领先、国内一流的技术创新团队,并给予资金支持。深入实施"千人计划",重点引进一批能够突破关键技术、发展高新技术产业、带动新兴学科的海外高层次创新创业人才。深入实施重大人才工程,加大对创新创业人才培养支持力度。对接国家"万人计划",实施科技创新创业领军人才培养计划,加大对青年创新人才的发现、培养、使用和资助力度。鼓励高校和科研院所建立"人才驿站",积极发挥"院士专家工作站"作用。

（2）大力培养高技能人才。充分发挥普通高校、职业院校和技工院校人才培养优势,深化教育教学改革,适应社会需求,突出办学特色,加强专业建设,加快培养一大批复合型、应用型高技能人才和紧缺急需专业人才。重视继续教育对人才培养的作用,积极为企业创新培训人才。选聘优秀科技企业家、优秀技师担任"产业教授",积极推行产学研联合培养研究生的"双导师制"。充分发挥企业在高技能人才队伍建设中的主体作用,切实加强校企合作,加强综合性高技能人才公共实训基地建设。深入实施百万高技能人才培养计划,应对浙江创新（创业）驱动发展战略需要。

（3）进一步降低创新人才创业门槛。坚持市场经济改革取向,强化政府公共服务职能。深化行政审批制度和资源要素市场化等改革,降低创新人才创业门槛,让有创意、懂科技的创新人才低成本创办科技型和创新型企业。积极推进科技与教育相结合的改革,大力实施大学生科技创新人才培养计划,增强学生创新精神和创业能力。加快培养一大批科技企业家,鼓励高校、科研院所科技人员留职离岗创办科技型和创新型企业,允许在浙高校全日制学生休学创办科技型和创新型企业。积极探索"宽入严管"的企业登记管理制度,优化创办科技型和创新型企业的注册办理手续。鼓励支持浙商回归创办科技型企业和创新型企业,积极吸引海外高层次人才来浙落户创业。鼓励科技人员以自主科技成果入股创办企业,鼓励以商标、专利和非专利技术等非货币财产出资充抵注册资本。申请设立科技型企业,允许其资本注册实行"自主认缴"或"零首付"办理注册登记。

（十一）健全创新创业投入保障机制

对创新创业的投入决定了创新驱动战略的成败。要加大对创新创业投入的保障力度,为创新创业发展提供各种优越的投入条件,综合运用政府投入、市场投资和人才激励等多种投入形式,着力引导投入的创新绩效导向。

（1）完善政府科技投入和绩效评价机制。深入实施《浙江省科学技术进步条例》,进一步完善财政科技投入稳定增长机制,确保财政科技投入增长幅度高于同级财政经常性收入的增长幅度 1 个百分点以上,带动社会科技投入加快增长。省、市、县(市、区)财政用于科学技术经费占本级财政经常性支出的比例应各有侧重;省、市、县(市、区)本级财政人才专项投入占本级公共财政收入比重超过 2%。进一步明确财政科技投入方向和支持重点,优化投入结构,促进管理科学化和资源高效利用。进一步强化创新绩效导向,完善创新投入财政经费监督管理,深入推进科技项目管理改革,强化财政资金的整合、统筹和优化配置,着力提高资金使用效率。

(2)建立健全科技创新投融资机制。扎实推进科技与金融紧密结合,创新科技金融产品和服务,鼓励发展天使投资、创业投资、风险投资,加快形成多元化、多层次、多渠道的科技创新投融资体系。充分发挥民资充裕的优势,支持和引导民间资金创立各类风险投资基金。鼓励企业上市融资,探索建立创业投资退出渠道。支持"杭甬温湖"等国家科技与金融结合试点,抓住温州市金融综合改革试验区建设的契机,积极探索吸引民间资本投向科技创新、投向人才创业的新路子。引导金融机构,使其加大对科技型企业的信贷支持,争取在有条件地区设立科技银行。推进科技信贷产品创新,鼓励企业运用债务融资工具。探索建立一批政策性科技担保公司、科技保险公司,扩大科技小额贷款公司试点范围,积极推进高新技术企业挂牌交易。扩大创业投资引导基金规模,引进国内外投资机构合作设立子基金。

(3)建立新型科技成果和创新人才激励机制。以创新质量和实际贡献为核心,重点构建面向应用需求的科技成果评价制度与激励机制,完善政府奖励为导向、社会力量和用人单位为主体的科技奖励制度。坚持分类评价激励,对基础研究重在评价成果的科学价值和领先度,应用研究重在评价科技成果的突破性和对产业发展的实质贡献。改进科技奖励办法,重点奖励对产业创新发展有重大贡献的科技成果和杰出人才。围绕人才培养引进、流动配置、激励保障等重点环节,着力破除人才发展体制机制障碍。改革现有的应用型科研项目和经费分配模式,在经费分配上向产学研结合项目倾斜,在考核评价上以产业化为导向,促使人才走向经济建设主战场。改革用人单位对人才和职务成果的管理方法,提高技术要素在收益分配中的比重。完善企业吸引人才的激励政策,着力解决人才反映比较集中的问题,努力做到人才住房、社保和子女教育问题优先解决。

（十二）健全创新创业环境保障机制

坚持以优化创新创业环境为保障,着力形成党政界与社会各方参与、社会协同的创新驱动发展格局。

(1)提升服务保障水平。各级党委要切实加强领导,全面推动保障科技创新的班子和队伍建设。人大要依法加强有关科技创新的立法工作,强化执法检查,加大监督力度。政府要加强统筹协调,加快转变职能,优化资源配置,强化创新服务,落实政策措施,解决具体问题;坚持目标导向和绩效导向,加强科技进步与人才工作目标责任制考核,推动创新驱动发展各项任务的落实。政协要积极发挥智力密集、人才荟萃的优势,为实施创新驱动发展战略协调关系、汇聚力量、建言献策。工会、共青团、妇联、科协等人民团体和社会组织要动员广大职工、共青团员、妇女群众、科技工作者、社会各界人士积极投身和支持创新驱动发展,科技社团要积极发挥独特作用,形成各方共同参与的新局面。

(2)加大知识产权保护力度。坚持激励创造、有效运用、依法保护、科学管理的方针,提高企业知识产权创造和运用能力,加强重点领域知识产权公共服务,进一步完善知识产权法规规章,营造良好的知识产权法制和社会环境。着力完善知识产权保护机制,健全知识产权保护工作体系,提高知识产权保护法制化水平,积极发挥司法保护知识产权作用,加强知识产权维权援助体系建设。切实强化重点地区、重点行业和特定领域的知识产权保护,依法惩治和遏制知识产权违法犯罪及侵权行为,使知识产权得到有效保护和合理利用,努力成为知识产权创造、运用、保护和管理都走在前列的省份。

(3)大力培育创新文化。进一步弘扬具有时代特征、浙江特色的创新文化,着力激发求真务实、勇于探索、团结协作、无私奉献的创新精神,在全社会努力营造尊重人才、尊重创造、鼓励创新、宽容失败的浓厚氛围。加强创新理论研究,不断探索创新规律,指导推进创新实践。充分尊重群众的首创精神,广泛开展群众性科技创新活动。全面实施素质教育,加强学校创新教育。坚持把抓科普工作放在与科技创新同等重要位置,深入实施全民科学素质行动计划,全面提高公民科学素养和创新意识。充分运用各类媒体,拓宽传播渠道,加强对重大科技成果、典型创新人物和企业的宣传,加大对创新创造者的表彰奖励力度,引导社会舆论,营造良好氛围,让全社会创造活力竞相迸发、创新源泉充分涌流。

分报告四

"十三五"时期浙江省提升教育品质、优化人才队伍结构的思路与对策研究

目　录

【报告执笔人：魏江、李铭霞、吕旭峰】

一、"十三五"教育发展与人才强省的基础条件和总体形势

(一)教育发展的基本情况

"十二五"期间,浙江省大力实施科教兴省、人才强省战略,坚持基础教育抓均衡,高等教育抓质量,职业教育抓结合,终身教育抓体系,加快教育强省建设。基础教育进一步夯实,持续在全国领先;职业教育和成人教育发展形势喜人,跃居全国前列;高等教育呈现勃勃生机,成为全国高等教育水平和竞争力提升最快的地区之一。

在深化办学体制和管理机制改革上,实施教育质量提升计划,培养与引进高层次人才等举措,人才培养质量不断提高,学科建设成效显著,科技创新能力不断提升,社会服务能力显著增强,高等教育为全省经济社会发展提供了重要的智力支持和人才支撑。

截至 2013 年年底,全省义务教育入学率、巩固率均为 99.99%、100%,完成率 94.49%,义务教育阶段办学条件有效改善。特殊教育和学前教育走在全国前列,在园幼儿 185.75 万人。初中毕业生升入高中段的比例为 98.5%,高中段教育毛入学率为 98.7%。全省高中段教育(包括普通高中、职业高中、普通中等专业学校、成人中等专业学校和技工学校)在校生为 144.56 万人,其中普通高中在校生 79.08 万人。有普通高等学校 108 所(含独立学院及筹建院校),普通高考录取率 85.8%,高等教育毛入学率 54%。在学研究生 60511人,在校生人数 97.82 万人,增长 1.9%,其中本科在校生 60 万人,高职(高专)在校生 37.82 万人。

"十二五"时期是浙江省加快转变经济发展方式,推进经济转型升级的关键时期,也是促进教育科学和谐发展,全面加快教育现代化的重要时期。实现经济又好又快地发展,必须加快教育现代化建设。

(二)高等教育发展和人才队伍建设的成就

高等教育承担着人才培养、科学研究、社会服务和文化传承创新的重要职能,在教育事业发展中处于龙头地位。"十二五"期间,浙江省基本形成了"规

模总体适度、结构明显改善、质量显著提高、特色比较鲜明、服务不断增强"的高等教育体系。

1.高等教育已进入普及化阶段①

2009年浙江高等教育毛入学率就达43%,2013年达到51.7%,超过全国平均水准约20个百分点,在上海、浙江、江苏、湖北和广东5个教育发达地区位居第二,处于全国前列,已经接近或进入高等教育普及化阶段,普通高校招生人数增加趋于稳定。2014年,浙江省高等教育毛入学率又创新高,达到54%。总体来看,浙江省高等教育已经跨越了简单的规模增长阶段,进入了内涵发展,更加追求质量和效率的新时期。见表1、表2。

表1　高等教育毛入学率年度差异

	2009 年	2010 年	2011 年	2012 年
上海	超过60%	—	—	接近70%
浙江	43%	45%	47%	49.5%
江苏	40%	42%	45%	47%
湖北	30.4%	32.9%	33.5%	37.3%
广东	27.5%	28%	28.5%	30%
全国	24.2%	26.5%	26.9%	30%

资料来源:依据全国和五省市教育事业发展统计公报等整理

表2　2008—2012年五省市普通高等学校招生数　（单位:万人）

	2008 年	2009 年	2010 年	2011 年	2012 年	2012 年比 2008 年增长率
广东	38.45	43.59	43.73	46.87	50.19	23.39%
江苏	41.07	42.98	44.86	43.61	43.50	5.59%
湖北	35.43	37.33	38.76	40.95	40.21	11.89%
浙江	24.53	25.25	25.36	26.75	26.91	8.84%
上海	14.33	14.35	14.46	13.78	13.68	−4.54%

资料来源:依据国家统计局《国家数据》统计整理 http://data.stats.gov.cn/

---

① 关于高等教育部分的分析,引用了委托浙江大学教育学院蓝劲松教授所做的高等教育分析报告部分研究成果,在此表示感谢。详见蓝劲松、吕旭峰《沪苏浙鄂粤五省市高等教育发展比较》,《中国国情国力》2014年第11期。

2.普通高等学校数量迅猛增长

从 1990 年到 2012 年,浙江省高等院校由 37 所增长为 102 所(2013 年年底为 106 所,其中大学 15 所、学院 20 所、独立学院 22 所、高等专科学校 2 所、高等职业学校 47 所),增长了 2.76 倍,仅次于广东省①,在五省市中居第二位(见表 3)。浙江在短短的 20 多年时间内,其高校数量增长迅猛,保证了浙江高等教育毛入学率不断提高,基本满足了浙江高等教育普及化的需求。

表 3　五省市普通高等学校　　　　　　　　(单位:所)

	1990 年	2000 年	2005 年	2010 年	2012 年	较 1990 年增长率(倍)
江苏	70	69	114	150	153	2.19
广东	45	52	102	131	137	3.04
湖北	58	54	85	120	122	2.10
浙江	37	35	68	101	102	2.76
上海	50	37	58	67	67	1.34

资料来源:依据国家统计局《国家数据》统计整理 http://data.stats.gov.cn/

3.国际交流与合作跨越式发展

改革开放以来,随着浙江经济社会快速发展,科教兴省和人才强省战略不断推进,浙江经济发展的良好态势为加强国际交流与合作奠定了物质基础,浙江高等教育质量和水平的不断提高为加强国际交流与合作奠定了事业基础,高校教师队伍素质的逐步提升为加强国际交流与合作奠定了人才基础,浙江高等教育国际交流与合作取得了明显的进展。一是高等教育国际化意识日益增强,二是国际交流与合作规模不断扩大,三是国际交流与合作环境逐步改善,四是教育服务贸易有所拓展,五是引进国外优质教育资源成效明显。平等参与国际高等教育交流合作能力不断提高,与浙江省经济社会发展水平相协调的高等教育国际化体系和运行机制初步建立,高等教育国际化的主要指标力争跻身全国前列。

---

① 广东省高等教育近几年规模扩张很快,普通高校数、学校在校生人数、招生数以及专任教师数等方面都有惊人的增长。通过新建高校和引进高校,以及内涵和外延相结合的方式增加高校数,扩大各高校的办学规模。目前,广东省高等教育趋于民办高等教育与公办高等教育、职业高等教育与普通高等教育的多元化。

4.各支人才队伍不断增强优化

人才强省战略不断深化,海外人才引进成效显著,各项重大人才工程扎实推进,重大人才创业创新平台为枢纽的聚才效应日益凸显。围绕培养造就高层次创业创新人才、大力开发转型发展重点领域急需紧缺人才以及统筹推进各类人才队伍建设三大发展重点,着重发挥高等教育在培养人才中的基础性作用,大规模开展人才培训,强化高层次人才培养引进,优先推进企业人才开发,加快人才发展布局调整,加强人才发展环境建设。出台和实施了一系列重大政策,实施了"151"人才工程、百千万科技创新人才工程、宣传文化系统"五个一批"人才工程等重大人才工程和海外高层次人才引进"千人计划"、重点创新团队推进计划等,为浙江省经济社会发展提供了有力的人才保障和智力支持。(具体数据见表4)

表 4　浙江省人才发展主要指标

指标	单位	2008 年	2010 年		2012 年	2015 年规划数
			全国	浙江		
期末从业人数	万人	3486.5	—	3636.0	3691.2	—
人才资源总量	万人	624.8	12165.0	752.1	852.4	870.0
每万劳动力中研发人员	人年	42.0	33.6	56.0	75.3	63.0
高技能人才占技能劳动者比例	%	16.4	25.6	16.1	17.4	24.0
人力资本投资占国内生产总值比例	%	10.7	12.0	11.1	12.8	14.1
人才贡献率	%	23.2	26.6	29.9	32.9	36.5

资料来源:《浙江人才发展蓝皮书2013》,浙江大学出版社2014年版,第12页。

二、目前面临的问题与挑战

随着全球化进程的加速,经济、教育、文化间相互关联也日益增强,我国正处在全面建成小康社会、迈向美好社会,加快转变经济发展方式、全面深化改革的关键时刻。信息化和工业化深度融合,农业现代化全面推进,文化创意和设计服务产业迅猛发展,科技型小微企业成为经济活力的重要源泉,新型城镇化战略全面启动,这一切的深刻变化,都要求教育特别是高等教育向现代生产服务一线提供既掌握现代科学技术知识又接受过系统技能训练的应用型、复合型、创新型人才,特别是产业链高端的技术技能人才。

当今世界,呈现政治多极化和经济全球化的发展格局,科学技术迅猛发展,国与国、地区与地区之间的竞争更加激烈,这对中国人才工作提出了更新更高的目标要求。数年前的国际比较研究表明,以现代科技经济为主导的发达国家,劳动人口的文化程度一般以高中为起点,受过高等教育的人数比例至少要达到人口总数的25%以上,本科以上的比例不低于15%。浙江是人力资源大省,但劳动力整体素质并不高,企业中的专业技术人员比例相对更低。特别是浙江省非公有制企业,截至2012年年底,受过高等教育的人数比例为16%以上,本科以上的比例只有10.3%,高级人才比例明显偏低(不仅低于发达省份,而且低于全国的平均水平。主要是因为浙江省产业结构不合理,相当比重的产业层次较低,低端劳动力需求量大),并且人才年龄结构有明显的老化趋势,弱化了人才层次结构的提升潜力。

对照经济社会转型发展和现代化建设需要,对照国内外发达地区教育发展水平,对照人民群众对优质教育资源新期盼,浙江教育发展面临着许多深层次问题和矛盾的挑战:教育发展仍不平衡;教育结构还不尽合理;教育体制机制改革相对滞后;教育服务经济社会发展的意识和能力不够强;教育投入还不能完全满足教育改革和发展需要。

在高等教育方面,仍存在以下问题和薄弱环节:高等教育发展水平不够高,优质教育资源仍显乏力,高水平大学和高水平学科更加缺乏;高等教育结构还不够合理,虽然高校数量大幅度增加,但与人口规模和经济发展并不相称;人才培养尚不能适应经济社会发展需要;高校办学活力不强,服务经济社会发展的水平不高;高等教育投入与经济发展还不协调,等等。

在人才队伍建设上,浙江省主要面临以下问题:人才优先发展的理念还没有完全确立,"重物轻人"现象不同程度存在,社会人才投入不足;高层次创新型人才、高技能人才比较缺乏,高端人才、领军人才尤其紧缺,重点人才队伍结构有待提升;人才发展不够均衡,人才配置结构和布局不够合理,人才发展体制机制障碍仍然存在;聚集人才的体制优势不够充分,人才创业创新环境有待改善;人才规划实施的科学水平需进一步提升,等等。

（一）高等教育规模与人口规模不相称

1.高校数量与人口规模并不相称

高等教育发展需要适度超前,总体上需与人口、经济、社会发展相适应。浙江省高等教育发展在绝对规模上得到快速增长,但从需求和结构来看,存在高校数量与人口规模的不匹配,浙江省相对于其他经济发展程度相似的地区明显存在差异性。

表5是2012年五省市高校平均对应的人口数,从中可以看出,浙江省每53.70万人当中才有一所大学,较之上海每35.52万人就有一所大学就相差甚远,比湖北每47.37万人就有一所大学也有差距,比邻近的江苏省每51.77万人就有一所大学也有一定差距。一定意义上表明,浙江省高等教育发展不仅落后于邻近的沪苏两省市,也落后于内地的湖北省。

表5　五省市平均每所高校对应的人口数

	普通高校（所）	人口状况 （年末常住人口,万人）	一所高校对应人口数 （万人）
上海	67	2380	35.52
湖北	122	5779	47.37
江苏	153	7920	51.77
浙江	102	5477	53.70
广东	137	10594	77.33

资料来源:根据国家统计局《国家数据·分省年度数据》计算

2.在校大学生与总人口比例偏低

每万人口中高校学生人数表征人口结构和社会发展水平,从表6中2012年五省市每万人口中高校学生人数可以看到,浙江省高等教育的发展远不能满足社会发展的需要。2012年浙江平均每万人口中有高校学生170.22人,上海212.86人,江苏211.01人,湖北239.85人。浙江仅高于人口大省广东而处于倒数第二位。这说明浙江高校学生规模一定程度上影响到其整体人口素质的提高。

表6　五省市每万人口中高校学生人数

	在校生数(万人)	人口状况(万人)	每万人口中高校学生人数(人)
湖北	138.61	5779	239.85
上海	50.66	2380	212.86
江苏	167.12	7920	211.01
浙江	93.23	5477	170.22
广东	161.68	10594	152.62

资料来源:依据国家统计局《国家数据·分省年度数据》计算

(二)高等教育投入与经济发展不协调

1. 生均公共财政预算教育事业费增长缓慢

2012年,湖北普通高校生均公共财政预算教育事业费增长率高居第一,达到25.42%。江苏普通高校生均公共财政预算教育事业费增长率也达到23.19%。浙江普通高校生均公共财政预算教育事业费增长率不仅低于人口大省广东,甚至远低于全国平均水平17.94%(见表7)。2013年浙江省人均GDP已经达到68593.06元,2012年普通高校生均公共财政预算教育事业费12938.29元,在五省市中仅仅高于湖北千余元,而湖北省的人均GDP是42686.43元,比浙江省低25906.63元。

浙江不仅在高校数量与学生规模方面(占总人口的比例)存在差距,更主要的是在重点高校数量上严重不足,进而导致优秀学生数量严重不足,优秀高端人才的缺乏乃是浙江高等教育发展的真正隐忧之所在。

表7　五省市普通高校生均公共财政预算教育事业费情况　　(单位:元)

	2011年	2012年	增长率(%)
全国	13877.53	16367.21	17.94
湖北	8973.36	11254.58	25.42
江苏	12042.91	14835.94	23.19
广东	11837.00	13225.21	11.73
浙江	12014.80	12938.29	7.69
上海	29560.09	30116.56	1.88

资料来源:教育部　国家统计局　财政部"关于2012年全国教育经费执行情况统计公告"

http://www. mof. gov. cn/zhengwuxinxi/bulinggonggao/tongzhitonggao/201401/t20140108_

1033541. html.

2.对重点高校经费投入明显不足

浙江在重点高校经费投入也严重不足,表 8 是 2012 年五省市教育事业经费收入的基本情况,五省市在教育事业经费总体收入从多到少依次为上海、湖北、江苏、广东、浙江。浙江的教育事业经费总收入只有上海的 31.61%,湖北的 43.71%,江苏的 54.93%,广东的 88.51%,浙江又居五省市末位。具体来说,在三项主要指标收入当中,浙江的"教育经费拨款"只有上海的 24.19%,湖北的 32.55%,江苏的 39.24%,广东的 67.33%;"教育事业收入"只有上海的 20.75%,湖北的 29.91%,江苏的 54.47%,广东的 56.96%。可见,上述五省市教育事业经费收入主要指标与其总体收入基本一致。

表 8 五省市教育事业经费三项主要收入　　　　　(单位:万元)

	总计 (排序)	教育经费拨款 (排序)	教育事业收入 (排序)	科研经费收入 (排序)
上海(8 所)	2317630.73(1)	1098226.87(1)	423061.51(1)	545262.86(1)
湖北(7 所)	1676453.30(2)	816279.48(2)	293486.96(2)	407723.98(2)
江苏(7 所)	1333889.97(3)	677057.32(3)	161143.79(3)	370558.98(3)
广东(2 所)	827843.37(4)	394580.85(4)	154091.12(4)	205298.72(5)
浙江(1 所)	732705.80(5)	265660.54(5)	87772.91(5)	307796.15(4)

资料来源:教育部直属高校 2012 年基本情况资料汇编

进一步考察其支出情况。表 9 列出了 2012 年五省市教育事业经费支出情况。从中可以看出,与教育事业经费收入排序类似,浙江在五省市教育事业经费支出方面也最少。这与浙江省的市场经济地位并不相称。浙江省亟待展开一场全新的高等教育变革,也只有在变革中才能打破这种由来已久的历史惯性,从而为浙江高等教育发展带来新的历史机遇。

表 9 五省市教育事业经费支出情况　　　　　(单位:万元)①

	支出总计(排序)	事业支出(排序)	经营支出(排序)	自筹基建(排序)
上海(8 所)	1951673.87(1)	1955480.26(1)	8305.21(1)	78259.89(2)

---

① 表中江苏省内教育部直属之中国矿业大学数据不含中国矿业大学(北京)数据。湖北省内教育部直属之中国地质大学(武汉)数据不含中国地质大学(北京)数据。其中"支出总计"包含"拨出经费"和"附属单位补助支出",因为涉及经费较少表未列入。

续表

	支出总计(排序)	事业支出(排序)	经营支出(排序)	自筹基建(排序)
湖北(7所)	1570799.68(2)	1497930.19(2)	1457.01(3)	36909.49(3)
江苏(7所)	1227957.20(3)	1142278.80(3)	5506.36(2)	80172.04(1)
广东(2所)	665139.83(4)	653618.08(4)	487.91(4)	7754.93(2)
浙江(1所)	644630.09(5)	644630.09(5)	0.00(5)	0.00(5)

资料来源:教育部直属高校 2012 年基本情况资料汇编

概括地说,浙江高等教育发展取得了很大进步,高等教育毛入学率居于全国前列,在短期内创建了大量的新兴高校,满足了浙江高等教育大众化的需求。但是,浙江高等教育发展存在高等教育总体规模偏低,对重点高校经费投入严重不足等突出问题。

(三)优质高等教育资源仍显缺乏

突出表现在三个方面:一是重点高校数量明显不足;二是优秀的高校学生数量明显不足;三是浙江对重点高校经费投入明显不足。

1.重点高等学校的数量明显不足

按照"211 工程"院校、"985 工程"院校两个方面统计(见表 10),五省市全国重点院校分布状况中,上海有 10 所,江苏有 11 所,湖北有 7 所,广东有 4 所,浙江只有 1 所。浙江大学"四校合并"改变高校生态和分层格局。同时,浙江大学因为质量导向下的规模控制,使得浙江省优秀学生数量严重滞后于其他各先进省市,难以有效满足国家尤其是浙江省经济社会发展的客观需求。

表 10 五省市全国重点院校分布状况

	层次	主管部门	+211 工程名单
上海 (10所)	985 工程	教育部直属高校	复旦大学、上海交通大学、同济大学、华东师范大学
	211 工程		华东理工大学、东华大学、上海财经大学、上海外国语大学
		总后勤部	第二军医大学
		上海市教委	上海大学

续表

	层次	主管部门	＋211 工程名单
江苏 （11 所）	985 工程	教育部直属高校	南京大学、东南大学
	211 工程		中国矿业大学、河海大学、江南大学、南京农业大学、中国药科大学
		工业和信息化部	南京航空航天大学、南京理工大学
		江苏省教育厅	苏州大学、南京师范大学
浙江（1 所）	985	教育部直属高校	浙江大学
广东 （4 所）	985	教育部直属高校	中山大学、华南理工大学
	211	国务院侨办	暨南大学
		广东省教育厅	华南师范大学
湖北 （7 所）	985	教育部直属高校	武汉大学、华中科技大学
	211		中国地质大学、武汉理工大学、华中农业大学、华中师范大学、中南财经政法大学

资料来源：依据中国学位与研究生教育信息网资料整理。

2.优秀的高校学生总量明显不足

考察五省市教育部直属高校的学生数量分布（表 11、表 12）可以看出，2012 年五省市教育部直属高校在校学生人数及其排序，在校研究生数量从多到少依次为湖北、上海、江苏、广东、浙江。在校普通本专科生数量从多到少依次为湖北、江苏、上海、广东、浙江。外国留学生数量从多到少依次为上海、湖北、江苏、广东、浙江（浙江大学留学生占全校学生的比例 4.28％，低于有 8 所教育部直属高校的上海 4.77％的占比数）。总之，涉及优秀高校的学生数量，浙江的全国重点院校优秀高校学生数量都处于倒数第一位。

其中，研究生数量上，浙江只有湖北的 24.98％，上海的 25.50％，江苏的 28.60％，广东的 72.80％。在普通本专科生方面，浙江全国重点院校优秀高校学生只有湖北的 12.75％，江苏的 14.51％，上海的 21.21％，广东的 40.02％。

浙江的留学生数量分别是上海的 21.22％，湖北的 43.83％，江苏的 48.42％，仅仅比广东多 13.85％（278 人）。尽管浙江大学在国际化方面取得了相当的成绩，但扩大留学生规模和质量上，浙江省缺少张力。

表 11　五省市教育部直属高校在校学生人数(单位:人)及其排序 ①

	研究生 (排序)	普通本专科生 (排序)	外国留学生 (排序)	占比
湖北(7 所)	87863(1)	179913(1)	4579(2)	1.57%
上海(8 所)	86065(2)	108124(3)	9458(1)	4.77%
江苏(9 所)	76754(3)	158074(2)	4145(3)	1.64%
广东(2 所)	30143(4)	57293(4)	1729(5)	1.96%
浙江(1 所)	21945(5)	22929(5)	2007(4)	4.28%

资料来源:根据《教育部直属高校 2012 年基本情况资料汇编》整理

表 12　五省市教育部直属高校在校研究生人数(单位:人)及其排序 ②

	博士生(排序)	硕士生(排序)	合计(排序)
湖北(7 所)	20294(1)	67569(1)	87863(1)
上海(8 所)	20048(2)	65017(2)	86065(2)
江苏(9 所)	16653(3)	60092(3)	76745(3)
广东(2 所)	7386(5)	22757(4)	30143(4)
浙江(1 所)	8241(4)	13704(5)	21945(5)

资料来源:根据《教育部直属高校 2012 年基本情况资料汇编》整理

博士生、硕士生规模发展规模,与五省市教育部直属高校在校研究生总体规模排序基本一致。具体说来,在博士生方面,浙江的教育部直属高校浙江大学在校博士生数量只有湖北的 40.61%,上海的 41.11%,江苏的 49.49%,仅比广东多 10.38%。在硕士生方面,浙江的教育部直属高校浙江大学在校硕士生数量只有湖北的 20.28%,上海的 21.08%,江苏的 22.81%,广东的 60.22%(见表 13)。综合所有在校研究生数量,在五省市中,浙江排在最后一位,也与浙江对全国杰出人才的贡献很不相称。

---

① "外国留学生"为在我国攻读学位的学生;"占比"指外国留学生占全日制在校生总数(不含成人高等教育在校生数)的比例。表中江苏省内教育部直属之中国矿业大学数据不含中国矿业大学(北京)数据。湖北省内教育部直属之中国地质大学(武汉)数据不含中国地质大学(北京)数据。

② 表中江苏省内教育部直属之中国矿业大学数据不含中国矿业大学(北京)数据。湖北省内教育部直属之中国地质大学(武汉)数据不含中国地质大学(北京)数据。

表 13　浙江优秀高校学生总体数量相交其他四省市的比较

	研究生		普通本专科生
	博士生	硕士生	
浙江/湖北	40.61%	20.28%	12.75%
浙江/上海	41.11%	21.08%	21.21%
浙江/江苏	49.49%	22.81%	14.51%
浙江/广东	115.76%	60.22%	40.02%

资料来源:根据《教育部直属高校 2012 年基本情况资料汇编》整理

目前的人才培养结构可以看到,浙江优秀高校学生规模偏小,不仅直接影响到浙江优秀的高校本科生规模与质量,也间接影响到浙江优秀的高校研究生规模与质量。总之,五省市教育部直属高校在校学生人数与重点院校数量呈正比,即重点院校数量越多,则招收的优秀学生也越多。由于只有浙江大学一所重点院校,因此在所比较的五省市中,浙江几乎所有涉及学生数量的数据都排在最后。

综上所述,浙江高等教育总体规模偏低。平均每万人口中拥有的高校学生数量相对偏低,影响到其整体人口素质的提高。浙江普通高校生均公共财政预算教育事业费增长率较低,经济投入少影响其高等教育质量。优质高等教育资源的严重匮乏,难以有效满足浙江社会、人口和经济发展的客观需求。

(四)人才引进培养模式存在障碍

1.高层次人才短缺集聚效应不强

浙江省高层次人才短缺问题主要表现在以下几个方面:一是高新技术产业对高层次人才的吸引力偏弱。究其原因主要是浙江省高新技术产业成熟度不高,产业链不够完整,中小微企业较多,而较大规模的企业数量较少。高新技术产业 R&D 人才全时当量[①]增长率相对较低(低于广东省、江苏省十几个百分点),且有减少的趋势;二是高层次人才分布不均。研发力量相对分散,人才集聚效应尚未显现,科教人才助力区域产业发展的效用尚未充分发挥;三是创新团队的引进和培养有待于加强,高层次人才创业的综合服务平台亟待搭建。

---

　① R&D人才一般用折合全时当量来表示,即参加 R&D 项目人员的全时当量及应分摊在 R&D 项目的管理和直接服务人员的全时当量两部分相加计算。

2.人才创新能力和创新精神不足

主要表现在科技人才创新能力及持续开展创新研究的动力不足。企业中的基础研究和预研工作是孕育突破性创新产品和成果的摇篮,但由于基础研究和预研工作的探索性和成果的不确定性,导致企业对科技人才的重视不够,科技人员职业发展存在严重的"天花板"效应。科技人才不愿立足科研岗位安心搞科研,结果是其无法集中精力、施展才华、推动企业科技创新。这就需要高等学校加大对高层次科技人才的培养力度和培养模式的创新。在高等学校人才培养的环节上,如何培养出基础扎实,具有创新意识和实践能力的高素质优秀人才,仍然是各类高校共同面临的难题。比如,高等工程教育人才培养目标定位不清晰,对追求研究性趋之若鹜,对应用性唯恐避之不及。课程设置上,重知识教育轻能力教育,缺少科学有效的考核措施。

3.专业设置和课程体系落后于产业创新发展需要

专业划分较细,按照专业设置的课程体系脱离了工程实践的需求。一是专业教育的知识面太窄,内容体系较为陈旧。产业的发展体现出明显的技术分化、综合、交叉、融合、变化的加快,对同类专业人才的需求也极具多样性和变化性,固定、划一和统一的专业口径注定难以适应技术市场快速发展对人才的要求,不能适应科学技术飞速发展的形势,不能满足新兴工业和技术发展的需要。二是课程中缺乏有关经济、社会、政治外交、法律、管理、市场营销等人文社科方面的知识。三是学生学习处于被动状态,不利于培养学生独立思考能力、自我提高和终身学习的能力和兴趣。

4.人才的培养模式单一缺乏系统性和灵活适应性

教育体系中技术性、实践性和综合性的内容被不断削弱,学术性和理论性的内容不断增加。教育培养目标定位模糊,导致教育培养的结构体系与我国重大工程建设项目、企业技术创新的脱节。教育的培养层次、结构体系和人才类型与经济、产业发展的实际需要严重脱节。一些院校不根据自己的实际,盲目争办"综合性、研究型"大学,导致学校建设目标的趋同,人才目标的单一,高等教育层次和类型边缘模糊,教育资源的配置针对性差、有效性降低,加重了高校毕业生的就业难度和受业界欢迎的工程人才的严重短缺。

设计教育和工程实践缺失。职业技术教育与培训的设计训练薄弱,实践环节削弱,高校课程综合性不够更是当前科技人才培养中的最大问题,主要表现在:实验课程的比重下降,学生在实验课上亲自动手操作的机会减少,自主性、设计性实验越来越难以落实;实验课程仅局限于验证原理和掌握操作技术,缺乏对学生进行实验思路、实验设计、实验技术、观察能力、分析能力以及表达能力的全面训练;生产实习的时间大幅度压缩,学生在实习中参观多而参与少;毕业设计也被毕业论文替代,脱离工程实际,课外科技活动由于受条件限制难以大面积开展,学生缺乏现代工程设计思想、方法的培养与训练和综合运用各方面知识解决工程问题的能力欠缺。资源配置上,实践教学投入具有滞后性;师资方面,工科教师队伍缺少工程背景,理论脱离实际,严重影响了工程人才培养的质量。

三、教育改革与发展及人才结构需求

(一)教育发展与经济转型升级匹配分析

"十三五"期间,是浙江加快推进经济转型发展,全面提升新型工业化、信息化、城市化、市场化、国际化水平的重要阶段,是全面建设惠及全省人民的小康社会,迈向美好社会新征程的重要时期。要实现经济社会转型发展,必须大力开发人才资源,加快形成人才竞争比较优势,推动经济增长向主要依靠科技进步、劳动者素质提高、管理创新转变。

浙江省经济快速持续增长、产业结构提升和社会的转型,为人才培养的结构调整和优化创造了条件,提出了新的需求。特别是科技人才培养要依据就业状况和产业结构调整发展趋势,先于市场变化预测和调整工程科技人才培养的学科专业布局和层次结构。大力建设一批与生物产业、新能源产业、高端装备制造业、节能环保产业、海洋新兴产业、新能源汽车、物联网产业、新材料产业以及核电关联产业等浙江省战略性新兴产业相关的急需紧缺专业。

浙江省社会、集聚与产业三者的迅猛发展对教育的发展与人才的需求提出来新的挑战。产业变化的换型、转型和消化三重叠加三基转型,要求人才的总体结构和素质结构随之而变化。产业转型升级需要以高校教育、科技和人才支撑。浙江省正面临构建完善现代产业体系、推进产业转型升级的重要时期。产业转型升级,关键靠科技,根本在人才,人才资源的储备以及对高端人才的吸引力决定着一个区域高新技术产业发展的潜力。反过来,高校的发展也必须依赖于产业的支持,紧密围绕经济社会发展需求,培养相关行业亟须的高素质人才是高校发展的重要条件。希望教育尽可能发展快一些,以更好地适应经济和社会迅速发展的需要,这种愿望是很普遍的。发展是硬道理,但是发展不仅仅是数量上的增长,质量与效益的提高是更重要、更积极的发展。当前教育在积极稳步发展规模的同时,更需要强调的是如何提高教育质量,由外延扩张为主向内涵发展为主转变,将教育创新以及质量、效益、结构的提升作为发展战略的主线。

总之,新时期经济转型升级不仅对浙江省教育改革和发展提出了新的要求,也迫切要求提高教育创新能力,调整人才培养结构,提升劳动者素质。

(二)面向产业创新的科技人才需求分析

浙江省经济快速持续增长、产业结构提升和社会的转型,既为人才培养提供了条件,也提出了新的需求。从产业领域看,浙江省未来要大力建设一批生物产业、新能源产业、高端装备制造业、节能环保产业、海洋新兴产业、新能源汽车、物联网产业、新材料产业以及核电关联产业等战略性新兴产业。

从科技发展战略看,自主创新能力、参与世界重大前沿科学研究能力和具有世界影响的科技成果研究能力逐步增强;科技发展模式将从跟踪模仿为主向自主创新为主转变;科技体制改革将从加强与经济发展相结合向与经济、社会发展形成协同集成体系方向转变。要面向未来这样的需求,就需要一批科技领军人物、战略科学家。所以,人才培养上要做好以下几个方面:突出创新能力培养,进一步优化人才结构,针对不同行业特性稳步扩大人才规模。

1.质量需求:突出创新能力培养

建设创新型经济强省,关键在人才,尤其是具有创新精神和创新能力的科技人才。一是提供工程技术人员的创新精神和综合创新素质;二是培育一批能潜心科学研究和原始性创新的人才,依靠高素质创新人才去拥有战略性新兴产业的知识产权、核心技术,提高产业的国际竞争力;三是培养大批高水平、高素质的具有创新能力的工程技术人员,这批科技人才培养必须着眼于国家重大工程需求,着眼于自主创新能力培育,着眼于综合创新素质。创新型人才具备以创新意识为中心、以创新能力为特征的智力能力和以创新人格为中心的特点。

2.结构需求:继续优化人才结构

科技人才培养的层次结构决定着科技人才培养培养人才的层次。科技人才培养的科类专业结构要适应产业结构调整的需要,要根据产业发展整体格局需要来优化人才培养结构,通过人才结构调整来满足未来我国的产业结构调整需要,即形成以高新技术产业为先导、基础产业和制造业为支撑、服务业全面发展的产业格局。

为此,在人才培养上,要以现代农业、先进制造业、高技术产业、能源工业、现代服务业发展需求为重点。随着我国经济技术结构的不断优化,对技术人才的数量及层次比例提出不同的要求。什么是合理的人才层次结构,可以肯定的一点是,从社会对人力资本需求的塔型结构来看,应用型人才的需要量一般要比学术型人才的需要量多。从浙江省的工业发展水平和工业经济的技术结构看,除了需要一大批高层次、高水平的技术人员开发新产品、开拓新领域外,在浙江省企业中,需求量更大的是应用型人才,即使将来经济发达了,这种应用型人才也会在工业企业职工人数中占相当大的比重。

(1)研究生教育。为各个工程学科领域培养高级专门人才的最高教育层次,由于社会对研究生的要求已经不是单一的"学者型"人才,需要面向实际需要尽可能扩大在职研究生的招生比例。比如,应该大力发展"工程硕士"项目,以广泛适应未来产业对研究生层次的需要。

(2)本科生教育。本科教育仍是未来人才培养的重点。应扎实地进行基础知识和专业知识教育,加强工程实践环节训练、实际工作能力、创新精神与创新能力的培养,鼓励工程类复合型人才的培养。

(3)专科生教育。包括高职高专应有较大发展。必须尽快改变专科教育计划是本科教学计划的"浓缩"的状态,强调专科的教学计划、课程设置、教材内容和教学方法都要突出实际应用,适应业务和生产第一线工作需要的特色。

科技人才至少可以分为研究导向型、专业技术型、创新创业型三类。产业创新的多主体性需要工程技术人才能够整合和协同来自多个主体的资源,而巨大的产业联动效应带来了广阔的商机。由于产业创新的传统产业基础薄弱,因此整个价值链急需商业模式创新,以创造更大的价值。因此,拥有扎实工科背景,兼具高科技产业运营和管理经验的创新创业型工程科技人才尤为重要。

3. 规模需求:稳步扩大人才规模

人才的需求必然与区域经济所能承担的能力相适应、相协调。工程科技人才培养更需要针对不同产业创新特性。当前,战略性新兴产业的发展更是需要大量具有跨学科背景的创新型工程人才的参与。适应产业创新发展的工程人才规模应该稳步扩张,主要取决于产业结构升级和调整因素、经济增长因素和人口基数因素。以这个基数计算,考虑科技人才培养规模占高等教育规模 1/3 左右的比例,以及综合考虑经济发展、结构调整等因素。

4.素质需求:面向产业创新人才

调查显示,浙江省企业对创新型人才的素质需求是多元化的,但都强调"德才兼备",涉及的素质主要包括:思想和道德素质、文化素质、生理与心理素质、经验。创新型科技人才,应该具有以下主要素质和品格:一是具有高尚的人生理想,热爱祖国,热爱人民,热爱科技事业,努力做到德才兼备,坚持在为祖国、为人民勇攀科技高峰中实现自己的人生价值;二是具有追求真理的志向和勇气,坚持解放思想、实事求是、与时俱进,保持强烈的创新欲望和探索未知领域的坚定意志,对新事物新知识特别敏锐,敢于挑战权威和传统观念,为追求真理、实现创新而勇往直前;三是具有严谨的科学思维能力,掌握辩证唯物主义的思维方法,善于运用科学方法和科学手段,坚持终身学习,不断更新知识、夯实理论功底,构建广博而精深的知识结构,养成比较全面的科学文化素质;四是具有扎实的专业基础、广阔的国际视野、敏锐的专业洞察力,能够准确把握科技发展和创新的方向,善于对解决重大科技问题提出关键性对策;五是具有强烈的团结协作精神,善于组织多学科的专家、调动多方面的知识,领导创新团队在重大科技攻关和科技前沿领域取得重大成就;六是具有踏实认真的工作作风,淡泊名利,志存高远,坚忍不拔,不怕艰难困苦,不畏挫折失败,勇于在科技创新的实践中经历磨炼,不断攀登科学技术高峰。

科技的迅速发展和社会的变化,要求科技人才必须掌握现代科学技术的新成果,具有广博而合理的知识结构,具有不断获取知识的能力、科学的思维能力,具有合作精神、良好的品德修养和心理素养等,科技人才需要在知识、思维和品格素质具备相应的特征。

四、发展重点与主要任务

(一)深化教育综合改革,促进教育协调发展

根据《中共中央关于全面深化改革若干重大问题的决定》部署,按照国家教育综合改革总体要求,结合浙江大学实际,深化教育综合改革。扩大省政府

教育统筹权和学校办学自主权,进一步推进基础教育结构布局与资源配置等方面的改革,推进义务教育学校标准化建设和特色示范高中建设工程,大力发展职业技术教育与培训、成人教育、学前教育、特殊教育以及民办教育,促进全省依法治教体系不断完善。

着力解决高等教育的规模、结构、质量、效益问题。一是进一步优化高等教育布局和结构,统筹全省高等院校设置和布局结构,大力发展研究生教育,稳步发展本科教育,积极发展高等职业教育,完善研究生教育、本科教育和高等职业教育有机衔接机制。二是进一步优化学科结构。坚持以学科建设为龙头,做实一级学科,做强二级学科,构建基础学科、应用学科、交叉新兴学科互为联系、互为促进、协调发展的学科体系。瞄准国际学科前沿,突出国家战略目标,从服务浙江省发展现代工业、现代农业、现代服务业,特别是大力发展海洋经济,培育战略性新兴产业出发,继续加强重中之重学科、人文社科重点研究基地和重点学科建设,争取打造若干个国家重点一级学科和一批高水平学科创新平台。三是进一步优化专业结构。发挥优势、强化特色,启动各专业设置标准建设,扩大高校专业设置自主权,形成专业动态调整机制。根据浙江省产业集群发展需要和高校分类发展趋势,着力建设一批基础条件好、办学水平高、在省内具有领先水平的优势特色专业,力争有些专业水平达到国内以至国际一流。大力建设一批战略性新兴产业相关的急需紧缺专业。四是加强分类指导,引导各类高校合理定位,办出特色和水平,推进高水平特色大学建设。

(二)推进教育教学创新,提高人才培养质量

以人才培养体制改革为核心,以推进国家级和省级教育改革试点为重点,大力推进教育教学改革与创新。一是强化教学中心地位。根据经济社会发展的趋势和要求,进一步明晰人才培养的目标定位,优化各级各类人才培养模式,调整专业设置,丰富教学内容,切实提高人才培养质量。二是继续深入推进教育质量工程,深化人才培养体制、机制改革,牢固树立人才培养在学校的中心地位。以专业建设为重点,继续推进教学内容、课程(教材)体系、教学方法、教学管理、实验平台建设及教学评价体系等方面的改革。探索人才分类分层培养的新模式。三是进一步深化研究生教育改革。加快推进研究生培养机制改革,深化专业学位教育改革,大力发展专业学位研究生教育。四是进一步推进省高考招生制度综合改革试点工作,进一步深化普通高中课程改革,加强对学科教学的专业引领和指导,作为全国两个改革试点之一,要扎实做好试点工作,

对改革中遇到的新情况、新问题,要认真研究,对工作中的好做法、好经验要认真总结,为全国改革探索经验。五是进一步深化职业教育改革。提高专业布局规划水平,加强基础能力建设,深化工学结合、校企合作,完善职业教育体系,面向社会发展职业教育。坚持职业教育与区域经济社会发展结合,推进中等职业学校现代化建设工程,完善职业教育人才培养体系,培养具有良好职业道德、必要文化知识、熟练职业技能和较高就业创业能力的高素质劳动者和技能型人才。改革职业技术学校教学方式,借鉴日本、韩国、德国职业教育经验,校企联培,培养具备自主设计、精密加工以及问题解决能力的复合型、创新型技术工人。

(三)提升科研协同能力,服务产业转型升级

加强统筹协调,促进协同创新,优化创新政策与环境,汇聚各方资源与力量,形成推进创新的强大合力,提升我省整体科学研究能力与水平,以公共创新平台为主体,服务产业转型升级。一是加强顶层设计,加强产学研协同治理体系的构建与完善,优化科技资源配置,促进科技成果转化,实现科技与浙江区域经济融合。着力推进协同创新,将协同创新作为创新型浙江建设的核心举措,积极构建充满活力的浙江特色区域技术创新体系,整合国内外资源推动科技成果转化和产业化。二是通过协同整合各方优势,完善大科技工作格局,提升科学研究水平,积极适应经济社会发展的重大需求,努力提升原始创新、集成创新和引进消化再创新能力。三是增强服务社会能力。对接现代产业的发展,宏观引导高校、科研院所和企业建设学科专业与战略产业联盟,强化学科群的集聚效应。把加快科研成果推广转化放在突出位置,完善高等学校与政府、企业和科研院所合作机制,多形式推进产学研合作,形成以企业为主体、市场为导向、产学研相结合的技术创新体系。

(四)加快人才队伍建设,支撑人才强省战略

坚持人才优先发展战略,把加强高层次人才队伍建设作为更好实施人才强省战略的重要举措,着力打造梯次合理、门类齐全、新老衔接、充满活力的高层次人才队伍,为建设具有实力、活力、竞争力的沿海强省提供有力的人才支撑。一是创新人才政策,优化人才创业环境;二是加强载体建设,搭建高层次人才发展公共平台;三是加大引进和培养力度,统筹开发各类人才,提升高层次人才创新能力;四是强化人才服务保障,完善人才管理与服务体系,大力优化高层次人才工作环境,促进高层次人才充分发挥作用。

（五）深化体制机制创新，提升国际化的水平

一是加强教育立法。深入贯彻落实党的十八届四中全会"以依法治国"的重要精神，按照"法治浙江"的要求，加快教育法制建设进程。全面推进依法行政，大力推进依法治校。二是探索完善高校治理结构，探索现代大学制度建设途径，转变政府对高校的管理方式，进一步落实高校办学自主权，优化高校内部管理，逐步形成章程法定、权责明晰、调控有力、运转有序、充满生机和活力的现代大学治理结构。三是积极开展人才培养模式改革，发挥优势、彰显特色，进一步确立教学和人才培养的中心地位，在教学方法、手段、内容等方面积极开展形式多样的改革创新，不断提高人才培养质量。四是逐步深化招生考试制度改革，在坚持统一高考制度的基础上，不断探索高校招生多样化的途径和方法。本科综合评价招生、高职自主招生、扩大民办高校招生与收费权限。五是继续完善高校办学体制，推进高校办学自主权、内部管理体制改革、建立高校总会计师制度、高校教师分类考核、创业型大学建设、开放大学建设等试点。六是加强对外交流与合作，提升高等教育国际化水平。多形式多途径引进国际优质教育资源，合作建立教育科研机构，重点加强与世界知名高校、国外高校强势学科以及同类高水平高校的交流与合作。建设一批外语授课的国际化课程和特色专业，提高双语教学课比例。实施"留学浙江行动计划"，大力发展留学生教育，尤其是留学生学历教育。

五、重大战略举措

"十二五"时期，浙江省要迈向美好社会，提升教育品质、优化人才队伍结构是关键。面对经济社会的迅猛发展，要坚持教育综合改革与发展，坚持人才优先发展战略，完善人才工作机制，构建党管人才工作新格局，强化对国内外优秀人才、先进技术团队等创新要素的凝聚吸收，夯实创新智力基础。

（一）综合改革：加大教育改革力度，提升教育发展水平

深入贯彻落实党的十八大关于深化教育领域综合改革的要求和部署，深化教育领域综合改革。构建政府、学校、社会新型关系，扩大省级政府教育统筹权和学校办学自主权，完善学校内部治理结构。充分盘活现有教育资源，加

大教育改革力度。调整教育布局结构,统筹城乡中、小学校布局,优化人才培养模式,提高办学效率。建立具有浙江特色的现代化教育体系,为迈向美好社会奠定坚实的人才和知识基础。

进一步推进基础教育资源配置改革,推进义务教育学校标准化建设,保障基本教学条件,改善学校生活设施,更加关注农民工子女、随迁子女就学问题,鼓励社会力量办学。推进基础教育育人模式改革、教学过程改革和教师管理改革,探索招生和考试相对分离、学生考试多次选择、学校依法自主招生、专业机构组织实施、政府宏观管理、社会参与监督的运行机制改革,健全初高中学业水平考试和综合素质评价,做好全国高考改革试点,实施高等学校考试招生综合改革。

根据浙江省产业结构及其转型升级的需要,适度加大职业技术教育比重,大力发展职业技术教育,加快推进由补供方为主转向补需方为主的职业技术教育和技能培训投入机制,以市场需求为导向改进职业教育的培训方向,加快"企校共同体"建设,全面推行工学结合、校企合作、顶岗实习的职业教育新模式,形成结构匹配性的高素质技能型人才的活水源头,改变劳动力供给总量和结构。

聚焦、聚神、聚力,全面深化高等教育综合改革。着力解决高等教育的规模、结构、质量、效益不够协调的问题,促进高等教育更好地适应经济社会发展的需要,推动浙江经济转型升级。引导高校合理定位、特色发展,优化专业结构,防止同质化,提高学生就业创业能力。切实转变政府职能,完善高校内部治理结构,构建现代大学制度。发挥高校在国际合作与人文交流方面的独特作用,进一步提升高等教育的发展水平,为浙江经济社会发展、民生福祉改善提供人才、智力支撑,为科技创新提供一批科研人才和应用人才支持,增加浙江省的人力资本存量。

落实国务院常务会议做出的"引导部分普通本科高校向应用技术型高校转型"战略部署,发挥省政府的统筹和支持作用,促进地方产业和高校双转、经济社会和教育发展双赢。重点引导一批高校向应用技术型大学转型,加强职业教育与普通教育沟通,积极发展继续教育,打通从中职、专科、本科到研究生的上升通道,为学生多样化选择、多路径成才搭建"立交桥"。进一步对接战略新兴产业发展,瞄准高水平的应用科技型大学发展目标,将在科技型应用人才培养和特色专业建设上形成新的特色,从而为经济发展提供更有力的科技与人才支撑。紧密围绕经济社会发展需求,重点发展与地方经济关联度高、就业渠道广的新兴专业,着力培养相关行业亟须的"就业能称职、创业有能力、深造有基础、发展有后劲"的高素质特色应用型人才。

(二)引培并举:加速高层人才集聚,引进培养科技人才

招才引智,根据产业发展进程和人才结构现状,有针对性地吸引高层次人才,优化现有海外和省际人才引进。坚持"引培并举",大力引进和培养一批符合浙江省产业升级和科学发展需求的高层次人才,聚焦重点领域的发展需求,创新人才引进和培养机制。

加快整合与新建高新技术产业集聚区,加强战略性新兴产业宏观引导,扶持有条件的中小型企业转型升级,重点扶持龙头骨干科技型、创新性企业发展,壮大高新技术产业,聚拢企业研发力量,强化对国内外优秀人才、先进技术团队等创新要素的凝聚吸收,加速人才集聚,强化夯实创新智力基础。招商引智,优化现有海外和省际人才引进。围绕人才产业融合发展,发挥协同引才优势,鼓励产学研之间的智力流动,吸引海内外一流大学和科研机构入驻浙江,推动企业与高校共建创新载体和平台,引进培养科技人才。着力打造一批重要人才载体,加强创业创新载体建设,加强团队平台建设,以杭州未来科技城(海创园)和国家级高新区等为平台吸引外部人才的进入。鼓励海外归来的人才来浙创业,并提供良好的政策支持和金融保证。推进本土高层次人才引育工程,扎实推进本土高层次人才队伍建设,注重把握统筹兼顾方法,全面推进各类紧缺人才培养。坚持系统开发,加强统筹规划,实施特殊政策,合理配置人才,完善人才网络平台,系统推进省管高级专家、企业(含非公有制企业)经营管理人才、专业技术人才、技能人才、农村实用人才、大学生村官、社会工作人才、科教文卫领域人才等各类人才队伍建设,为科技创新提供一批科研人才和应用人才支持,增加浙江省的人力资本存量。

要特别处理好人才引进与培养的关系。发挥现有教育资源,特别是充分发挥高等教育平台人才储备池的作用,进一步提升高等教育的发展水平,培养和集聚高层次、复合型人才,提升现有人才结构,实现学校培养与企业需求的对接,提高为经济和社会发展培养高技能应用型人才的服务能力。提高企业家培训水平,增强浙江企业家的科技素养和创新意识。

(三)支撑引领:适应产业创新需要,引领产业未来发展

坚持高端引领理念,加快集聚海内外高层次人才,以引进和培养高层次科

技人才为重点,支持各类人才创业创新,为转型发展、创新发展提供人力支撑,确保人才规划重点目标任务完成。一是加强统筹协调和分类指导,二是加强重点人才队伍建设,三是加快重大人才平台建设,四是加大人才政策机制改革创新,五是加强人才规划实施的监测评估,更好地落实适应浙江省产业创新需要的人才规划。

适应产业创新需要,加快学科专业调整和优化,把专业设置的自主权下放给学校,建立多层次利益相关者的人才培养机制,让同行、企业、社会等都参与对人才培养模式的评价,实现既面向需求又坚守学术基础的培养模式。在教学改革过程,借鉴国内外课程改革的创新经验,设置多种特色学位计划,面向专业实践、面向跨学科、面向尖端科技、面向全球问题的特色计划,以及新兴学科计划,使新兴学科和学位计划的创设与前沿关键技术的开发,以及产业创新发展实际密切联系起来,真正起到支撑和引领产业创新发展的作用。

从企业人才队伍建设方面:一要处理好高端人才与基础人才的关系。在构筑大平台、开发大项目、大力引进、重点培养高端人才的同时,强化基础教育,促进城乡基础教育均衡发展,大力推进现代职业教育,提高人才的整体综合素质,提升人才的整体技术、技能水平,夯实人才队伍基础,使高端人才与基础人才协调发展。二要处理好人才队伍的梯队建设问题。在人才引进和培养过程中,要充分考虑年龄结构,尤其在高技能人才培养中,要注意培养青年后备人才,促进高技能人才的梯队成长。三要处理好人才的使用问题。建立全面的人才绩效评估机制,注重对人才使用绩效的评价与鼓励。

另外,实施企业家素质提升工程,着力提高企业家培训水平,增强浙江企业家的科技素养和创新意识。把握社会需求,发掘社会热点,汇聚著名高校及各类型企业精英,开发一系列针对企业经营管理人士的定向研修项目和针对政企的培训项目,致力为企业提供更实用、更贴近市场的企业家培训解决方案,为企业提供战略、人力资源、市场营销、生产、组织变革、综合管理等方面的培训服务,打造适应产业创新发展需要,引领产业未来的领军人才。

(四)模式创新:利用大项目大平台,创新人才培养机制

进一步优化人才发展和人才创业创新环境,顺应"构筑大平台,凝聚大团队,承担大项目,培育大成果,实现大转化"的战略目标,把握产业创新中的产业链、价值链和技术链,着力瞄准高端技术,突出重点,以目前国家重大科技专项、科技支撑计划、火炬计划等科技计划为依托,开展多学科交叉重点攻关,重点突破一批制约产业创新发展的瓶颈技术和尖端技术,由此去培养真正能够适应国家和社会需要的人才。强调学科交叉创新,着力解决基础科学问题,凝练有重大创新的科研项目,取得重大标志性的科研成果。教师由大项目、大平台聘任和评价,学生资源实现大项目、大平台配置,尽快改变学生培养模式一刀切现象。

跨学科人才不同于以往的科技人力资源,他们在解决涉及多学科的复杂性问题上有着天然的优势,跨学科人才必将成为重要科技人力资源,成为建设创新型国家的关键力量。建立新型的教师人事制度,使教师能够跳出原有的隶属关系,允许教师为了传承真理和探索真理而自由流动,充分调动教师内在的积极性,为跨学科培养人才营造良好的环境。组建跨学科导师组,聘请专职教师专门进行跨学科的研究和学生培养,向外聘请兼职教师向学生讲授多方面的学科知识。实行"导师+副导师"的导师制度,导师和副导师应来自不同的学科领域,研究生同时接受导师和副导师的指导。

加快学科专业调整和优化,把专业设置的自主权下放给学校,建立多层次利益相关者的人才培养机制,让同行、企业、社会等都参与对人才培养模式的评价,实现既面向需求又坚守学术基础的培养模式。在教学改革过程,借鉴国内外课程改革的创新经验,设置多种特色学位计划,面向专业实践、面向跨学科、面向尖端科技、面向全球问题的特色计划,以及新颖学位计划,使新兴学科和学位计划的创设与前沿关键技术的开发,以及产业创新发展实际密切联系起来,真正起到支撑和引领产业创新发展的作用。

(五)师资提升:打造"三师型"的教师队伍,提高师资水平

切实把加强教师队伍建设作为提高教育现代化水平的关键和根本措施,实施各级各类师资素质提升计划,切实提高师资水平,特别是教师的实践教学能力。完善教师资格制度,加强教师专业化发展,健全收入分配制度,建立有利于优秀教育人才脱颖而出和人尽其才的体制机制,努力建设一支高素质的教师、校长和教育管理者队伍,培养和造就一批优秀的教育家。

全面增强师资队伍的实践意识和能力,着力建设高水平实践创新型师资队伍。大力培养和引进"三师型"教师,不断优化研究、实践和教学的专职和兼职教师的结构,提高参加"高素质、创新型科技人力资源培养计划的专业"的"三师型"教师比例。一是大力提升工科教师的实践能力,改革工科教师评价体系;二是吸引有丰富工程经验的企业工程师兼职教学;三是打通"三师型"教师培养渠道,校企联动,双师共育。探索实施专任教师入职标准,加强兼职教

师队伍建设,注重教师专业化发展,强化教师在职培训,构建既擅长科研、教学又富有产业创新经验的"三师型"师资队伍。

(六)开放办学:推进校企院所联合培养,提升人才素养

在与产业合作上,积极搭建"多规格、多通道、模块化、宽专交、开放性、互动式"的高素质、创新型人才培养互动平台和产学合作教育网络,大力实施校企联盟战略,积极推进名企名校产学合作教育,联合知名企业加快建立一批产学实训基地和青年就业创业见习基地,积极推行实习生制度,建立产学合作教育专项经费资助制度。

在与院所的联合培养上,利用研究院、所的独特优势,将相关专业的学生有机组合,模拟院所的研究工作环境,共同完成综合性工程的设计。邀请研究院、所经验丰富的工程师现场授课,授课内容是在分析整合相关领域工程技术体系的基础上提出的一些新的面向工程实践的综合性课程,以拓展学生的知识面,开拓学生视野,增强学生对建筑设计各专业的了解,提高团队协作能力。结业选题均来源于实际工程,课题不仅要涵盖本专业绝大部分的专业领域,具有较强的综合性,还必须与工程实际相结合。最大限度提升人才专业设计能力,方案综合能力和工作协调能力。

开放教育市场,利用浙江省民办教育和资本市场大省的优势,加快发展民办教育,特别是民办高中教育和高等教育,建立公民办教育平等协调发展新体制,发挥社会力量办学是实现浙江省教育快速发展的重要途径。在领开放改革风气之先且市场经济发展较为完善的浙江,更应该解放思想,开放改革,开放教育市场,扩大社会资本按市场需求进入教育领域。政府要从浙江省建设教育强省和教育、经济、社会协调发展的战略高度出发,加快落实《中华人民共和国民办教育促进法》,出台各种支持民办教育的措施,建立公民办教育平等协调发展的新体制。拓宽教育筹资渠道,引导和鼓励社会各界对浙江省进行教育捐赠,积极鼓励和支持教育捐赠项目,坚持因地制宜、特事特办的原则,千方百计创造捐赠条件,努力营造良好的捐赠环境,大力支持捐赠教育项目建设,充分发挥捐赠项目效益。省财政从对省属普通高等学校接受的捐赠收入设立配比资金逐步扩展到对省内所有涉及教育的捐赠实行奖励性补助。在本省行政区域内,对农村义务教育进行捐赠的,准予在缴纳企业所得税前的所得额中全额扣除。对其他教育事业的捐赠,纳税人缴纳企业所得税时,在年度应纳所得税额 3% 以内(可逐步加大比例)的部分,在计算应纳税所得额时予以扣除。加强社会教育捐

助资金管理和监督,逐步委托中介机构加强对配比资金使用管理的绩效考评。

在国际化方面,将"国际化"教育作为面向未来产业的人才培养重要机制,加强国际合作与交流,实现多路径的突破和多样化的发展。加大"走出去"、"请进来"的工作力度,重点加强与国外同类优秀高校的交流,不断更新办学观念。在"走出去"方面,加快高等教育国际化进程,精选一批国内外高校,结合国家留学基金委等机构的资助项目,开展以创新型培养模式及以培养创新型人才为目标的国际合作项目予以立项,省级财政予以支持;定期选拔学生到著名企业参与工程设计与实践训练项目,以及选派优秀学生到海外著名大学的研究所或实验室访学;进一步拓展学生交流渠道,丰富学生交流形式,为学生提供更多的国际交流机会,提高浙江省高校人才培养的国际化水平;放宽针对学生的签证和工作许可规定,积极鼓励学生进入海内外跨国企业学习,建立专项经费资助制度,鼓励学生参加国际性的交流、学习、研究和会议。在"请进来"方面,加强顶层设计,重点针对世界顶尖大学,寻求国际战略合作伙伴,开展全方位、多领域、多学科的长期深入合作;定期聘请海内外知名专家学者的重大科技领域专题讲座;加强国际学术交流和科研合作,提升浙江省高校科研实力和学科建设的国际化水平。一方面,大力发展留学生教育和境外办学,提高浙江省高等教育服务贸易竞争能力;另一方面扎实推进中外合作办学,积极引进国外优质高等教育资源,培养国际化视野的复合型创新创业人才。

分报告五

"十三五"时期浙江省促进金融业和实体经济联动发展的思路与对策研究

目　录

【报告执笔人：金雪军、郑丽婷、徐凯翔】

一、浙江省金融业与实体经济联动发展的背景

"十三五"时期,浙江省将进入经济转型、产业升级的关键期。人民币国际化与利率市场化进程的不断推进,使出口贸易型企业面临更多不确定性,也加剧金融行业竞争,浙江省面临着前所未有的机遇与挑战。实体经济转型发展向金融业提出了更具有实效性,更深入的服务要求。朱从玖副省长在关于新金融发展报告中也重点提到了金融业要扎根服务实体经济发展。在未来一个时期,浙江省金融业与实体经济的联动发展要因势利导、顺势而为,建立更加强劲的联动发展机制。充分结合省内实际情况,因势施政,乘势而上促进金融业与实体经济的联动发展。

(一)发展现状

浙江省金融机构近年来支持实体经济发展力度进一步加大。一是要全力以赴稳增长,支持扩大有效投资,落实好房地产信贷政策。各金融机构积极支持以交通、水利、能源及城市基础为重点的基础设施建设,积极支持以现代工业、现代农业和现代服务业为重点的产业投资,积极支持以节能降耗、设备更新为重点的技术改造投资,积极支持以"五水共治"为重点的环保投资。二是坚定不移调结构,支持企业创新投入和兼并重组,促进产业升级和结构调整。各金融机构继续加大对先进制造业、战略新兴产业、现代信息技术产业、服务业、传统产业改造升级以及电子商务和绿色环保等领域的资金支持力度,充分满足"机器换人"、"四换三名"工程的资金需求。三是千方百计激活力,提升金融服务水平,激发小微企业和"三农"活力。各金融机构充分认识定向降准等微刺激政策的重要意义,切实把央行支持的优惠准备金率、支农再贷款、支小再贷款、再贴现和金融债等货币政策工具用好用活,切实把各项利好的金融监管政策落实到位,使更多信贷资金流向小微企业和"三农"。

金融业服务实体经济的力度很大程度上依赖于金融业本身的良好发展基础,从以下几个方面展开分析金融业与实体经济联动发展现状。

1.金融总量持续增长

2013年末,浙江省金融业占第三产业增加值比例为17.1%;全部金融机

构本外币各项存款余额 73732 亿元,比上年末增长 10.6%;全部金融机构本外币各项贷款余额 65339 亿元,比上年末增长 9.8%。[1] 2013 年末浙江省共有境内上市公司 246 家,累计融资 3031 亿元;其中,中小板上市公司 119 家,占全国中小板上市公司总数的 17%;创业板上市公司 36 家,占全国创业板上市公司总数的 10.1%。截至 2014 年 12 月,浙江股权交易中心已有挂牌企业 1506 家,其中成长板 194 家,创新板 1312 家,总市值约 470 亿元。[2] 私募市场的融资功能得到有效发挥,加强了实体经济的合理资金保障。2013 年全年保险业实现保费收入 1110 亿元,比上年增长 12.7%。支付各类赔款及给付 451 亿元,比上年增长 31.6%。

2. 金融组织体系逐渐健全

近年来,浙江稳步推进地方金融机构改革,全省初步形成了银行、证券、期货、保险、信托、租赁、基金等多种金融机构并存,全国性、区域性、地方性机构协调发展的多元化金融组织体系。截至 2013 年,全省共有 3 家政策性银行、5 家国有大型银行、12 家股份制商业银行、10 家外资银行、129 家中小法人银行机构、21 家证券公司分公司、481 家证券营业部、62 家产险和寿险经营主体、122 家期货营业部。其中,地方法人金融机构 140 家,拥有 1 家全国性股份制银行、11 家城市商业银行、22 家农村商业银行、19 家农村合作银行、33 家其他农村合作金融机构、49 家村镇银行、2 家外资银行、4 家证券公司、2 家证券投资咨询机构、3 家保险公司、5 家信托公司、1 家金融租赁公司、4 家财务公司、基金公司 1 家、期货公司 11 家。此外,全省共设立小额贷款公司 134 家、融资性担保机构 402 家、典当公司 324 家和地方产权交易机构 23 家。截至 2014 年 6 月底,省内有 ICP 牌照的 P2P 网贷平台共有 94 家,8 家第三方支付公司,5 家互联网理财平台以及 10 余家互联网金融技术服务公司。金融组织体系的完善,有效扩张了融资规模和渠道,有利于促进浙江金融市场的有序竞争,更大程度满足实体经济主体多层次的融资需求与金融服务。[3]

---

[1] 数据来源于浙江省统计信息网站:http://www.zj.stats.gov.cn/.

[2] 数据来源于中国证券监督管理委员会——浙江局网站:http://www.csrc.gov.cn/pub/zhejiang/tjxx/.

[3] 数据来源于中国证券监督管理委员会——浙江局网站:http://www.csrc.gov.cn/pub/zhejiang/tjxx/;中国银行业监督管理委员会——浙江监察局网站:http://www.cbrc.gov.cn/zhejiang/index.html.

3. 金融产品和服务方式不断创新

为有效解决实体经济重点领域贷款难题,省内金融机构不断推出新的金融产品和金融服务方式。一是不断推出新的金融产品。为有效满足小微企业、涉农等重点融资主体的资金需求,省内金融机构在创新贷款品种先后推出国内信用证、联保贷款、订单贷款、小额信用贷款、供应链金融等金融创新产品,逐步满足实体经济重难点领域的融资需求。以支持"三农"为例,区内金融机构先后推出了丰收小额贷款、"物权通"贷款、"社贷通"贷款、"加盟商"贷款、"林权抵押"贷款、"农村青年创业"贷款、"农村住房改造"贷款、扶贫小额贴息贷款以及村民担保一日贷等金融产品,创新金融产品贷款规模和受益农户数均有不少增加。二是努力完善金融服务方式,包括创新营销服务方式和拓宽金融服务渠道。部分金融机构积极探索实施以"网格化服务、网络化营销和网点式经营"为核心内容的"三网战略",创新营销服务方式,建立分级营销服务机制,实行全面营销,不断提升金融服务辐射能力和受益面。在拓宽金融服务渠道方面,则主要通过加快电子结算渠道建设、抓好网上银行和支付宝卡通业务拓展工作、拓展"市民卡"金融服务功能等方式进行。

4. 金融运行环境日益改善

为保持良好的区域金融生态环境,监管部门和政府部门一直致力于改善金融运行环境。一是信用体系建设逐步完善。企业和个人征信体系建设作用越来越明显,征信系统所出具的信用报告正日益成为企业和个人日常经济交往中权威的资信证明。浙江省建立了基本信用档案,各银行网点均开通查询用户终端;个人征信系统也已为所有与银行发生过信贷往来的个人建立了信用档案,农村信用环境也得到日益改善,信用户评定覆盖面达50%以上。二是金融运行稳定有序。全省连续三年召开保障金融供给、防范金融风险会议,连续两年出台处置"资金链和担保链"风险的政策意见,建立"政府协调、银行帮扶、企业自救"处置机制,并发挥了重要作用。近两年来,金融办及银监系统共协调处置了几百起"两链"风险事件,在省高级人民法院及各大总行的大力支持下,银行不良资产处置加快。截至2013年末,金融机构不良贷款余额1199.7亿元,不良率1.84%,同比回落0.44%,总体态势平稳,处于可控范围。三是政策扶持力度不断增强。近年来,中共浙江省委、省政府高度重视金融环境建设,不断出台扶持政策,促进经济金融的良性发展。包括通过大力发展信用担保产业、实施贷款风险补偿、加强与中信保合作、完善银行考核激励机制、出台应急周转资金及再担保风险补偿政策、强化政银企合作力度等方式，合理引导银行资金流向，为全省产业转型升级创造良好的政策环境。

(二)浙江省金融与实体经济联动发展存在的主要问题

浙江省金融业各机构近年来在支持服务实体经济发展中的成绩值得肯定。但是，也应该看到，浙江省金融业与经济转型发展还存在不少矛盾和不适应性。浙江省金融业支持实体经济发展既存在"直接融资比例偏低、中小微企业融资难"等全国共性问题；相较于其他发达地区，又存在着"地方金融实力偏弱、担保链风险大"等个性问题。主要矛盾包括以下几个方面。

1.共性问题

(1)中小企业融资需求与大中小金融机构缺乏的矛盾

浙江中小企业是浙江经济社会发展的重要支撑，也是经济转型的主体所在，在全面深化改革方面起重要推动作用。但是，现阶段在间接融资市场，主力军是全国性大型银行，其对规模小、收益低、抵押资产不足、融资金额小但较为频繁的中小企业的重视力度相对不足，难以满足其融资需求。据统计，仅25％左右的中小企业能够获得银行贷款，且其获得的贷款额度占全部贷款余额的比例较低。在直接融资市场，大多数中小企业也达不到证券市场的融资门槛，中小企业很难在直接融资市场融资。

虽然，近年来在多项金融改革措施的推动下，浙江已发展一批小贷公司和村镇银行等中小金融机构为个人信贷、小微企业信贷提供服务，但仍难以满足数量众多的中小企业的融资需求。这是影响中小企业技术创新步伐和区域经济转型升级速度的重要原因之一。此外，如何发挥大金融机构在解决中小企业融资问题的作用也仍有许多限制。

(2)直接融资服务高需求与融资结构失衡的矛盾

融资结构失衡的问题主要表现有两点：一是受间接金融特点的影响，在间接融资市场中小企业难以获得足够融资；二是在浙江金融市场上，资金需求与资金供给在渠道上难以有效对接。一方面不少高新技术项目因为缺乏信贷资金支持而失败，另一方面，因缺乏有效的投资机制引导，市场上又存在着大量的民营资本流离于实体经济之外。

相对于间接融资，直接融资由于更趋于市场化，对解决市场结构性失衡问题更为有效,在促进经济发展方面也具有更强的优化配置作用。目前,浙江金融市场上已创新了一系列的企业直接融资工具,如:各类短期融资券、中期票据和非公开定向债务融资工具。但是由于这些工具的发行门槛较高,加之存在市场分割及流动性不足等问题,只有小部分企业能够进行直接融资。目前,大多数企业仍难以享受到直接融资所带来的便利,特别是有助于推动经济转型的高新技术创新型企业,难以得到直接融资市场的资本支持。

(3)企业融资需求的特殊性与银行信贷体系的矛盾

出于流动性和安全性的考虑,银行信贷大都以短期信贷为主。而从浙江企业融资需求的状况看,不少企业资金需求呈现长期性的特点,尤其是初创期高新科技企业。然而目前的银行信贷短期化色彩很浓,这对企业融资、投资构成了很大的挑战和压力。据统计,2011年浙江信贷市场中,中长期贷款仅占金融机构贷款余额的37%,同期,北京、上海、江苏和广东分别为62.7%、67.3%、49.7%和69.5%,全国平均为59.3%[①],足以证明浙江信贷市场上中长期贷款资金的匮乏与银行信贷体系期限错配问题的严重性。此外,由于目前的银行信贷基本上是依赖于房地产抵押与互担互保体系,导致浙江企业缺乏足够的抵押与担保资产的状况比较普遍。

2.个性问题

(1)金融业快速发展与地方金融实力较弱的矛盾

浙江是金融发达省份之一,但浙江地方金融业的发展并不乐观。浙江地方法人金融机构不仅数量少而且实力相对较弱,已经成为金融业全面发展的瓶颈。从数量上看,与上海、北京、深圳等市(省)相比,浙江在银行、证券、保险、信托、基金等方面的地方法人金融机构数量都很少。浙江仅有宁波银行1家上市的地方法人银行,证券方面只有浙商证券和财通证券两家本土券商,基金公司方面只有浙商基金和财通基金。在影响力方面,省内的地方法人金融机构在全国市场占比有限,影响力薄弱。据统计,2013年末浙江本土的两家证券公司浙商证券和财通证券实现营业收入13.1亿元和12.7亿元,而同期中信证券的收入为81.8亿元,两家券商的营业收入总额均不及中信证券的20%。浙江本土的证券公司在行业内市场份额很小,实力偏弱,与浙江经济和金融大省的地位极不相称。而浙江地方性银行在金融创新和产品竞争力上与全国性银行相比也存在一定的差距。

---

① 数据来源于:人民银行官方网站 http://www.pbc.gov.cn/.

表 1　2013 年营业收入排名前 5 券商、基金与浙江本土券商、基金情况

证券公司	营业收入(亿元)	排名	基金公司	营业收入(亿元)	排名
中信证券	81.8	1	华夏基金	30.5	1
海通证券	78.1	2	南方基金	19.1	2
国泰君安	72.5	3	易方达基金	18.9	3
广发证券	71.7	4	广发基金	15.7	4
银河证券	68.4	5	博时基金	14.3	5
浙商证券	13.1	33	财通基金	2.6	24
财通证券	12.7	34	浙商基金	0.25	37

数据来源:Wind 数据库

(2)项目融资需求的大额化与资金聚合机制缺乏的矛盾

随着浙江经济转型升级的需要,除了继续进一步发展中小微企业外,大平台、大项目、大企业建设也越来越提到议事日程上来,向民营资本开放的诸多新领域往往也需要数额较大的资本。2012 年面向民资招商推介的总投资达 11830 亿元的四百多个重大建设项目中,10 亿以上的项目占据半壁江山,甚至不乏百亿元几百亿的项目。而浙江的民间资本尽管充裕但较分散,由于缺乏形成大资本的聚合机制,最终众多小资本与大项目失之交臂。资金聚合机制的缺乏已经成为阻碍地方资金上马大项目的重要因素。

(3)担保链融资风险大与中小企业资金链紧缩的矛盾

由于中小企业财务信息透明度不高和缺少抵质押物,融资面临较大约束。通过企业间相互担保分担个体违约风险,成为中小企业融资的常用模式。而当国家财政政策收紧,外需疲弱,经济下行时,担保链逐渐暴露风险,一些企业的资金链便难以为继。个别企业由于过度融资,自身也已演变为融资平台,担保已经变形,风险进一步加大。

近年来,浙江省政府召开各项工作化解资金链、担保链风险。通过银政企联动,尽全力化解担保链风险。但在经济转型、增速换挡的发展进程中,不少中小企业仍存在严重的资金紧缺问题。但现有融资约束导致融资困难,若无法实现自身企业良好转型,一旦破产,势必影响其他关联企业。

（三）原因分析

造成浙江省金融业与实体经济目前无法实现良好的联动发展的原因是复杂和多方面的,总结起来主要有以下几点:

1.金融资源错配投向偏失

在浙江省产业转型升级的进程中,金融体系的功能无法完全适应实体经济转型升级的要求。具体表现为:金融部门依托贷款形式,通过利率管制压低资金成本,为重资产的制造业和固定资产投资服务;实体经济体系中大量轻资产的现代服务业、科技文化产业、绿色经济产业、海洋经济产业则尚处于金融服务的薄弱环节。此外,储蓄与投资的转化机制不畅,游离于监管体系边缘的民间资金难以通过有效合法的途径参与实体经济运营发展,造成严重的资源错配与浪费,实体经济融资需求得不到满足。

2.实体经济融资结构失衡

浙江省实体经济过分依赖以商业银行为主的间接融资,具有不可持续性。相比间接融资,资本市场尤其是债券市场比例较低。直接融资与间接融资比例失衡,金融风险过多集中于商业银行金融机构体系之中,阻碍了整个金融系统支持实体经济发展的主动性。

3.金融创新脱离实体经济

从理论上讲,金融创新重在以金融体制的变革和金融工具的研发与推广来增添潜在利润,维持一种以盈利动机推动金融持续不断发展的状态。当前,省内金融支持实体经济发展的实效与预期相差甚远,很大程度上源于金融创新帮扶实体的正向效应小于挫伤实体的负面效应,金融创新效益倒置。除了商业银行传统金融业务与创新业务的关系处理不当、契合实体经济发展需要的金融创新缺乏等原因外,股票市场、债券市场、期货市场等基础性产品的发展也远远不足,金融工具的同质化已无法满足实体经济的多样化需求。相反,影子银行体系内脱离实体经济发展需求的非正规金融创新泛滥,徘徊在监管体系边缘的影子银行将资金输入实体经济的同时,也将风险隐患传染给了实体经济的运作。

4.市场优胜劣汰机制缺失

虽然社会融资总量在增长,但真正到位实体经济的融资数量并不多,在金融改革服务实体经济的进程中,市场缺乏良好的优胜劣汰机制。从准入上说,国务院已出台相关规定允许民间资本进入金融领域,推动民间资本开办银行和金融机构,但不同层次的金融市场主体对自身服务实体经济的定位尚不明确,多层次的竞争性格局并未形成。从退出上说,当前扰乱金融秩序的违规违法活动存在于整体金融体系之中,风险不可避免地在传递,甚至波及实体经济的稳定健康发展。而清理退出机制不完善,使得游离于监管体系之外的资金无法及时有序地退出高风险投资领域,实体经济资金注入不到位。

二、兄弟省市金融业与实体经济联动发展的比较分析

(一)从地方法人金融机构数量来看

浙江省通过几年的努力,初步形成了银行、证券、期货、保险、信托、租赁、基金等多种金融机构并存,全国性、区域性、地方性机构协调发展的多元化金融组织体系。但从表2中我们也可以看出浙江金融主体体系所存在的一些主要问题。浙江省金融业的组织体系相对健全,但各机构资本实力不够,无法形成大资本集聚效应。省内证券公司、基金公司等机构与上海、广东等地相比数量明显不足,间接导致省内企业直接融资比重偏低。汽车金融、消费金融公司、货币经纪公司等新型金融公司缺乏,无法把握发展省内相关业务市场份额先机。

表2　四省市地方法人金融机构一览表

	北京	上海	江苏	广东(含深圳)	浙江(含宁波)	浙江(含宁波)位置
政策性银行	3	0	0	0	0	一致
国有银行	4	1	0	0	0	一致
股份制银行	4	1	0	3	1	一致
城商行	1	1	4	5	12	较高
农商行	1	1	51	9	22	较高
村镇银行	9	9	53	23	49	较高
外资银行	9	22	1	5	2	较低

续表

	北京	上海	江苏	广东 (含深圳)	浙江 (含宁波)	浙江(含 宁波)位置
信托公司	3	7	4	5	5	较高
财务公司	34	11	7	15	4	较低
证券公司	18	20	6	23	4	较低
期货公司	20	29	10	23	12	一致
基金管理公司	21	43	0	22	1	较低
保险公司	47	43	5	18	3	较低
金融租赁公司	1	3	1	1	1	一致
汽车金融公司	7	4	0	1	0	较低
消费金融公司	1	1	0	0	0	较低
货币经纪公司	1	2	0	1	0	较低

资料来源:各省市证监局、银监局、保监局官方网站及 Wind 数据库,截至 2014 年 6 月底。浙江(含宁波)的位置指该类金融组织规模发展水平(从数量上看)与浙江省的经济发展水平对比。

(二)从金融开放度来看

上海作为国际金融中心,在外资金融机构落户,国际金融信息交流,集聚大资本、吸引高水平人才等方面都有独特优势。而深圳毗邻香港国际金融中心,深港互通使深圳金融业能借势发展。两个地区的金融业开放度都优于浙江省,致使省内部分金融国际业务需要通过上海、香港渠道,增加交易成本,在国际结算、服务国际贸易等方面缺乏优势。

(三)从地方金融生态环境来看

第一,从金融人才基础来看,金融人才区别于其他行业人才,由于其环境制约,高层次高水平人才只有在大金融大资产市场才更能实现价值,上海在吸引金融高水平国际化人才上有着得天独厚的优势。省内要实现金融产业升级依赖于人才队伍的构建,建立金融人才施展的平台显得尤为重要。

第二,从政策环境来看,上海、深圳依托于两大股票交易所,相比其他省市直接融资市场更加发达;各大交易中心(资产交易中心、黄金交易中心、外汇交易中心)纷纷落户上海;上海自贸区、深圳前海新区的独特政策红利等也使得其拥有浙江省无法比拟的发展先机。

三、浙江省金融业与实体经济联动发展的思路研究

(一)总体思路

我国正处于从要素驱动向创新驱动转轨的时期,伴随着经济发展方式的变化和技术的革新,浙江省的实体经济发展也面临着难题。未来浙江省实体经济的发展在劳动力、土地、资源等要素约束下,必然要遵循发展模式低碳化、产业结构高端化、经济形态网络化和科技创新白热化的发展趋势。"十三五"时期浙江省实体经济的发展要紧紧围绕"八八战略"和"创业富民、创新强省"总战略,坚持龙头企业与中小企业集群"两手抓",以创新驱动产业为主,加速传统产业转型升级,进一步提升高端服务业比重,加强民营经济竞争优势,加快"浙商"品牌企业"走出去"步伐,提高经济开放水平,力争完成实体经济的全面转型。

未来"十三五"时期金融业的发展必须以满足"实体经济在转型过程中衍生的多层次金融需求"为目标,进一步提升金融对实体经济的支持和保障能力。以发展地方法人金融机构为抓手,进一步夯实与实体经济联动发展基础;以"小资本对接大项目、大机构服务小企业"为突破口,进一步提升资金聚合能力和金融服务产业大项目的能级;以创新小微金融、供应链金融、互联网金融为特色,建立金融服务实体经济创新基地;建立金融机构链条化、金融平台系列化、金融工具多样化、金融生态优化与金融监管有序化的金融体系,力争实现实体经济与金融业联动发展,实现"经济金融双转型",促进浙江省经济社会持续平稳健康发展。

(二)重点领域

1. 资本聚合机制

(1)加快区域性股权交易市场发展,优化浙江资本市场结构

支持引导各市场主体在区域性股权交易市场进行适度创新,引导企业发行优先股,推出市政债,推进资产证券化等。探索建立区域性股权交易市场与

三板等市场之间的联动机制,在投资者适当性管理、信息披露、会员管理等业务规则及股份登记托管平台、信息系统标准等方面保持区域性市场与三板等市场的承接性和协同性。发行审核中适度参考挂牌企业过往的信息披露,提高信息披露质量、规范挂牌企业的信息披露行为。研究成立专门服务中小企业的专业券商,鼓励专业投资机构申请专业券商牌照,更好地服务于区域性股权交易市场的发展。积极推进各项财政税收优惠政策,降低市场运行成本,增强市场主体参与的积极性,营造区域性股权交易市场发展的良好环境。

(2)着力发展债券市场,确保债券融资渠道畅通

逐步放宽企业债券的发行管制,简化审批程序,提高发行效率。增加企业债券品种,创新债券融资方式,为中小企业融资提供更多选择。加大企业债券融资工具的宣传推广力度,鼓励符合条件的企业发行短期融资券和中小企业集合债券。放宽无担保债券的投资范围,逐步增加保险资金投资无担保企业类债券的品种。推动市政债券的发行,解决城市建设对资金需求不断扩大的问题。创新债券交易工具,做好债券市场与科技创新、现代农业、社会保障、新型城镇化建设等的对接与服务。支持符合条件的企业在境外发行人民币和外币债券,降低融资成本,为企业海外扩张和并购提供外汇储备。推进债券市场建立统一的信息披露标准、统一的资信评级要求、统一的投资者适当性制度、统一的投资者保护制度。

(3)对接民间资本与实体经济,实现民间资本产业化

逐步打破行业垄断,适当鼓励民营资本进入石油、铁路、电信、电力等垄断行业。降低准入门槛,放宽对民间资本的限制,支持民间资本进入金融、市政公用事业等领域。加强政策扶持,积极培育新兴产业,引导民间资本进入新能源、高新技术产业、战略新兴产业等领域。通过出台《放贷人管理条例》、《民间资本境外投资暂行办法》等相关的管理条例,规范民间资本市场运作。设立地方性互助金融机构引导区域内民间资本转化为多层次金融体系的组成部分。进一步发展和完善民间投资服务体系,民间投资服务体系要充分担当起"为资本找项目,为项目找资本"的桥梁作用,通过吸纳民间资本,促进经济产业转型升级。

(4)推动产业基金、私募股权投资基金发展,服务实体经济转型升级

坚持政府引导市场运作的原则,进一步扩大浙江省海洋产业投资基金和创新强省产业基金规模,继续深入发挥产业基金的"母基金"、"直接投资"、"战略合作"等功能。鼓励设立其他重点行业产业基金、创投基金、债券基金、担保

基金、种子基金、天使基金等在内的多业态投资基金。加快支持私募股权投资基金转型升级,支持条件成熟的私募股权投资基金向大型资产管理公司转型,支持服务海洋经济、战略性新兴产业、基础设施建设等重点行业投资机构的发展。引导私募股权投资基金投资扶持符合产业导向的初创期中小企业,促进天使投资和 VC 投资的发展。建立健全的风险控制机制,防范私募变公募,避免违法机构以募资为借口变相非法集资。

2. 小微企业金融

(1)加强创新小微企业金融服务,提高小微企业金融服务水平

小微企业融资要充分地利用股票市场、公募基金、私募基金、风险投资基金等渠道融资,推动解决小微企业"借不到、借不起、借不长"等问题。银行要根据小微企业特殊属性,在机构体系、产品服务、风险控制方面进行创新,规范利率和收费管理,实施倾斜优惠政策,积极实施产品创新工程,加快专营服务体系建设。鼓励金融机构开发针对小微企业技术改造的信贷新品种,开设小微企业技术改造融资"绿色通道",对重点项目和重点技术改造项目优先给予扶持。大型银行要继续深化改革,发挥网点、人力和技术优势,提高小微企业金融服务效率,切实践行社会责任。中小银行要将改进小微企业金融服务和战略转型相结合,科学调整信贷结构,重点支持小微企业和区域经济发展。新型农村金融机构要进一步加大对涉农小微企业的金融支持力度。鼓励传统金融机构通过互联网优化小微金融服务,电商企业向小微金融领域扩展,第三方支付平台通过网络平台建立 P2P 网络借贷和众筹模式参与小微金融。进一步完善小微企业兼并重组的金融服务,创新发展有利于淘汰落后产能、推动兼并重组的多种融资方式。

(2)推动小微企业信用保证基金实施,破解互保风险扩散难题

建立以政府出资为主,金融机构和其他组织捐资等形式为辅的信用担保基金,实行公开化管理,建立信用保证对象名单,对符合国家产业政策导向的优秀成长型企业进行信用担保。积极推进小微企业的征信体系建设,建立小微企业的征信平台,强化征信平台的信息查询、信用更新、风险预警等功能,实现对小微企业信贷风险早预警、早识别、早处置。

银行对担保链高风险企业进行区分对待,对于主业经营良好、暂时出现资金链紧张,或由于涉及担保、个别银行机构抽贷造成资金周转困难的企业,要尽量做到不抽贷、不压贷、不缓贷,灵活办理企业转贷;对过度融资、杠杆率高引发风险但产品有市场、有品牌、影响大的企业,要采取行政协调、破产和解与重整、司法集中管辖、企业瘦身、市场重组等手段,加大救助力度。充分发挥担

保业、保险业等金融机构的功能,整合金融资源,运用融资担保机制和保险分担机制实现小微企业的信用增级体系。

监管部门需加大监管和支持力度,建立公开透明的监督机制,鼓励担保机构按照现代企业制度要求建立科学的公司治理结构,按照市场化原则,确保担保机构高效运行,采取公开、透明运作方式,及时向社会公众公布业务进展情况;建立信息披露机制,要求担保机构定期向金融管理部门报送财务经营状况,定期向金融管理部门、银行和社会公众公布对外担保总额,确保担保责任控制在有效担保能力之内。

(3)构建小微企业发展的政策环境,维持小微企业发展动力

鼓励民间金融更多地参与小微企业融资,以形成适应不同需求不同层级的金融服务体系。政府应探索设立小微企业贷款风险补偿专项资金,对银行业金融机构发放的小微企业贷款按增量给予适当的补助,因小微企业不良贷款形成的损失给予适度补偿。对于主营小微企业贷款的商业银行,应该适当放宽银行存贷比指标,满足小微企业的贷款需求。此外,监管部门对小微企业贷款应实行信用评级的差异化管理,信贷总量调控的差异化政策,放宽小微企业金融服务市场的进入限制,促进小微企业金融服务的蓬勃发展。加大对小微企业的扶持政策力度,制定可行的减税免税政策,拉动青年创业,激发小微企业创业创新活力。

3. 供应链金融

(1)加快供应链金融的产品创新,拓宽中小企业融资渠道

以市场和客户需求为导向,实现供应链产品的多样化、差异化,进一步挖掘市场潜力,拓宽中小企业融资渠道。通过批量授信获取规模效益,稳定高端客户。鼓励生产企业、科研院所、金融机构就供应链金融产品需求、开发、供给开展合作,开发出各类供应链金融产品满足市场多样化需求。通过整体外包或部分外包的合作形式与供应链第三方综合物流金融中介公司合作,提供全面的金融服务。引导国内外金融机构在浙江省的分支机构开展供应链金融业务,建立相应的业务事业部,配置专业人员,为企业提供专业的供应链金融服务。建设和完善企业信用体系,特别是针对中小企业的信用评级,降低供应链金融产品风险。

(2)加大企业培育力度,提升产业链市场竞争力

针对不同的产业集群、专业市场,通过良好的企业形象和财务管理效能,吸引更多的供应商和经销商,通过企业之间的优势互补,对物流、信息流和资

金流的有效整合,达到强化成本控制、优化资源配置、提升整个产业链在市场的竞争力。强化省属国企等重点企业对供应链的控制力,引导核心企业以自身良好的资信,帮助供应链上下游的中小企业破解融资难、融资贵困境。充分认识供应链金融在缓解企业融资难、融资贵的积极作用,中小企业在加强自身规范运营的同时,主动与金融机构、核心企业等展开对接,不断提高资金周转速度和使用效率,积累信用记录,实现信用增级,树立良好的企业形象。

(3)加强供应链金融风险防控,提高供应链金融服务效率

建立全方位、全过程科学的风险管理制度和操作流程,实现独立完善的风险管理组织体系,使风险管理系统的整体运行更有效率。推进信息化加强供应链风险管控,广泛应用物联网、云计算、大数据分析等高新技术,为完善供应链金融风险管理、防范和评估体系提供技术支持。规避产品市场风险,银行和物流企业应根据市场行情正确选择质押物,并设定合理的质押率。审慎选择授信的供应链群,以供应链群体企业之间良好的合作关系为信用风险管理的主线,将贷前的市场准入作为控制供应链信用风险的第一道防线,事先选择允许开展供应链融资的行业和产品,有效控制供应链信贷业务信用风险。加强内部控制防止操作风险,有针对性地制定严格的操作规范和监管程序,杜绝内部管理漏洞的风险。

(4)营造供应链金融发展的良好环境,促进供应链产业发展

营造公正的法制环境,制定与国际接轨的法律法规,完善合同文本,明确各方的权利与义务,降低法律风险。建立健全社会信用系统以及企业、个人信用登记制度,对恶意逃废债务的企业实施联合制裁。搭建公共金融服务平台,为供应链企业提供全方位、多层次的服务,解决信息不对称问题,促使参与方对业务风险进行识别和有效管理,促进产业集群发展,实现经济发展的规模效应,提升供应链的竞争力。设立贴息资金,通过财政补助和贷款贴息等方式鼓励银行等金融机构加快供应链金融产品创新,提高参与度。金融机构要从相关技术与业务的广度、深度着手,促进参与企业优化营运资本、改善供应链伙伴关系,从而减少企业运营风险,构建稳定、富有竞争力的供应链。

4.互联网金融

(1)加强政策支持,促进互联网金融产业发展

鼓励有条件的企业发展互联网金融业务、申请有关业务许可或经营资质,支持阿里巴巴等大型互联网企业在浙江省设立小额贷款、融资担保、融资租赁、商业保理等新型金融企业。加大对互联网金融企业的支持培育力度,支持

有条件的互联网金融企业进行软件企业、高新技术企业、技术先进型服务企业等方面认定,按照规定享受相关财税优惠政策。拓宽互联网金融企业融资渠道,鼓励社会资本发起设立互联网金融产业投资基金、并购基金,鼓励各类机构投资有发展潜力的互联网金融企业,支持互联网金融企业在境内外多层次资本市场上市(挂牌)。鼓励持牌金融机构向互联网金融领域拓展转型,银行业、证券业、保险业持牌金融机构积极开展互联网金融领域的产品和服务创新,提升金融服务广度、深度和能级。着力培养一批具有创新性、潜力巨大的互联网金融公司,促进网络银行、互联网理财、众筹融资、P2P 网络融资等互联网金融产业集聚发展,打造一个层次分明、监管完善、富有活力的互联网金融产业集聚区。

(2)鼓励互联网金融创新,为实体经济提供金融服务

鼓励互联网金融创新,形成竞争发展格局。以开放的态度看待互联网金融,在浙江省内金融机构探索互联网金融模式的过程中,给予相对宽松的业绩考核环境,助其推陈出新。浙江省虽然缺少大型金融机构的总部,但众多中小机构的优势在于灵活快速,应该鼓励互联网金融企业与持牌金融机构在互联网金融领域进行产品创新、技术创新、服务创新、管理创新和模式创新,在细分领域错位竞争、特色发展,持续提升核心技术水平和综合竞争力。支持互联网金融与电子商务、现代物流、信息服务、跨境贸易等领域融合发展,促进相关行业转型升级。挖掘互联网金融的融资功能,鼓励互联网金融为符合产业导向领域的中小微企业提供多样、灵活的金融服务,为金融体系创新及金融支持实体经济发展创造良好的市场环境。支持更多有实力的高新技术公司和互联网企业依托互联网技术和线上线下资源优势,发起设立或者参与设立第三方支付、移动支付、众筹融资、P2P 网络融资等创新型互联网金融服务机构和平台公司,为实体经济提高金融服务。

(3)加强基础建设,营造互联网金融发展环境

应从行政环境、信息安全环境、信用环境、舆论环境和市场环境等各方面,营造浙江互联网金融产业发展的良好氛围,吸引更多互联网金融机构入驻。制定互联网金融产业的人才引进政策,吸引集聚互联网金融人才。加强互联网金融领域信用体系建设,支持互联网金融企业充分利用各类信用信息查询系统,规范信用信息的记录、查询和使用。完善配套支持体系,鼓励持牌金融机构与互联网金融企业在客户资金存管(监管)、渠道营销、风险控制外包等方面开展深度合作,构建互联网金融产业联盟,促进信息技术手段与金融业务的

融合运用。营造良好法治环境,探索开展互联网金融相关领域地方立法研究,加大对互联网金融企业专利、软件、品牌等知识产权的保护力度。建立互联网金融统筹协调机制,通过联席会议、定期和非定期联谊和合作活动等形式,电商、银行、第三方支付、众筹、P2P、各类创业投资、小贷担保等机构可以充分交流日常工作中遇到的问题与矛盾,讨论政策的未来方向,规避政策风险。

(4)强化风险防控,引导互联网金融规范发展

明确互联网基金销售业务监管边界,强化互联网基金信息披露和风险揭示,把满足投资者决策需求、保护投资者合法权益作为互联网基金信息披露的出发点和落脚点。严厉打击互联网金融领域各类违法犯罪行为。建立互联网金融行业协会,制定自律公约、行业标准,引导互联网金融企业增强合规经营意识、提升风险防控能力。充分发挥第三方机构作用,探索对有关领域互联网金融活动开展监测评估,建立社会力量参与市场监督的工作机制。健全互联网金融风险防控与安全保障机制,针对互联网金融特点,探索建立行业风险监测、预警和应急处置机制。健全互联网金融领域支付安全、信息安全等方面的监管制度、技术规范及标准体系。加强投资者教育和金融消费者权益保护。健全完善相关法律制度规定,规范众筹融资、P2P网络融资等无门槛、无标准、无监管的行业,建立并完善互联网金融的统计调查和风险监测分析体系,针对第三方支付提升其监管制度的法律层级。风险监测分析体系,针对第三方支付提升其监管制度的法律层级。

四、浙江省金融业与实体经济联动发展的对策研究

(一)主要任务

1. 建立链条化的金融机构体系,奠定联动发展产业基础

(1)积极壮大总部金融机构,推进地方金融机构升级,强化金融业服务实体经济发展实力

加快发展地方金融业,通过大力推动符合条件的地方法人银行、期货、信托、证券和保险公司上市。发展壮大一批"浙商系列"总部金融机构,多渠道推进企业上市。加大对地方法人银行的扶持力度,强化监管部门对辖区银行的政策辅导功能,为地方法人银行的发展创造良好政策环境,对通过跨区域发展

能够推动实体经济跨越发展的地方法人银行机构争取政策倾斜,鼓励有能力的银行"走出去"。积极推动各类创投公司的发展,创建一批符合浙江特色的新型金融机构。这方面考虑到审批的便利性,还可通过与全国性银行等机构合作建立衍生法人机构落户浙江,吸引国内外知名的证券基金公司、保险资产管理公司、股权投资管理公司、创业(风投)公司等进驻浙江。积极培育地方保险市场主体,吸引外资保险总公司进驻浙江,鼓励专业保险机构、保险资产管理公司等多种市场主体共同发展。地方金融机构通过整体升级,实现向股权优化、治理完善、内控有效、经营特色突出、具有较强竞争力的现代金融企业跨越。通过积极培育地方金融主体实力,有效引导地方法人金融机构投资,促进实体经济发展。

(2)形成适应多层次需求的银行业机构体系,完善多元化新型金融组织体系,提供多元化产品与服务,满足实体企业多层次融资需求

第一,各类大型银行业金融机构在浙机构要加快推进战略转型,在保持业务总量领先的同时提升服务中小企业的能力,积极引进总行到浙设立各类专营机构、私人银行和消费金融业务中心、后台服务中心,引领浙江金融业的发展。大力推进地方银行业的发展,支持具有较强竞争力的银行立足浙江、面向全国,开展战略性机构布局,积极利用资本市场做大做强;抓住设立民营银行试点开放的契机,推动民营银行的建立,支持一批民营银行打造成为中小企业"伙伴银行";促进地方城市商业银行加快改革发展。进一步强化农信系统服务"三农"的能力,加快发展新型农村金融组织,培育专注"支农支小"的金融服务体系。大力引进具有先进管理经验和金融技术的外资金融机构。设立有限牌照社区银行,扩大银行在城市社区和农村的网点,更好适应城乡居民的需要。抓住电子商务和互联网金融的比较优势,设立网络银行,占领互联网金融制高点。

第二,推进信托投资公司、金融租赁公司和企业财务公司的稳步发展,有效解决企业资金投资管理。积极培育支持创新创业的股权投资机构。加快发展浙江证券基金、保险资产管理、股权投资管理、创业(风投)市场。大力发展民间财富管理机构,积极创设各类产业投资基金、股权投资基金、创业(风险)投资基金、证券投资基金,加快本土机构投资者的发展。进一步增加对浙江省创业投资引导基金的投入,充分发挥其在浙江省创业创新中的引导和孵化作用。

（3）优化金融产业空间布局，实现区域金融协调发展

在省级层面进行合理的发展布局，积极参与长三角区域的金融市场联动、产业整合和管理创新，进一步推动区域金融创新、金融服务的沟通协作，在产品研发与营销、资源共享、风险防范、人才交流等方面加强协作，实现金融资源跨区域的优化配置。主动承接上海国际金融中心建设的辐射和带动作用，争取同步试点、共享政策，实现借势发展和错位发展。在加强杭州长三角区域金融重要地位的同时，形成温州、台州、义乌、丽水、宁波、舟山等区域金融集聚区，高起点制定建设规划，科学安排重点金融项目，尽快形成特色鲜明、功能互补的金融产业集群。这也为实施浙江金融强省战略，打造两个中心即中小企业金融服务中心与民间财富管理中心提供空间支撑，通过规划的引领和重点金融项目的配套，不断延伸和完善金融产业链，大力发展金融领域的设备制造、服务外包、软件产业、人才培训、后台服务和研发等配套产业，为金融机构的集聚发展提供全方位的配套服务。并全面支持区域金融改革进程，适时推广、复制金融改革与创新成果，最终在全省范围内建立涵盖各主要行业的金融机构，满足各种金融需求的金融机构链条。从而在纵向上形成大、中、小金融机构分工并存，横向上形成能够满足企业发展需要的各种金融服务的机构体系。

2. 建立多元化的金融市场体系，提高企业直接融资比重

（1）加大力度培育地方资本市场，为企业提供更多直接融资渠道

借新股 IPO 核准制向注册制变革、新三板市场向全国开放扩容的契机，重点培育一批能直接在主板市场上市的企业，培育一批到中小板、创业板上市的企业，扶植一批在新三板和股权交易中心上市交易的企业，扩大"浙江板块"的影响力；建立主板市场、中小板市场、创业板市场和场外交易市场的转板机制，完善资本市场结构，提高资本市场效率，积极拓展境外融资渠道，吸收境外低成本资金。以市场为导向，在坚持科学审慎和风险可控的情况下，探索建立符合实体经济发展需求和企业融资需求的场外交易市场，推动知识产权、专利、技术以及林权、海域使用权等各类资源合理高效地流转；在改进现有代办股份转让系统运行机制的同时，进一步发展和规范各地的产权交易市场，建立有效的柜台交易制度。为了推动企业面向资本市场融资，要加快企业现代治理结构的改造，推动股权结构的改革，形成普通股与优先股相结合的股权结构。规范资本市场信息披露，避免因信息披露不规范，致使内幕交易、操纵市场、欺诈客户等行为的发生，助长了资本市场风险的生成和扩散，制约着直接

融资比重提高。

(2)着力发展债券市场尤其是企业债券与市政债券市场,为企业提供更加便捷的债券融资方式

积极利用银行间等债券市场,扩大企业通过债券市场募集资金的规模,稳步推进资产证券化,增加中长期企业债券的发行规模。适当扩大长期金融债券的发行,解决商业银行附属资本不足的问题;加大企业债券融资工具的宣传推广力度,鼓励符合条件的企业发行短期融资券和中小企业集合债;放宽无担保债券的投资范围,逐步增加保险资金投资无担保企业(公司)类债券的品种;推动市政债券的发行,解决城市建设对资金需求不断扩大的问题。创新债券交易工具,做好债券市场与科技创新、现代农业、社会保障、新型城镇化建设等的对接与服务。

推进债券市场建立统一的准入条件、统一的信息披露标准、统一的资信评级要求、统一的投资者适当性制度、统一的投资者保护制度。并进一步促进场内和场外市场,银行间及交易所债券市场的互联互通,探索建立跨市场执法机制,逐步建设规范统一的债券市场。

(3)加快金融控股集团建设,鼓励和支持有实力的大企业建立面向科技、农业、航运、消费等产业的大型产业金融集团

充分发挥产业集团资本运作、战略管理等方面的专业优势,实现产融结合、融融联动,同时有效倒逼金融机构改革;鼓励与支持地市建立金融控股公司,优化和发挥地方政府资金的杠杆作用。对产业集团组建金融控股公司,既要按照金融机构特点进行差异化考核,又要建立健全内部稽核制度、关联交易制度等安排,提高内部控制有效性。

(4)加快资产证券化的步伐,有效盘活企业资产

鼓励商业银行、小额贷款公司与金融机构进行信贷资产证券化、企业资产证券化、项目融资证券化,既活跃金融市场,也能实现长期资金与短期资金、固定资金与流动资金、大额资金与分散资金、借贷资金与投资资金的对接和转换。允许贷款机构将部分中小微企业贷款、涉农贷款等高风险资产纳入资产池范围,提升银行的流动性,这将显著提高贷款机构开展中小微企业和涉农贷款的积极性,国家可以提供信用增级和担保;在券商专项资产证券化方面,应鼓励充分利用有潜质的优势中小企业开展资产证券化业务,对于已成熟的证券化资产类型,简化审批,减少交易环节的隐形障碍。

(5)进一步推动私募、基金、财富管理市场发展,加大对战略新兴产业扶持力度

坚持政府引导性母基金和市场化私募股权母基金并举,努力争取国内外主权基金、社保和养老基金、保险资金、大型国企和民间资本参与,进一步扩大杭州产业母基金规模;借鉴联接基金模式,探索杭州产业母基金与省内其他城市政府性母基金的联动发展模式。加快支持私募股权基金转型升级,支持条件成熟的私募股权机构向大型资产管理公司转型,支持服务杭州十大产业和海洋经济、新兴产业、基础设施建设等重点行业投资机构的规模化发展,鼓励其设立包括购并基金、夹层基金、平行基金、天使基金等在内的多业态投资基金。探索扶持私募证券和对冲基金,积极鼓励和引导私募证券、私募期货、量化投资、对冲基金等领域的优秀企业(机构)规范化、规模化发展。

引进一批国际知名的财富管理机构,发挥杭州民间资本集聚、毗邻上海国际金融中心的优势,引进各类创新型财富管理机构,特别是私募金融服务、场外交易平台、财富管理中介等领域,促进财富管理新兴业态发展。支持在杭各类金融机构开展财富管理业务,鼓励产品研发创新,完善产品线和覆盖面,提升财富管理产品供给能力和范围;推动各类金融机构与财富管理机构之间的深度合作,鼓励大型机构为中小型私募基金、资产管理机构等服务,形成财富管理相关机构全行业联动、一站式协同、境内外一体的业务发展格局,优化财富管理产业链和发展生态。支持地方性财富管理机构增资扩股和规范治理;鼓励商业银行开展财富管理业务,争取基金托管、私人银行业务牌照,鼓励信托、证券、保险、基金、期货公司设立资产管理和风险管理子公司;支持大型民营企业依法发起设立中小型银行等金融机构,鼓励本地企业申请以资产管理为主要业务的证券、基金等金融牌照。

3.建立多维度的金融产品体系,满足实体经济多元化融资需求

结合浙江经济社会对金融产品的现实需求情况,可以从现有产融联动发展的产品创新和新兴发展的互联网金融产品创新两个方面切入,满足中小微企业的融资需求,逐步缓解融资难题。

(1)产融联动发展的产品创新

加快引入其产品创新基地、数据后备基地等落户浙江;银行机构产品创新应该更多地创造"实效性"金融产品,服务地方经济发展。例如:探索金融支持就业、住房保障等方面的着力点,实现有地方特色的民生金融模式;以党的十八大提出实现居民收入倍增计划为基础,引导金融机构开展金融创新,发展现

代化地方财富管理体系,满足不同层面人群的投资需求,为居民增加财产性收入提供金融支持;借鉴国外经验推动新型消费金融产品和服务创新;加快担保方式创新、抵押资产创新、混合交叉创新,扩大集供应链金融、仓储金融、物流金融为载体的贸易融资创新,打破以房地产为抵押的传统银行融资束缚;推动联合担保、有限联保、风险池担保、再担保等为载体的担保方式创新,缓解担保圈、资金链难题;扩大信用放款、展期放款,摆脱"贷新还旧"困境;发展与浙江经济转型密切相关的海洋经济、战略性新兴产业等领域的新型金融业务,拓宽海洋产业融资渠道,培育航运金融特色,推动设立海洋产业投资基金,开展海域使用权抵押贷款、海洋渔业保险、航运融资与保险、渔业信用保证基金等海洋金融服务。提升金融服务水平,激发小微企业和"三农"活力。切实把央行支持的优惠准备金率、支农再贷款、支小再贷款、再贴现和金融债等货币政策工具用好用活,切实把各项利好的金融监管政策落实到位,使更多信贷资金流向小微企业和"三农"。

(2)互联网金融产品创新

探索利用互联网等新载体的比较优势,加快建立网络银行,抢占互联网金融高地。从丰富互联网金融参与主体的角度,鼓励大型国有企业、地方法人银行机构积极开展互联网金融业务。鼓励保险、证券等其他金融行业探索交叉领域互联网金融产品异质创新,利用阿里巴巴上市机遇,聚集大资本打造互联网金融生态圈。同时,积极探讨互联网金融的对外开放,吸引部分有成功经验的国外互联网金融机构来浙开展业务,形成国有资本、民间资本和外资相互竞争、共同发展的和谐格局。

4.建立多层次综合服务平台,优化联动发展生态环境

(1)搭建省级信用信息平台,加快推进跨部门信息整合,提高金融服务实体经济效率

建立涵盖企业有关的工商、财政、税务、环保、海关、法院、公安、电力、水务、产权登记等信息的信息系统,全面推动省级信用信息平台及其与地方共建、共享工作。鼓励和支持地方在省级信用信息平台基础上全面推广应用,着力破解信息不对称难题。金融机构提高与担保公司业务的合作层次,建立健全信息交换机制,维护双方的合法权益。探索建立民间信用服务体系,推动政府、人民银行和民间三大征信体系协调互通,实现银行信息、社会信息与交易信息有效对接,构建"民间互信、企业诚信、银行守信"的良好社会信用环境。

(2)建立金融发展协调机制,营造良好联动发展生态环境

继续深化政府、银行和企业三方的紧密合作,各级政府有关部门要主动搭

建项目对接、银企合作平台,实现信贷政策与产业政策的有效衔接。加快推进地方投融资平台的整合、创新发展,增强地方政府的投融资能力。积极推进监管合作和信息共享平台建设,建立政府、企业、银行和司法四位一体的风险防控机制。建立健全金融维权"绿色通道",引导银行业金融机构牢固树立社会责任意识,建立地方金融与地方经济融合联动发展的合作机制。

(3)创新地方金融政策法规环境,营造金融服务实体经济先行先试的环境

在国家政策和法律允许的范围内,根据浙江省金融发展实际需要,积极制定促进地方金融发展的地方法规,为我省金融市场和金融机构的发展积极构建良好的政策法规环境。努力营造金融创新的政策环境,积极向国家争取创新型金融组织、金融市场和金融创新业务的先行先试,鼓励金融机构积极开展组织创新、业务创新和金融产品创新,打造全国先行的"金融创新试验区"、"民间融资规范发展示范区",力争使浙江省的金融改革和政策创新走在全国前列。

尽快制定和颁布一系列地方性金融法规及其实施细则,对立法环境尚不成熟、近期不适宜立法的有关金融业,研究制定过渡性规定;对原颁布的有关立法规定、制度进行清理,对不适宜的条款进行废除或修订,确保地方金融改革和创新在法律框架下顺利进行。

(4)强化人才支撑,实施金融人才培养工程,为金融业与实体经济联动发展提供人才储备

推进地方金融研究和金融创新人才培养,建设一流的金融创新研究基地、金融创新示范基地、金融创新人才培养基地。建立人才引进考核评价机制和激励机制,加大各层次金融人才的引进力度,提高人才国际化水平;建立高素质人才库,大力引进高层次金融研究、创新、技术、市场和资本运作等方面的专业人才;鼓励区域金融中心城市设立金融人才发展专项资金,制定金融人才工作计划,对引进的金融人才给予生活、工作等方面的优惠待遇,加大对地方金融业发展的人才保障。

(二)政策保障

1. 优化经济结构,提升联动发展的战略性

(1)助推国家战略落实

大力促进海洋经济、国际贸易等重点项目与金融机构对接,通过改制组建专门服务重点项目的金融机构以及专业部门,研发专门服务该项目信托产品、

融资租赁等金融服务,拓宽重点项目的融资渠道,加速国家战略的落实。鼓励有条件的银行、保险、券商等金融机构在"一带一路"沿线国家和地区进行业务、机构布局,为浙江企业参与"一带一路"国家战略提供必要的金融支持和保障,促进沿线国家与浙江省实体经济的合作发展。

(2)助推集群经济发展

继续支持浙江省11个重点产业、14个产业集聚区、42个现代产业集群转型升级示范区和40个服务业集聚示范区建设。优先支持国家重点在建、续建项目,确保国家已经批准开工的在建水利、铁路、重大装备等项目资金需求,加大对省重大工业项目建设的信贷投入,加大支持战略性新兴产业力度。根据实际资金需求,为项目提供合理期限、品种的服务。

(3)助推新兴产业发展

进一步探索科技支行、科技保险等模式,加强对科技型小企业的支持,创新适合科技型小企业发展的产品和服务。加强与环保部门合作,推动绿色信贷、绿色保险等业务,推进企业节能环保。切实加强对优质高效能企业及技术改造"双千工程"、技术创新赶超工程的支持,有序退出"两高一剩"①等低效企业。

2. 坚持支农支小,加强联动发展的针对性

(4)强化金融机构支农支小定位

鼓励金融机构完善县级、村级及以下网点建设。支持金融机构以社区、中心镇、产业园区和新农村人口集中村为重点突破口完善物理网络建设,并重发展物理网点与自助渠道。充分发挥新型金融机构的主体作用,积极协助企业办理土地证、房产证等,为企业办理抵押贷款提供便捷、高效服务。

(5)稳步推进支农支小金融机构建设

支持农信社股份制改革先行试点,通过引入省内国资及优质民企、战略投资者参股,进一步优化股权结构,鼓励试点县农商行在县域范围内向中心镇、空白区域延伸布点。支持小额贷款公司创新发展,在金融创新示范县先行试点,优先增加中心镇和小城市的小额贷款公司数量,鼓励试点县小额贷款公司在拓宽资金来源、开发小额贷款技术等方面进行创新发展。支持开展村镇银行、农村资金互助等新型农村金融组织试点。

---

① "两高一剩"是指高污染、高耗能和产能过剩。

（6）开展涉农及小微企业金融产品创新

积极开展"三权"抵押试点，鼓励农民利用土地承包权、农村宅基地、集体资产股份进行出让、租赁、入股，增加农民土地流转、房产出租和投资分红等收益。加大对科技型小微企业信贷支持力度，积极探索科技专利质押融资业务、科技保险等创新金融产品。

3.支持创新产业，加速实体经济转型

（7）强化配套支持

完善国家资助创新示范区和国家级高新区建设金融配套体系；加大对高技术产业、战略性新兴产业和现代服务业企业以及企业技术改造、科技创新和成果转化的金融支持力度；为优质企业海外并购提供融资和顾问服务，推进实体经济产业结构调整和转型升级。政府主导，在全省范围内建立中小企业信用保证基金试点，形成政策性和商业性有机结合的中小企业信用担保新制度，帮助企业信用增级。

（8）增加投融资渠道

以产品创新引导民间资本规范运用，引导社会大额资金有序流动、更好服务于实体经济。积极培育支持创新创业企业发展的股权投资机构的稳步发展，积极创设各类产业投资基金、股权投资基金、创业（风险）投资基金、证券投资基金，加快本土机构投资者的发展。进一步增加对浙江省创业投资引导基金的投入，充分发挥其在浙江创业创新中的引导和孵化作用。

（9）发展互联网金融

大力发展包括第三方支付、P2P、股权型网络融资机构等在内的新兴互联网金融主体。利用互联网金融优势，积极引导社会资本投资科技型中小企业，对符合条件的初创期科技型中小企业，提供有力金融支持。

（10）支持传统产业转型升级

鼓励和引导银行业金融机构加大对优势传统产业转型升级的信贷支持力度，对产能过剩行业区分不同情况实施差别化信贷政策。对实施产能整合的企业，通过探索发行优先股、定向开展并购贷款、适当延长贷款期限等方式，支持企业兼并重组。对属于淘汰落后产能的企业，通过保全资产和不良贷款转让、贷款损失核销等方式支持压产退市。

4.支持总部经济,强化联动发展的实效

(11)支持总部经济发展

加大对高端服务业发展的支持力度,积极培育高新科技企业成长,为海洋经济发展、国际电子商务中心建设提供配套金融支持。通过大力推动符合条件的地方法人银行、期货、信托、证券和保险公司上市,发展壮大一批"浙商系列"总部金融机构,多渠道推进企业上市,积极推动各类创投公司的发展,创建一批符合浙江特色的新型金融机构,加强浙江省总部经济实力。创新金融服务产品,根据总部企业特点,提供个性化整体服务方案。

(12)支持浙商回归创业

加强和商会等组织的联系,加大对省外、海外浙商回归创业的支持力度,特别是支持浙商回归投资 12 个重点领域和 9 大战略性新兴产业。采取供应链融资、并购融资、地方资本市场挂牌等多种融资方式,为浙商境内外贸易和投资提供相关金融产品与服务,为浙商创业创新提供配套金融服务。

分报告六

"十三五"时期浙江省人口变化新特点及其应对策略研究

目 录

【报告执笔人：姚引妹、尹文耀、李 芬】

人口是经济社会建设与发展的基础。本报告对浙江省人口现状及特点，"十三五"期间及至 2030 年人口发展趋势，未来人口变动对浙江经济社会发展的主要影响进行分析，并提出应对策略，为省政府及相关部门制定"十三五"及今后 15 年经济社会发展总体规划及专项规划提供人口信息和规划依据。

一、浙江人口现状

（一）总人口增速下降，户籍人口增速快于常住人口

2013 年底，浙江常住人口达到 5498 万人，户籍人口为 4826 万人，比常住人口少 672 万人。

从年均增长率看，"十二五"前三年（2011—2013 年）常住人口年均增长率为 0.31％，比"十一五"时期（1.76％）下降 1.45 个百分点，说明常住人口增速减缓。户籍人口"十二五"前三年时期年均增长率为 0.49％，略低于"十一五"时期（0.63％）的水平，但快于同期常住人口的增速。

（二）人口平均预期寿命接近世界发达地区平均水平

根据 2010 年第六次人口普查的数据，浙江常住人口出生时的平均预期寿命为 77.73 岁，其中男性为 75.58 岁，女性 80.21 岁，与世界发达地区平均预期寿命 77 岁，其中男性 74 岁、女性 81 岁的平均水平基本一致[1]，高于世界较发达地区男性 72 岁、女性 79 岁的平均水平。

（三）人口老龄化加速，区域不均衡

根据省统计局《2013 年浙江省人口变动抽样调查主要数据公报》资料，2013 年，全省 65 岁及以上常住老年人口已达到 563.9 万人，占总人口的 10.26％，比 2010 年上升 0.92 个百分点，居全国第 15 位[2]。65 岁及以上户籍

---

[1] 美国人口咨询局：《2010 年世界人口数据表》。
[2] 根据国家统计局编《中国统计年鉴 2014 年》资料，浙江 65 岁及以上老年人口占总人口的比重为 9.2％，低于全国平均水平，列全国第 15 位。

老年人口为 594.84 万人,占总人口的 12.35%[①],比 2010 年的 11.20%上升 1.15 个百分点。

分城乡看,农村老年人口规模大于城镇。2013 年底,浙江 60 岁及以上 897.83 万人户籍老年人口中,生活在农村的老年人口 608.48 万人,占全省老年人口总数的 67.77%,生活在城镇的老年人口 289.35 万人,只占 32.23%。

分区域看,人口老龄化程度"北高南低",老化速度"北快南慢"。2013 年,浙北地区[②] 60 岁及以上户籍老年人口为 497.66 万人,占全省老年人口的 55.43%;从老龄化程度高,浙北地区为 20.45%,高于浙南地区 3.68 个百分点;从老龄化的速度看,2010—2013 年,浙北地区 60 岁及以上户籍老年人口年均增长率为 4.78%,高于浙南地区 0.84 个百分点。

(四)从业人口由高速增长向低速增长转变

自 21 世纪以来,浙江省从业人员规模一直呈增长趋势,由 2000 年 2726.09 万增加到 2013 年的 3708.73 万,13 年间净增 982.64 万,年均增长率为 2.40%。其中 2000—2009 年为高速增长阶段,9 年间从业人员规模共增加 865.89 万,年均增长率达到 6.72%。2010—2013 年则为低速增长阶段,3 年间共增加 72.71 万,年均增长率仅为 0.66%。从业人员的增长变动与浙江产业结构调整密切相关,2009 年是浙江产业结构调整与升级的转折点,以劳动密集型产业为主导的经济增长模式遭遇到发展的瓶颈。

(五)人口受教育程度明显提高

2010 年我省 6 岁及以上人口中具有大学专科及以上程度人口达到 507.85 万人,比 2000 年增加了 361.06 万人,平均受教育年限为 8.6 年,比 2000 年提高了 1.2 年。

(六)人口由净流入转为净流出,但外来就学人口增长加快

2011 年至 2013 年,浙江常住人口由 5446.51 万增加到 5498 万人,3 年增加 51.49 万人,而同期人口自然增长 72.38 万人,说明人口出现净迁出,年均

---

① 浙江省老龄工作委员会办公室,"浙江省 2013 年老年人口和老龄事业统计公报",2014—1—22。

② 浙北地区包括杭州、宁波、嘉兴、湖州、绍兴、舟山六市,浙南地区包括温州、金华、衢州、台州、丽水五市。

净迁出人口大于 8.57 万人。流动人口平均受教育水平较低,2010 年浙江省 6 岁及以上流动人口的受教育程度以初中为主,人均受教育年限 8.6 年,低于全国 9.6 年的平均水平,仅高于新疆,与西藏持平,并列倒数第 2 位。

2013 年,进城务工人员随迁子女在校生增加到 139.76 万人,占义务教育在校生的比重提高至 28.07%,比 2008 年上升 11.53 个百分点,其中小学在校生为 111.89 万人,占 80.06%,初中在校生为 27.89 万人,占 19.94%。

(七)人口城镇化水平高,居全国省区第 4 位

2013 年,浙江人口城镇化水平达到 64.00%,列全国各省(京津沪三大直辖市除外)城市化水平的第 4 位,仅次于广东省(67.76%)、辽宁省(66.45%)和江苏省(64.11%)。

二、未来浙江人口变化新趋势

(一)预测参数与方法

1. 基础数据

单独两孩政策下人口预测需要的基础数据是:一是 2005 年全国 1‰人口抽样调查抽样数据(光盘);二是 2010 年全国第六次人口普查资料;三是浙江省统计局历年抽样调查的总人口、出生率、死亡率。

2. 预测参数

死亡参数:根据浙江省 1982 年、1990 年、2000 年、2005 年、2010 年人口普查或 1‰人口抽样调查所得分性别的预测寿命为基础,用最小二乘法建立对数模型,预测未来分地区分城乡分性别的预测寿命,并用迭代法,将其转化为分性别年龄的死亡概率。

生育率参数:本研究的妇女的生育水平,不是主观设定高中低三种方案,生育水平是一个随着终身政策生育率和群众的生育意愿、城市化水平、独生子女及非独生子女家庭年龄分布及所占比重变化而变化的,因而是随时间动态变化的。主要根据 2010 年普查补充汇总数据,通过计算获得浙江分城乡、分农业和非农业人口的政策实现比,进而估算未来可能的生育率参数,且生育模式

也随城镇化水平的提高不断变化。

迁移参数:依据 2011—2013 年省统计局人口抽样调查得到的总人口、出生率、死亡率和人口平衡方程式推算出各年净迁入人口;依据 2000—2013 年我省城镇人口比重建立逻辑斯蒂曲线模型,预测未来城镇化水平,进而用总和迁移弹性预测总和迁移率、分年龄净迁移概率。这样就形成了随城镇化水平提高而动态变动的分年龄净迁移概率。

出生性别比参数:根据 2010 年人口普查资料得到的高出生人口比(100∶118),考虑到对出生性别比的治理,以后每年逐年下降,到 2030 年回到 100∶108 的水平。

3. 研究方法

首先,利用多龄婚配概率法(李芬等,2011),预测"双独"、"单独"、"双非"夫妇数。其次,利用堆积夫妇生育释放的分年龄、分孩次预期生育模型,预测堆积夫妇生育孩子数(姚引妹等,2014)。再次,用分孩次生育模式、分孩次的终身政策生育率,预测实施"单独两孩"政策后,"双独"、"双非"及非堆积的"单独"夫妇生育的孩子数。

(二)未来人口规模变动新特点

1. 总人口先增后减,2027 年达到峰值

在单独两孩政策下,按中迁移和实际可能生育(以下无特殊说明同),浙江常住总人口从 2015 年初的 5539 万人增长到 2020 年底的 5642 万人,增加约 103 万人,年均增加约 34 万人。总人口将在 2027 年达到 5706 万的峰值后开始下降。到 2030 年,总人口下降为 5698 万人,和 2013 年比将增加 200 万人左右(详见附表1)。

"十三五"时期,浙江流动人口为净流出。从 2016—2020 年,5 年人口净流出约 26 万人,年均流出约 5 万人左右。同期人口自然增长将增加约 146 万人,年均 29 万左右。所以,人口总量增长将由迁移流动为主转为自然增长为主。

2. 0~15 岁少儿人口规模增加,比重略升

单独两孩政策的实施,出生人口将略增。从 2013 年的 53 万人,预计 2015 年达到 66 万人左右的最大值(详见附表2)。"十三五"时期,年均出生约 60 万人,比"十二五"时期年均增加约 2 万人,2035 年以后将基本稳定在年出

生 37 万～40 万人之间。出生人口的增加,使浙江 0—15 岁少儿人口比重将从 2015 年的 14.68％提高到 2020 年的 15.45％,此后缓慢下降,到 2029 年下降当前的水平 14.69％(详见附表 3)。

3.义务教育学龄人口 2028 年达到峰值,城镇升农村降

单独政策使各级学龄人口有所增长,时间上继起。2014 年单独两孩政策的实施,使不同年龄规模都有不同程度的增加,但是增加的过程不同步,在时间上具有继起性。见图 1。

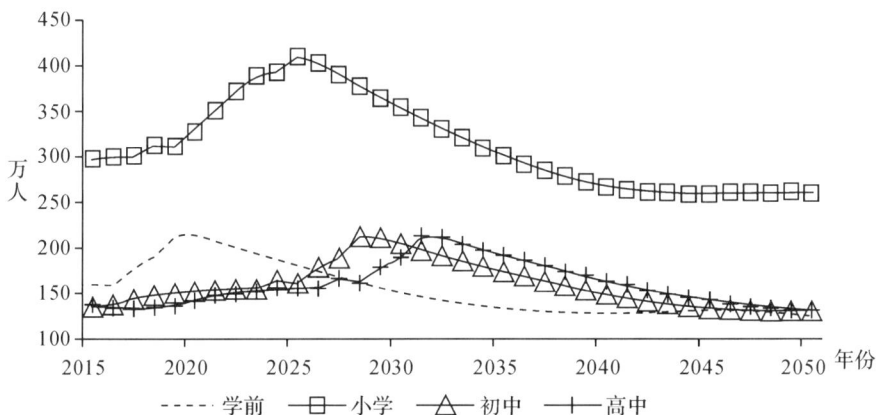

图 1　浙江省幼儿园及学龄人口中长期变动趋势

学龄前儿童的峰值出现最早,峰值在 2020 年,人口为 182 万人左右。"十三五"时期,学龄前儿童从 2015 年的 154 万人左右增加到 2020 年的 182 万人,新增 28 万人左右,年均增加 5.6 万人左右,增长速度最快(详见附表 6)。

义务教育学龄人口在 2028 年达到峰值 517 万人,其中小学学龄人口峰值比学龄前儿童后移 3 年,在 2025 年人口为 355 万人。"十三五"时期,小学学龄人口从 2015 年的 300 万人左右增加到 2020 年的 312 万人,新增 12 万人左右,年均增加 2.4 万多人;初中学龄人口从 2015 年的 136 万人增加到 2020 年的 154 万人,新增 18 万左右,年均增加 3.6 万人(详见附表 6)。

高中学龄人口呈波动状态,峰值在 2032 年,学龄人口分别为 185 万人。"十三五"时期,高中学龄人口从 2015 年的 138 万人左右先降后升,到 2020 年回升到 143 万人,新增仅 3 万人左右。

高等教育学龄人口的峰值在 2035 年,学龄人口为 246 万人。"十三五"时期以下降为主,从 2015 年的 236 万人下降到 2020 年的 173 万人,减少 62 万

人,年均减少 12.5 万人。

学龄人口城镇增长,农村下降。"十三五"时期,城镇幼儿园适龄人口人数呈直线增长。2015 年初城镇幼儿园适龄人口近 96.2 万人,到 2020 年上升到 133.9 万人左右,五年增加 37.7 万人左右,均值为 153.8 万人(详见附表 7)。

义务教育适龄人口呈快速增长之势。城镇义务教育适龄人口从 2016 年年初的 271.3 万人左右增加到 2020 年峰值人口 305.1 万人,五年平均人口为 290.5 万人左右,年均增加 6.8 万人左右。其中初中适龄人口增长速度略快于小学。2016 年年初,小学和初中适龄人口分别为 187.8 万人和 83.5 万人,2020 年增长到 205.5 万和 99.6 万人,比期初分别增加 17.7 万和 16.1 万人,五年均值分别为 197.1 万人 93.4 万人,年均增加 3.5 万和 3.2 万人。

城镇高中适龄人口呈稳定增长态势。2016 年初,城镇高中适龄人口为 87.7 万人左右,2020 年上升到近 94.3 万人,5 年增加 6.5 万人。

城镇大学适龄人口呈持续下降态势。2016 年初,大学适龄人口约 162.2 万人,此后持续下降,到 2020 年下降到 124.8 万人,5 年减少 37.5 万人,年平均人口为 131.7 万人。

浙江省农村各级学龄人口皆呈快速下降态势。"十三五"时期,幼儿园适龄人口持续下降。从 2016 年初的 58.2 万人下降至 2020 年的 48.5 万人,五年减少 9.7 万人,年平均人口为 54.3 万人。

义务教育学龄人口呈小幅波动状态。2016 年初义务教育学龄人口为 164.3 万人,到 2018 年上升为 165.5 万人,2020 年又下降为 160.5 万人,年均人口 162.6 万人。其中小学适龄人口下降。从 2016 年初的 111.9 万下降至 2020 年的 106.5 万,五年减少了 5.7 万人,年平均人口为 107.7 万。初中适龄人口呈略增之势。2016 年初,初中学龄人口为 52.4 万人,到 2020 年增长到 54.3 万人,年平均人口为 54.9 万人。

高中适龄人口总体稳定略有波动。2016 年初高中学龄人口为 50.0 万人,2020 年则下降至 48.9 万人。年均人口为 47.1 万人。大学适龄人口持续下降。2016 年初大学学龄人口为 73.3 人,到 2020 年下降为 48.3 万人,年均 54.4 万人。

4.劳动年龄人口规模、比重均持续下降

未来一段时期浙江劳动年龄人口呈持续加速下降态势。若劳动年龄人口按 16—59 岁国内标准,浙江由 2015 年的 3826 万降至 2020 年的 3687 万人,再减少至 2030 年的 3199 万。其中,2015—2020 年,劳动年龄人口减少 139

万人,年均下降 0.74%;到 2030 年进一步减少 488 万,年均减少 1.41%。在单独两孩政策下,劳动年龄人口规模持续下降的趋势已不可逆转(详见附表 4)。劳动年龄人口比重已在 2011 年达到峰值 71.4%。此后呈逐年下降态势。"十三五"期间,劳动年龄人口比重由 2015 年的 69.1% 下降到 2020 年的 65.3%。到 2030 年下降为 56.1%。到 2040 年前后,将出现"两个一半左右"现象:即劳动年龄人口占总人口一半左右,年轻劳动力占劳动年龄人口一半左右。

若劳动年龄人口按 15—64 岁国际标准,浙江 15—64 岁劳动年龄人口变化趋势如同 16—59 岁,只是由 2015 年的 4176 万左右降至 2020 年的 4053 万人左右,再减少至 2030 年的 3767 万人(详见附表 5)。从劳动年龄人口比重看,虽然峰值已过并开始下降,但是 2015 年劳动年龄人口所占比重为 75.4%,比国内标准高 6.3 个百分点,到 2020 年,高 6.5 个百分点,2030 年高 10.0 个百分点。从这点分析,延迟退休年龄,可以提高劳动力供给,有助于缓解劳动力短缺现象。

5.老年人口规模在本世纪中叶前持续上升

(1)老年人口规模持续扩张,50 年代达到峰值

本世纪 50 年代前的老年人口已出生,因此,未来出生人口变化对 2050 年老年人口总规模关系不大,但由于人口惯性作用,老年人口规模将持续上升。

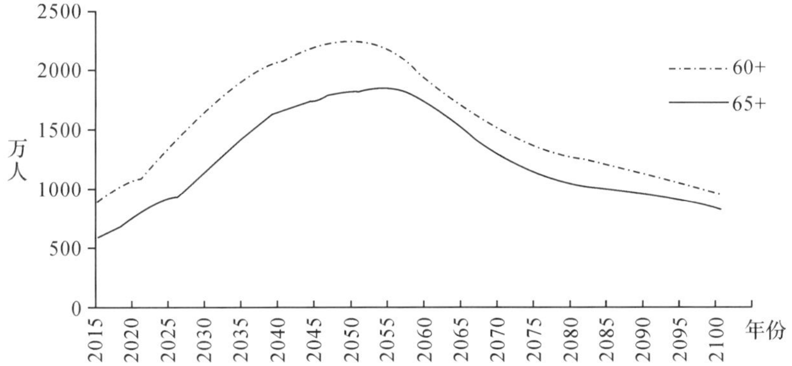

图 2 60 岁和 65 岁及以上老年人口规模发展态势

60 岁及以上老年人口在 2050 年达到最大规模 2322 万人左右,随后趋于下降。其中"十三五"时期,老年人口由 2015 年的 900 万增加到 2020 年 1084 万人,共增加 184 万人左右,年增约 37 万人;到 2030 年进一步增加为 1679 万人。

65 岁及以上老年人口在 2055 年达到最大规模 1907 万人左右,随后趋于下降,峰值年比 60 岁及以上老年人口推迟 5 年,变化趋势与 60 岁及以上老年人口基本相似。其中"十三五"时期,老年人口由 2015 年的 595 万增加到 2020 年 767 万人,共增加 173 万人左右,年增 34 万人以上;到 2030 年进一步增加为 1174 万人。

(2)老年人口比重将呈单边上升趋势

60 岁及以上的常住老年人口比重,将由 2015 年的 16.2% 上升到 2020 年的 19.2%,年均提高 0.6 个百分点;到 2030 年老年人口比重提高到 29.5%,和 2020 年相比,年均提高约 1.0 个百分点。65 岁及以上的常住老年人口比重从 2015 年的 10.7% 上升到 2020 年的 13.6%,2030 年的 20.6%,年均上升分别为 0.6 和 0.7 个百分点。

(3)农村人口老龄化程度比城镇严重

老年人口比重持续升高是城乡人口发展的共同趋势。但劳动年龄人口更大程度地在城镇集中,使农村老年人口比重比城镇更高,老龄化程度农村比城镇更严重。2015 年,农村 60 岁及以上常住老年人口的比重为 22.6%,到 2020 年提高到 27.7%,到 2030 年进一步上升到 41.9%。老年人口比重峰值出现在 2049 年,达到 53.5%,此后开始下降。城镇 60 岁及以上常住老年人口比重低于农村,2015 年为 12.6%,到 2020 年,上升到 15.1%,到 2030 年提高到 24.7%。老年人口比重峰值出现在下半世纪,到 2055 年,老年人口比重达到 45.1%。

(4)人口老龄化速度将经历快速增长到重度发展

研究表明,到本世纪 50 年代,浙江老年人口增长速度将经历高速—低速—高位高速—高位低速等四个阶段。

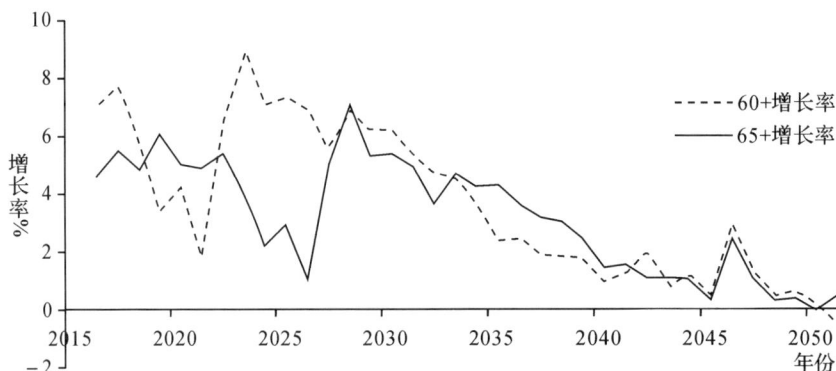

图 3 60 岁和 65 岁及以上老年人口增长率变化

第一阶段:2015—2018 年,老年人口增长率处于高增长阶段,60 岁及以上常住老年人口年均增长率高达 4.9%。

第二阶段:2019—2021 年,老年人口因三年自然灾害人口低出生,导致老年人口低增长率,老年人口年均增长率下降为 2.2%;与第一阶段相比,老年人口年均增长率下降 2.7 个百分点。

第三阶段:2022—2034 年,老年人口增长速度再次加速,年均增长率提高到 4.4%;与第二阶段相比,老年人口年均增长率上升了 2.2 个百分点。这是我省第二高峰老年人口增长速度。

第四阶段:2035—2050 年,人口老龄化程度处于高位水平,老年人口增长速度减缓,处于高位低速增长阶段,年均增长率下降为 1.3%,但老年人口总量仍在增长。

(5)高龄老人规模不断增加

全省 80 岁及以上高龄老年人口从 2015 年的 140 万人增加到 2020 年的 161 万人左右,年增 4 万左右,到 2050 年增加到 646 万人,2056 年达到峰值 722 万人左右。此后高龄老人规模呈逐步下降态势。

全省 80 岁及以上常住老年人口占 60 岁及以上老年人口的比重先降后升,将从 2015 年的 15.6% 下降到 2020 年的 14.9%,到 2025 年下降到低谷 13.2%,此后开始缓慢回升,到 2030 年回升到 14.4%。2035 年呈加速态势,到 2050 年上升到 27.8%。

6.人口总抚养比持续快速攀升

浙江人口的总抚养比当前处于较轻的时期。随着老年人口规模和比重持续升高。按国内标准(劳动年龄人口为 16~59 岁),浙江常住人口总抚养比也呈持续升高态势 2015 年,总抚养比为 44.8%,到 2020 年,提高到 53.0%(相当于不到两个劳动年龄人口负担 1 个老人或小孩),2030 年突破达到 78.2%。若按国际标准(劳动年龄人口为 15~64 岁),浙江常住人口的总抚养比也呈持续升高态势:2015 年为 32.6%,2020 年上升到 39.2%,2031 年突破 50%(相当于两个人负担 1 个人)。

7.流动人口规模小幅波动

(1)人口流动呈小规模净流出趋势

"十三五"时期,浙江人口流动将进入小幅度净流出阶段。人口净流出规模由 2015 年的 11.8 万人下降到 2020 年的 2.0 万人,2023 年始,流动人口又呈小幅度净流入趋势,由 2023 年的 0.2 万人上升到 2030 年的 2.3 万人。

浙江人口流动以小规模净流出为主,其判断依据如下:

第一,"十三五"时期,浙江仍处于经济结构调整与产业升级的关键阶段,其调整路径由劳动密集向资本密集、技术密集与知识密集转变,调整方向从低端产业向高端产业变迁,高端制造业、高新技术产业与生产性服务业将获得较大发展。产业结构转型升级必然带来就业结构的调整,目前浙江就业增长率最高的三个行业分别是租赁和商务服务业、科学研究和技术服务业、房地产业,满足传统低端制造业的劳动力需求有所下降,导致以低技能劳动力为主体的流动人口逐步流出。

第二,中西部地区经济增长的加快,将进一步加速省外劳动力的回流。东部沿海地区(含浙江)经济增长趋缓、生产要素价格不断上升,为中西部地区承接东部地区劳动密集型制造业的转移提供了契机。随着地区投资环境的改善,以及内地市场重要性的提升,中西部地区经济增长动力增强,劳动力需求扩大,就业机会增多,工资水平上涨,中西部地区劳动力回流的趋势日趋明朗,规模还在逐步扩大。

第三,进入 2020 年,浙江的城市化水平将达到 69%,此后城市化水平增速度趋缓,浙江农村人口流出量下降。另一方面,随着经济结构调整与产业升级的完成,只要浙江经济保持现有的增长速度,浙江仍将是吸纳劳动力的主要区域,届时省内农村劳动力转移基本完成,流动人口净增量将出现小幅度增长。

(2)人口流动浙南以流出为主,浙北保持人口净流入

从省内不同地区看,随着外向度高、附加值低、位于全球价值链低端的传统产业进入转型升级阶段,劳动密集型产业比重高的浙南地区人口流出趋势仍将持续,而浙北地区第三产业以及新兴产业比重高,人口集聚效应会进一步增强,人口流动仍以流入为主。

(3)农村地区以流出为主,城镇地区以流入为主

分城乡看,全省城市化水平仍将进一步提升,由 2015 年的 65.0% 增加到2020 年的 69.0%,农业劳动力继续转移到非农产业,农村人口净流出将从2015 年的 44.5 万人减少到 2020 年的 28.2 万人。由于城镇化水平逐渐趋向成熟,农村人口流出速度也趋于平缓,2030 年农村人口净流出规模减少到13.6 万人。另一方面,城镇仍是人口流入的主要地区,人口集聚效应进一步加强,但人口流入速度逐渐减慢。城镇人口净流入规模由 2015 年的 32.7 万

人减小到 2030 年的 15.8 万人。

（4）流动人口转向举家迁移流动和长期居住

"六普"资料显示,浙江人口流动模式已由单独一个劳动力流动向家庭化流动转变,不仅流动人口中儿童比例上升,大批儿童随父母来到城市生活,而且随迁老人也开始增多,而且,有 34.31% 流动人口离开户籍地长达 4 年及以上,呈长期居住的趋势。"十三五"时期,流动人口家庭化、常住化的趋势将不断增强。

三、浙江人口变动对经济社会发展的影响

（一）总人口增长会加大资源环境的压力

浙江省是资源小省,不仅土地资源、水资源短缺,而且矿物能源和矿物工业原料资源极度匮乏。随着人口总量的增加,人均资源占有量将进一步下降。虽然区域人口不是一个封闭的系统,所需的能源及其他矿产资源可以通过市场渠道从外部得到增补,但是在全球资源争夺日趋激烈的背景下,对外部的依赖性越强,资源供给的风险也就越大。而且,随着产业和人口的集聚,经济的发展,不仅会加大资源消耗量,而且必然加大"三废"的排放量,这无疑会给本已脆弱的生态环境增加压力。

（二）浙江仍处于"人口红利"期,应抓住机遇发展经济,实现经济起飞

国内外的经验已经证明,人口抚养比越小,社会负担越轻,对经济发展越有利。尽管少儿人口和老年人口均被定义为被抚养人口,但两者的经济含义是不同的。少儿人口是未来潜在的劳动力人口,在经济上具有很大的潜能;老年人口在年轻时为社会创造了财富,但已基本脱离生产活动;从价值的角度看,老年人的消费一部分是延时消费,因而老年人口形成的社会负担比少儿人口重。

"十三五"时期,浙江人口老龄化已开始进入高速发展期,但是,从人口总抚养比看,已处于上升阶段,按国内劳动年龄人口标准（16～59 岁）,人口总抚

养比由 2016 年的 45.7% 提高到 2020 年的 51.3%，已到了"人口红利"的末期[①]；但是按国际通用的人口红利标准（劳动年龄按 15～64 岁计），2016 年我省的人口总抚养比为 32.9%，到"十三五"期末的 2020 年提高到 37.6%，到 2031 年达到 52.0%，超过 50% 的标准。因此，"十三五"仍是大家共知的所谓"人口红利"时期，应该利用这难得的人口年龄结构变动带来经济起飞的"黄金时机"，发展经济，为老年社会保障提供扎实的物质基础。

（三）劳动力人口规模下降将倒逼浙江经济转型升级

近年来浙江流动人口由大规模流入转变为净流出，预示着农村剩余劳动力资源已由无限供给转为有限供给，单纯依靠增加要素投入获得经济增长的方式将难以为继。按照现有人口增长惯性，结合分年龄的劳动参与率，可估算全省劳动力供给，由 2015 年的 3719.09 万降至 2020 年的 3624.96 万，然后下降到 2030 年的 3337.52 万，劳动力减少的趋势已逐渐明朗。另一方面，即使在产业结构升级调整前景下，为保持一定的经济增长速度，按照现有的技术构成，劳动力需求仍将有所增加，由 2015 年的 3774.55 万增加到 2020 年的 3927.96 万，进而增加到 2030 年的 4153.56 万。劳动用工紧张或者民工荒的困扰将不断加重，倒逼浙江经济的转型升级。

（四）人口受教育水平的提高为经济转型升级提供人力资本保障

浙江经济的转型升级，必须要有相应的人才队伍作支撑。近年来浙江劳动年龄人口人均受教育水平明显提升，由 1990 年的 6.7 年增加到 2000 年的 8.2 年，再增加到 2010 年的 9.4 年，相当于高中文化水平。按照这种发展速度，同时考虑到政府对教育事业投入的加强以及人们对教育的重视，2020 年劳动年龄人口的人均受教育水平将达到 10.7 年，2030 年上升到 12.0 年左右，即基本达到高中毕业水平，高技能劳动力或者人才资源将越来越丰裕，可为浙江经济转型升级提供必要的人力支撑。

---

① "人口红利"时间长短，主要取决于生育水平下降的速度。生育水平下降越快，劳动适龄人口所占比重越大，潜在发展机会就越大，但人口红利持续的时间却相对比较短。反之，生育水平缓慢下降带来的人口红利持续的时间相对较长，但带来的潜在发展机会不够明显。浙江省在较短时间内大幅降低了生育水平，典型的发展机会大，但持续时间短的模式。

(五)新生代流动人口对社会管理、公共服务提出更高的要求

流动人口的代际更替已悄然发生,新生代流动人口已成为浙江流动人口的主体。流动人口以 20～24 岁的新生代劳动力居多,50.27% 的外来人口年龄小于 30 岁,说明有超过一半的流入人口出生于 1980 年以后。与老一代流动人口相比,新生代流动人口更注重改变生活方式、寻求更好的发展机会,也更注重获得身份的认同,必定会对社会管理和公共服务提出更高的要求。而且,举家流动的趋势将会增强,由此对流入地政府提供的基本公共服务也会提出更高、更为迫切的要求。除了社会保障、劳动就业,能否平等地享有流入地的义务教育、医疗保健、居住条件也是流动人口最为关注的基本公共服务。要使流动人口尤其是流动人口家庭有序地融入浙江,在充分考虑公共资源的分布情况、基础设施的承载能力、公共服务的均等程度以及公共财政的承受力的前提下,保证外来人口在教育、就业、医疗、社会保障等方面取得与原住民相当的权益,从而实现外来人口的真正融入。

(六)适应人口结构变化进一步优化公共服务资源配置

单独两孩生育政策的实施,以及以人为本、以人为中心的新型城镇化,人口从机械增长为主转为自然增长为主,将对总人口的规模、结构、分布产生深刻影响,由此将引起公共服务需求规模扩大、数量增长、结构变化。为此,应加强公共服务资源的优化配置。

1.学龄人口变动与教育资源配置

城镇各级学龄人口呈增长态势,而农村呈持续下降之势,新增教育资源需求在城镇。"十三五"时期,城乡各级学龄人口变化态势差异明显。浙江省城镇学龄人口中,幼儿园及初中、高中小学适龄人口呈明显增长态势,小学适龄人口比较平稳,略有增长。而农村各级学龄人口皆呈稳定下降趋势。

省外流入人口学龄人口增多,加重城镇教育资源压力。虽然预计"十三五"时期,省外流入人口将进入小幅净流出阶段,但是,流动人口的流动模式已发生改变:一是新生代流动人口已成为浙江流动人口的主体。二是流动已由单独一个劳动力流动向家庭化流动转变,流动人口中儿童比例上升,大批儿童随父母来到城市生活,而且随迁老人也开始增多。

2.特殊老年人群与养老保障需求

人口老龄化将导致社会抚养系数不断提高,对社会保障体系和公共服务

体系的压力加大,同时,庞大老年群体的相对贫困化和边缘化问题开始出现,尤其是特殊群体老年人,如独生子女老年父母、失老人,以及农村老年人口的养老保障问题显得更为严峻和迫切。

独生子女的老年父母快速增长,将在40年代达到峰值,养老服务资源供给不足。根据本课题组的估算,2015年底,浙江约有120万左右老年人只有一个孩子,到"十三五"期末(2020年),独生子女父母进入老年的人口数将提高到249万人左右,到2047年,独生子女父母进入峰值,878万左右老人只有一个孩子。其中,80岁及以上高龄独生子女父母进入2027年突破10万人,后开始增长,2030年为24万人左右,占独生子女父母比重的3.8%,到2050年,高龄老人达到294万人,比重达到33.9%,超过1/3。独生子女父母老年人需要社会提供生活照料和护理的最迫切的时期在2030年后。

失独老人数量呈扩大趋势,失独老人养老保障问题影响巨大。虽然失独老人占老年人口的比重较小,但随着第一代独生子女大规模进入成年期,死亡的概率增加,成年独生子女死亡后父母再生育的可能性不断减小,因此失独父母的数量将进一步增加。2015年底,浙江约有失独老人[①]2.1万人,到"十三五"期末(2020年),失独老年父母进入老年的人口数将提高到6.2万人左右,五年增加4.1人,年均8000千人左右。而且,随着时间的推移,失独老人的规模也随之增长。到2030年失独老人达到峰值20.5万人左右。失独老人的养老问题无疑将成为未来一段时间内较为突出的社会问题。

2007年,国家启动了计划生育家庭特别扶助制度(以下简称特扶制度)试点,并于2008年全面实施。"1933年1月1日以后出生;女方年满49周岁;只生育一个子女或合法收养一个子女;现无存活子女的",按照规定可以每人每月领取不低于80元或100元的扶助金(简称"特扶金")。2012年提高了特别扶助金标准。2013年起,从经济扶助、养老保障、医疗保障、社会关怀等方面加大对独生子女死亡家庭的扶助力度。自2014年起,将独生子女死亡家庭的特别扶助金标准分别提高到城镇每人每月340元,农村每人每月170元。浙江各市出台了一些政策,优先保障他们居家养老或机构养老的特殊需求。如比如杭州市本级及部分区县等,对居家养老的"失独"老人在服务项目、服务标准、服务顺序等方面给予优先安排和照顾,进一步完善对"失独"老人特殊扶

[①] 独生子女因各种原因意外死亡后,其父母成为失独父母,既包括年老的失独父母,也包括年轻的失独父母。失独老人是指失去了唯一孩子的60岁及以上的老年人。换言之,只要60岁以上的老人,其独生子女死亡早于父母,均为失独老人。

助政策。但是,全省统一的有关失独家庭的特殊扶助政策尚未形成。现有的医疗制度和养老制度也使"失独"老人在生病住院治疗或者年老入住养老院时,面临没有家属或监护人签字的现实困难,妨碍他们及时治病与入住养老院。

高龄老人、失能半失能老人不断增加,养老服务需求急剧增长。2013年底,全省有失能、半失能老年人口 67.95 万人,占 60 岁及以上老年人口总数的7.57%,其中失能和半失能老年人口分别为 22.10 万人、45.85 万人,各占老年人口总数的 2.46%、5.11%。

根据预测,全省高龄老人不断增长,从 2015 年的 140 万人增加到"十三五"期末的 2020 年的 161 万人,到 2050 年的 653 万人左右。占 60 岁及以上老年人口总数的比重将从 2015 年的 15.58% 提高到 2050 年的 29.00%。随着人口高龄化,未来失能半失能老年人口将进一步增加,护理性机构养老、社区托老所、政府购买服务等社会养老服务的需求压力急剧增加。

农村人口老龄化程度高于城镇,养老保障弱于城镇,养老保障的重点、难点在于农村。"十三五"时期,农村人口的老龄化程度要高于城镇。随着社会的发展,城市化进程的加快,大量的年轻人从农村流向城镇,在这些迁移的农村人口中绝大多数是劳动适龄人口及其他们的子女,他们将在城市里寻找更多更好的发展空间和机会,而继续留在农村的主要是那些老年人,也就是说今后很长一段时间里,农村老年人的养老保障问题很严重,农村的养老保障事业形势严峻。浙江农村养老主要还是靠家庭养老,如果大规模增加的农村老年人口仍然得不到社会养老保障的支持,这将影响农村老年人的生活质量,关系到社会的稳定与长治久安。

3. 人口健康需求与公共卫生服务资源供给

一般地,随着年龄增长,尤其是步入老年之后,人们的健康状况开始下降,疾病增长,因此,老年人作为卫生资源的高需求者,随着人口老龄化程度的加深,导致老年人对于医疗卫生服务的需求迅速增长,人口老龄化对老年人的医疗卫生服务是非常严峻的挑战。

根据《2010 年浙江省城乡老年人口状况追踪调查》结果,浙江 85 岁以上男性和女性两周患病率分别高达 22.2% 和 22.5%。城镇老年人年人均医疗总费用为 6486.54 元,其中 80 岁以上组年人均医疗费用最高,达到 8886 元。农村老年人年人均医疗总费用为 2210 元,其中 80 岁及以上最高,为 2795 元。随着医疗卫生费用的不断增长,更多的老年人将无法获得卫生保健服务或者缺乏医疗保障。

世界卫生组织的报告显示,疾病预防和健康促进大约可以减少70％的全球疾病负担。在公共卫生工作中,慢性病及老年人健康管理、健康教育工作还比较薄弱。而且,社区卫生服务与老年人口卫生服务不匹配,社区卫生服务因缺乏高质量的医疗卫生服务,基础设施不健全,其服务质量并不被大多数老年人认同。如何利用有限的卫生资源为老年人群提供有效的健康服务,尽可能满足老年人群日益增长的卫生服务需要是世界性难题。

四、应对浙江人口发展的政策建议

"十三五"时期及未来更长时间,浙江人口受生育政策调整影响人口规模将持续缓慢增长,人口老龄化进一步加速加深,人口城镇化继续推进,为给浙江经济社会建设创造良好的人口环境,根据浙江人口发展变化的新特点,对浙江未来人口发展提出相关政策建议。

(一)实施人口宏观调控,完善外来人口的疏导和引入机制

通过政府引导,适时地将目前以劳动集约型为主的经济增长模式逐步过渡至以技术集约型为主的经济增长模式,从而减少对一般外来劳动力的需求。

1. 构建分层协调机制,有选择地吸纳外来人口

适当提高大城市准入门槛,有选择性地吸收外来人口,提高外来人口的待遇水平,使之成为吸引高技能劳动力和急需人才的目的地。中小城市将是外来人口的主要吸纳地区,不仅需要优化就业环境,实施更积极的就业政策,而且应该加强民生建设,努力缩小城乡之间、本地人与外地人之间的利益差距,鼓励在本区域有稳定就业和住所的外来人口定居落户。乡村采取适度集中模式,向中心城镇聚集,吸纳外来人口定居。通过引导不同层级、不同密度的城镇密集区,形成不同区域的相对集聚,充分发挥区域内各级城镇的优势,有机组织区内各项功能和人口集聚,提高区域资源配置效率。

2. 以良好的营商环境吸引更多优秀人才创新、创业

浙江是全国民营经济最发达的地区,随着市场作为配置资源的决定作用,民营企业的优势将更加显现。因此,较完善的市场机制和市场体系,良好的营

商环境是浙江吸引各类高端人才进行创新、创业的最佳地区。以此相对控制"低素质"劳动力的迁入,加快优秀人才集聚,引进紧缺型人才和优质劳动力、优质技术和管理,进行技术创新,形成劳动生产率持续提高的机制,从而助推产业升级和结构转型,实现经济中高速可持续发展。

3.加强对迁移流动人口的动态监测,引导外来人口有序流动

目前浙江省在迁移流动人口方面的统计监测还较为薄弱,要获取动态、全面、准确的数据还较为困难。在充分增强公安和统计两大部门在省际迁移流动人口方面的统计力量外,应加强两者之间在口径上的关联性,进一步加强与交通、劳动保障、民政、教育等部门在相关数据上的沟通与联系。建立有效的制度和体系,加强对迁移流动人口的动态监测,及时对盲流进行清理、疏导,从而做到有利有节地控制省外来人口的总量规模。目前比较迫切的是建立一套规范的信息发布机制,引导外来人口有序流动。

(二)健全和完善养老保障和老年服务体系,重点解决失能、失智、失独老人

1.转变经济增长方式,充分利用"人口红利"期,夯实应对人口老龄化的经济基础

随着人口老龄化的深度发展,劳动力出现求大于供,劳动力成本的上升,劳动密集型的产业,主要靠低劳动力成本为竞争优势的产业,以及以劳动力比较优势为主导的出口模式,在人口老龄化、高龄化的条件下是不可持续的。因此,发展资本与技术型产业,逐步有序地减少劳动密集型产业是总趋势,如何实现这一过程的技术路线是非常重要的。根据本课题的预测结果,全省16~59岁劳动适龄人口规模已达到峰值开始下降,由2014年的3872.49万下降到2020年的3725.83万人;15~64岁劳动年龄人口总量已在2013年达到峰值将出现下降。这是劳动力供给局面变化的一个重要时间点。但是,从人口总抚养比看,按国内标准,人口总抚养比2020年将达到51.3%,已到了"人口红利"的末期;按国际标准,2020年将达到37.6%,仍处于"人口红利"期。因此,"十三五"时期是对浙江省劳动密集型产业进行调整的较适宜的时间节点。在这时期,应尽可能地增强经济实力,在科技创新和统筹解决人口问题的基础上,寻找人口老龄化过程中经济发展新的增长点,夯实应对老龄化的经济基础,筑起坚实的社会养老保障。

2. 健全和完善养老保障制度,重点解决失能、失智、失独"三失"老人问题

一是逐步实现城乡养老保障一体化。要按照统筹城乡发展的要求进一步完善城乡基本养老保险制度,重点是加强农村基本养老保险制度的改革和创新,建立和完善多层次的基本医疗保险体系。实现基本养老保险的全覆盖,缩小城乡之间的差距。

二是完善老年医疗保障制度,重点加强长期护理照顾的制度性建设。贫困、疾病和失能是老年阶段的"三大风险",随着人口老龄化、高龄化、空巢化的日趋加重,老年人失能失智问题日益突出。浙江高龄老年人快速增长,同时失能残障的老年人数量也以惊人的速度在增加,对卧床老年人生活不能自理或部分生理功能丧失的老年人的长期护理照顾服务需求也快速增长。应加强针对失能、失智老年人在社区层面上的护理队伍的培养、护理内容的确定、护理操作规范与流程的制度性建设,适应快速增长的老年人的护理需求。

三是建立护理津贴或失能津贴制度。护理津贴制度或失能津贴在国内还没有正式开展,没有可资借鉴的经验,同时还涉及残疾等级。但是护理津贴制度涉及的对象是社会中最弱势的群体(双重弱势,即老年和残疾),建立护理津贴制度或失能津贴制度,可以缓解失能、失智老年人的护理问题,提高残疾老年人及家庭的生活质量。浙江省残疾人小康工程之"重度残疾人托安养工程",这一制度已惠及了失能老年人,但这一制度还有待于完善。建议政府对现有制度进行评估,并确定发展方向,使其成为惠及大多数残疾人(包括老年失能人士)的福利制度。

四是积极探索"医—养—护"一体化智慧养老服务模式。一是将医—养结合的老年护理院按医疗机构管理的法律法规实施管理,在纳入基本医疗保险定点医疗机构范围的老年护理院内产生的符合医保报销范围的费用,社会保险经办机构对其采取日均每床定额包干的方式予以结算。二是开展"居家医疗"服务模式。以社区为范围,在符合社区卫生服务中心家庭诊疗服务相关规定和确保医疗安全的前提下,为空巢老人、高龄老人以及失能和半失能老人提供家庭病床服务和远程健康监测管理服务,同时,探索社区卫生服务站与敬老院合作,共建机构型医养护一体化模式,把入住养老公寓的老人也纳入健康管理范围。

3. 构建老龄服务信息化综合平台,提升老龄服务质量

一是加快老龄服务管理信息化综合平台建设。将社区的养老机构、社区

卫生服务中心、街道居家养老服务中心、社区日间老年康乐中心、120 等资源整合纳入到统一的社区信息化服务平台中,与其他社会公共管理系统实现无缝对接、数据共享。通过该平台实现对老年人的统一、及时、标准、完善的管理。

二是高度重视新技术对老龄事业发展的影响,积极推进新技术在解决老年人口问题中的作用。面对人口老龄化对老年生活照料和文化生活带来的挑战,必须充分发挥科技手段和现代信息技术在老龄事业发展中的作用,加快推进和开发老年网络监控系统、应急呼叫救助系统以及日常生活服务系统等社区电子网络服务平台建设,及时掌握老年人的生存和安全状况,尤其是独居或寡居的老人,为居家养老的老年人提供方便、及时、快捷的救助和服务,确保他们发生意外时能够得到及时的救助和服务。

三是加快推行老龄服务管理全省一卡通。通过全省统一网络,及时、准确记录每位老年人的需求、服务、保障、缴费、权益等情况,做到"记录一生、跟踪一生、服务一生、保障一生",让所有老年人随时随地可以查询到自己的需求及服务记录。通过强化老龄服务的信息化手段,为广大老年人提供更方便、更快捷、更优质的老龄服务,为老龄化社会的科学发展积累和提供可靠的数据资料。

4.利用税收和住房等社会政策,巩固家庭养老保障功能

第一,优化财税政策。要实现社会养老服务与家庭保障的良性互动,离不开政府财税政策相应安排。政府应运用财税政策作为社会力量介入养老服务领域的杠杆,采用针对性的财税支持政策对家庭养老形成支持。如对家庭照料老年人的财政补贴。在合理的家庭经济状况调查条件下,对有照料需求的老人,补贴其子女提供生活照料,尤其是对那些已经失业、符合条件正在政府部门寻求就业机会的群体。

第二,完善住房政策。政府应推动全社会更多地考虑适合老年人居住的住房设计。新加坡的做法值得参考。在近几十年,新加坡政府主导了全国的住房建设。其中,大量发展适合老年人与成年子女居住的组屋,而且规定年轻人只有承诺与父母居住才有资格购买这类组屋。这种举措推动了新加坡社会中大家庭成员共同居住的风气,有利于老年人获得子女的全面赡养。

5.加强老龄服务人力资源的开发,努力实现"三化"

一是严格规范养老服务工作人员的招聘使用,加强养老服务人员队伍建

设。建立健全养老服务教育培训体系,制定养老服务人才队伍培养规划,进一步明确养老服务人才队伍培养的重点目标、主要任务、政策措施和方法步骤,增强养老服务人才培养的计划性、系统性和针对性,整体推进养老服务人才队伍建设。

二是依托高等院校培养专业人才,加快实现老龄服务人员的职业化、专业化、技能化。有计划地在高等院校和中等职业学校增设老年学、医疗护理、心理咨询、康复保健、临终关怀等与老龄服务相关的专业和课程,加快培养老年医学、护理、营养和心理等方面的专业人员和中高级人才,使老龄服务从业人员成为掌握社会工作专业知识和服务技能的专门人才。同时,应逐步推进老龄服务就业准入制度,制定岗位专业标准和操作规范,对老龄服务从业人员进行职业资格和技能等级管理认证,实现持证上岗,加快实现老龄服务人员的职业化、专业化、技能化。

三是完善养老服务从业人员免费培训制度,提高服务人才的专业素质和服务精神。对从事养老服务的工作人员,包括对为老年人服务的家政人员、志愿者、社工等进行集中免费培训,培训经费可从各县(市、区)职业技能培训费中列支。通过岗前培训、持证考核等方式逐步提高养老护理员、助老员等服务人才的专业素质,提高服务水平。

四是健全完善养老服务人才使用制度,提升老龄服务人员的社会职业地位。面对目前老龄服务人员劳动强度大、工资收入少、职业地位低、快乐指数小、心理问题多的状况,建立健全岗位管理、岗位考核与人员退出制度,严格人员管理。建立完善激励保障制度,制定养老服务人才薪酬指导政策和奖励政策,切实改善养老服务工作人员的工资收入和福利待遇。建立完善养老护理员职称评聘体系,护理员职业技能等级与职务晋升、待遇相挂钩,以提升老龄服务从业人员的职业道德、专业技能、服务水平、职业荣誉和社会地位。

五是探索建立储蓄型养老服务制度。各级政府应积极组织建立低龄老人照顾高龄老人制度,实行有偿服务、抵偿服务。通过时间储蓄方式,鼓励低龄老年服务人员为高龄老年人提供各方面的服务,将所花费的时间记入个人账户,当本人需要服务时可以得到等量的护理服务。同时,可推行时间储蓄转让制度,使更多的人在参与老龄服务工作中受益。

(三)加快"内外"居民的市民化进程,努力实现新型城镇化

浙江城镇人口的集聚是一种"内聚外迁"的发展模式,即本地人口集聚与

外来人口集聚相结合的模式(姚引妹,2012)。2013年底,浙江省的人口城市化率是64.0%,而非农户籍人口所占的比例仅为32.0%。人口城市化水平有点"虚"。随着省外流入人口的静止乃至净流出,浙江城镇化的进一步发展需要采取措施,实现"内外"居民的市民化。

1.深化土地制度改革,加快本省农村居民市民化进程

为加快推进浙江农村居民的市民化,通过探索农村产权制度改革,创新承包地与宅基地流转制度,消除本省农村居民的利益障碍,从而加快推进本省农村居民的市民化。浙江多地农村产权制度改革试点经验值得借鉴。如嘉兴市的"两分两换"制(即将宅基地与承包地分开,搬迁与土地流转分开;以土地承包经营权换股、换租、换保障,推进集约经营,以宅基地换钱、换房、换地方,推进集中居住)、温州瑞安的"三分三改"的市场化改革(即政经分开、资地分开、户产分开;股改、地改、户改)、慈溪市的"三集中三置换"制度(工业向产业区块集中、农民向城镇和农村新型社区集中、耕地向规模经营集中,以宅基地置换城镇住房、以承包地置换城镇社保、以农民身份置换城镇居民身份),打破城乡二元结构,促进城乡要素双向自由流动,真正实现城乡发展成果让农民共享。

2.加快户籍制度改革,推进外来民工市民化进程

市民化不仅仅表现在户籍的转变,更重要的是附属在户籍制度上的诸如就业、住房、社保、医疗和子女就学等相关政策待遇的市民化。根据2014年7月颁布的《国务院关于进一步推进户籍制度改革的意见》,"离开常住户口所在地到其他设区的市级以上城市居住半年以上的,在居住地申领居住证"。居住证持有人享有与当地户籍人口同等的劳动就业、基本公共教育、基本医疗卫生服务、计划生育服务、公共文化服务、证照办理服务等权利。

浙江应以户籍制度改革为契机,积极推进城乡制度并轨,融合互济,推动我省新型城镇化进程。嘉兴、金华、衢州、舟山、丽水5个中等城市(市区人口在50万~100万人之间)的落户限制可以有序放开,宁波、温州、湖州、绍兴和台州5个大城市(市区人口在100万~300万人之间)落户条件要合理确定,只有杭州市(人口300万~500万之间)的落户条件起点高,可以实行积分落户制度。其余城镇,只要拥有合法固定住所、稳定职业或生活来源的外来人员及其共同居住生活的直系亲属,均可根据意愿申请办理城镇居民户口,在教育、就业、兵役、社会保障等方面享受与当地城镇居民同等待遇,提高人口城市化水平。

（四）统筹城乡教育资源，加快实现教育现代化进程

预测显示，因生育政策调整增加的出生人口，最早将于2017年开始对我省的学前教育产生影响，在随后2030年前的13年中，随着不同年龄阶段学龄人口数量的波动变化，分别对义务教育、高中阶段教育产生不同程度的影响。面对相继出现的入托、入学高峰，教育管理部门需要未雨绸缪、统筹规划、合理配置城乡幼儿园、中、小学教育基础设施和师资力量，提高办学效率，确保学龄人口的顺利入学，确保教育质量。

1. 加强学前与义务教育资源的投入

人口预测结果显示，由于2014年单独两孩政策实施后出生人口小高峰，在2017年后陆续进入学前或义务教育阶段性。"十三五"时期，幼儿教育资源将率先出现短缺，小学和初中义务教育阶段学龄人口受前期第三次出生人口高峰的影响，逐年增长，而高中阶段学龄人口基本稳定，教育资源和社会的需求基本平衡，"十三五"时期不会出现大的波动；大学学龄人口出现明显下降。

2. 统筹城乡中、小学校布局，提高办学效率

由于城镇化的影响，农村学龄人口不断向城镇转移，农村中小学面临生源的不断减少，造成教育资源的闲置浪费。因此，要从实际出发撤并一批规模小、设施落后、办学效益低的"麻雀学校"，在此基础上，统筹城乡中小学校布局，提高办学规模效益，确保到2020年形成一大批具有一定规模的、优质高效的中小学教育网络。而且，浙江具备普及学前三年教育及高中阶段教育的条件，因此，"十三五"期间，全面普及包括学前三年和高中阶段在内的15年基础教育。

3. 重视解决流动人口子女受教育问题

人口预测结果显示，"十三五"时期，浙江人口由净流入转为无流入或少量的净流出（外来人口的回流），但是，随着流动人口家庭化和常住化趋势的发展，逐渐形成了"二代移民"群。我省外来人口数量多，处于学龄阶段的流动人口数量也相当可观。为此，首先，已在浙就读的外来务工子女继续就读；其次，对那些初中毕业后辍学游荡在社会的流动人口的子女，建议教育部门充分挖掘中专、技校及职校等教育资源的潜力，向有固定职业和固定住所的外来从业人员的子女开放，同时建立教育与就业挂钩制度，促使更多的外来流动人口子

女在初中毕业后能够继续接受教育。在提升二代移民文化素质的同时,也为本省企业输送"蓝领"工人。

(五)加强职业教育培训工程,扩大劳动力有效供给,促进产业转型升级

浙江不仅面临劳动力规模下降,同时劳动力素质偏低,对经济转型升级将产生一定的制约作用。现代经济发展主要取决于掌握先进科学技术知识、技能本领并有创造能力的劳动者,而结构性失业的主要原因正在于劳动者素质和技能跟不上产业结构的转型升级。解决劳动力结构性失业的关键就是加强职业教育培训工程,通过职业教育与培训,提高劳动者素质和技能,扩大劳动力的有效供给。

1.职业教育和培训重点关注五类人群,实施靶向式培训

一是在读的职业高中及中专生的教育问题。接受中等职业教育的中学生将构成全省未来一线技术工人的骨干力量。这部分人群职业教育的重点应是把握技能紧缺型人才的动向,培养与全省产业导向一致的技能型人才。

二是农村转移劳动力的培训问题,需要转移的农村劳动力急需获得实用技术培训的机会。这部分人群职业教育的重点是实用技术的培训。

三是城镇下岗和失业人员的再就业培训问题。目前无法再就业的人员,往往是那些文化程度偏低、技能水平偏低和年龄偏大的"三偏"人员,这些劳动力在市场上处于最为不利的地位,面临的就业难度也越来越大。对于这部分群体,一方面需要通过培训获取实用技术,方便就业,另一方面要加强社会保障,提供社会救助,使那些真正陷入贫困的下岗和失业人员得到基本生活保障。

四是毕业生的创业培训问题。学生就业,尤其是高校学生就业问题是近几年全国关注的热点,高校学生就业也成为未来一段时间比较突出的问题。出现大学生就业难问题的一个关键原因就在于大学生的供给和需求之间,也就是在高等教育体制和劳动力市场之间存在着严重脱节。对于这部分群体,职业培训的重点是开展创业培训,提高劳动者的创业能力,同时加强学生毕业前培训、实习以及毕业生技能扩展,提高他们的求职成功率和适应能力。

五是在职职工的岗位培训问题。随着产业结构调整步伐的加快,劳动就业岗位也将不断进行调整,在职人员通过职业培训,能够更好地优化职业结

构,满足产业结构调整的需要。

2.以产业培育为导向开展职业培训

职业培训必须以产业培育要求为导向,以促进就业、增强岗位技能、激发创业创新能力和提高经济效益为目的,根据目前不同行业在业人员的素质现状,以职业分类和职业技能标准为依据开展有针对性的职业培训。要打破教育和培训的自我封闭和自我循环,与社会各部门特别是经济部门积极合作,与劳务市场和用工单位签订合同,为浙江构建工业产业体系、完善现代服务业发展体系、提升现代农业发展水平培养高质量的建设人才。

(六)认真研究和做好应对"普二"生育政策措施,合理配置卫生资源

浙江生育率低于更替生育水平已有三十多年,进入 21 世纪以来一直保持在 1.4 及以下。即使实施"单独两孩"生育政策,也改变不了长期进入中度、甚至深度低生育水平的大趋势。要改变从今以后仍然长时期保持低出生的"因",尽快实施普遍两孩政策,适当时候放开生育控制,避免人为地造成"低生育"陷阱。

1.要深入研究单独两孩政策引致的人口及社会经济效果

首先,完善与单独两孩生育政策相适应的其他政策体系,鼓励群众按政策生育。其次,把计划生育工作的重点放到优生优育上,加强优生优育指导和技术创新,加强育龄人群的生殖健康教育,开展再生育门诊,降低大龄孕产妇的生育风险,提高出生人口素质。

2.研究"普二"生育政策及其相关配套政策,提高政策效应

生育政策的调整,将直接影响到经济社会的各个方面,需要相关领域提前作好应对准备。一是清理与现行政策不相吻合的相关政策,如鼓励少生的政策;二是预先研究"普二"政策对象,开展现状情况的调查摸底;三是要做好相关地区教育、人事、卫生、财政、社保、土地等配套政策的调整,保证生育政策完善后的生育政策顺利实施,减少对社会的震动。

3.重视可能出现的出生堆积、放松管理等风险

在单独两孩生育政策实施和"普二"有可能实施的情况下,要建立健全出生人口监测和预警机制,完善再生育审批报告和出生人口信息报告制度,核实出生人口信息,提高数据质量。实现省、市、县孕产期保健、住院分娩、出生医

学证明、儿童预防接种等个案登记,实现信息交换与共享,制订有针对性的风险防控措施,实现生育水平波动的平稳过渡。

4.注重对计划生育家庭的人文关怀

加大对计划生育特殊困难家庭在经济、养老、医疗保障方面的扶助力度。深入开展生育关怀行动、幸福工程以及创建幸福家庭活动。在全面落实现有各项利益导向政策的基础上,加强政策和制度创新,提高计划生育家庭的民生保障水平。

五、附录:人口预测主要数据表

附表 1　单独两孩政策下不同口径未来总人口发展态势　　　　（万人）

年份	中迁移		无迁移	
	政策生育	可能生育	政策生育	可能生育
2015	5591	5539	5587	5565
2016	5637	5561	5631	5597
2017	5680	5583	5672	5628
2018	5719	5604	5710	5656
2019	5755	5624	5745	5681
2020	5788	5642	5776	5704
2021	5817	5658	5804	5724
2022	5842	5671	5828	5741
2023	5864	5683	5849	5756
2024	5883	5692	5866	5768
2025	5899	5699	5881	5777
2026	5912	5704	5892	5783
2027	5921	5706	5901	5787
2028	5928	5706	5907	5788
2029	5933	5703	5910	5786
2030	5935	5698	5911	5782

附表 2　单独两孩政策下不同口径未来出生人口变化　　　　（万人）

年份	中迁移		无迁移	
	政策生育	可能生育	政策生育	可能生育
2015	79	66	79	67
2016	77	64	77	66
2017	75	62	75	64
2018	73	60	73	63
2019	70	58	71	61
2020	68	57	68	60
2021	66	55	66	58
2022	63	53	63	56
2023	61	51	61	54
2024	59	49	59	53
2025	57	48	57	51
2026	55	46	55	50
2027	54	45	53	48
2028	52	44	52	47
2029	51	43	50	46
2030	50	41	49	45

附表 3　单独两孩政策下不同口径 0～15 岁少儿人口规模及比重变化

年份	规模（万人）				比重（%）			
	中迁移		无迁移		中迁移		无迁移	
	政策生育	可能生育	政策生育	可能生育	政策生育	可能生育	政策生育	可能生育
2015	844	820	844	820	15.1	14.68	15.11	14.73
2016	876	839	877	839	15.54	14.91	15.57	14.99
2017	905	857	905	857	15.93	15.09	15.96	15.23

续表

年份	规模（万人）				比重（%）			
	中迁移		无迁移		中迁移		无迁移	
	政策生育	可能生育	政策生育	可能生育	政策生育	可能生育	政策生育	可能生育
2018	932	874	933	874	16.29	15.27	16.33	15.45
2019	955	888	956	888	16.59	15.4	16.64	15.63
2020	972	897	974	897	16.8	15.45	16.86	15.73
2021	985	903	987	903	16.94	15.45	17.01	15.78
2022	995	907	997	907	17.04	15.42	17.11	15.79
2023	1003	909	1004	909	17.1	15.36	17.17	15.78
2024	1007	908	1008	908	17.12	15.28	17.18	15.75
2025	1009	906	1010	906	17.1	15.18	17.17	15.69
2026	1010	904	1010	904	17.09	15.09	17.14	15.63
2027	1012	902	1011	902	17.09	15.01	17.13	15.59
2028	1005	892	1004	892	16.94	14.82	16.99	15.42
2029	1000	885	999	885	16.86	14.69	16.9	15.29
2030	981	868	979	868	16.54	14.40	16.56	15.01

附表 4　单独两孩政策下劳动年龄人口(16～59 岁)规模与比重变化

年份	规模（万人）				比重（%）			
	中迁移		无迁移		中迁移		无迁移	
	政策生育	可能生育	政策生育	可能生育	政策生育	可能生育	政策生育	可能生育
2015	3846	3826	3842	3845	68.8	69.1	68.8	69.1
2016	3818	3791	3811	3815	67.7	68.2	67.7	68.2
2017	3783	3750	3775	3779	66.6	67.2	66.6	67.2
2018	3757	3720	3747	3751	65.7	66.4	65.6	66.3
2019	3745	3706	3734	3738	65.1	65.9	65.0	65.8
2020	3729	3687	3716	3720	64.4	65.3	64.3	65.2

续表

年份	规模（万人）				比重（%）			
	中迁移		无迁移		中迁移		无迁移	
	政策生育	可能生育	政策生育	可能生育	政策生育	可能生育	政策生育	可能生育
2021	3730	3686	3716	3720	64.1	65.2	64.0	65.0
2022	3693	3647	3678	3681	63.2	64.3	63.1	64.1
2023	3632	3584	3615	3618	61.9	63.1	61.8	62.9
2024	3583	3534	3566	3567	60.9	62.1	60.8	61.8
2025	3528	3478	3511	3510	59.8	61.0	59.7	60.8
2026	3472	3422	3456	3453	58.7	60.0	58.7	59.7
2027	3426	3375	3412	3406	57.9	59.2	57.8	58.9
2028	3371	3318	3357	3349	56.9	58.2	56.8	57.9
2029	3313	3257	3299	3289	55.8	57.1	55.8	56.9
2030	3262	3199	3250	3233	55.0	56.1	55.0	55.9

附表 5 单独两孩政策下未来劳动年龄人口(15～64 岁)规模和比重

年份	国际标准（15～64 岁）				比重（%）			
	中迁移		无迁移		中迁移		无迁移	
	政策生育	可能生育	政策生育	可能生育	政策生育	可能生育	政策生育	可能生育
2015	4197	4176	4194	4196	68.8	75.4	75.1	75.4
2016	4184	4155	4178	4181	67.7	74.7	74.2	74.7
2017	4163	4128	4154	4159	66.6	73.9	73.2	73.9
2018	4145	4105	4134	4139	65.7	73.3	72.4	73.2
2019	4118	4076	4106	4111	65.1	72.5	71.5	72.4
2020	4098	4053	4085	4089	64.4	71.8	70.7	71.7
2021	4077	4029	4062	4066	64.1	71.2	70.0	71.0
2022	4049	3999	4033	4036	63.2	70.5	69.2	70.3
2023	4031	3979	4014	4015	61.9	70.0	68.6	69.8

续表

年份	国际标准（15～64 岁）				比重（%）			
	中迁移		无迁移		中迁移		无迁移	
	政策生育	可能生育	政策生育	可能生育	政策生育	可能生育	政策生育	可能生育
2024	4025	3972	4008	4008	60.9	69.8	68.3	69.5
2025	4011	3955	3993	3991	59.8	69.4	67.9	69.1
2026	4011	3952	3992	3987	58.7	69.3	67.8	69.0
2027	3980	3917	3960	3953	57.9	68.7	67.1	68.3
2028	3920	3854	3900	3890	56.9	67.6	66.0	67.2
2029	3885	3811	3866	3848	55.8	66.8	65.4	66.5
2030	3851	3767	3832	3804	55.0	66.1	64.8	65.8

附表 6　单独两孩政策下各级学龄人口变化（中迁移，可能生育）

年份	幼儿园	小学	初中	高中	大学
2015	154	300	136	138	236
2016	154	302	139	134	209
2017	164	301	145	133	191
2018	170	306	151	134	180
2019	182	304	153	137	177
2020	182	312	154	143	173
2021	178	322	154	149	173
2022	174	333	154	151	177
2023	169	344	151	152	182
2024	164	348	154	153	189
2025	159	355	153	153	195
2026	154	352	164	150	199
2027	149	343	171	153	201
2028	144	334	183	153	201
2029	140	325	184	163	200
2030	135	316	181	171	203

附表 7　单独两孩政策下分城乡各级学龄人口变化(中迁移,可能生育)

年份	城镇				农村			
	幼儿园	小学	初中	高中	学前	小学	初中	高中
2015	96.2	187.8	83.5	87.7	58.2	111.9	52.4	50
2016	95.7	192.8	85.9	86.9	58.1	109.2	53.2	47.5
2017	105.6	193.1	90.3	86.7	58.4	107.5	54.9	46.1
2018	116.5	196.4	94.2	87.8	53.9	109.1	56.3	45.9
2019	128.9	197.8	97.1	90.0	52.7	106.5	55.8	47
2020	133.9	205.5	99.6	94.3	48.5	106.2	54.3	48.9
2021	133.6	217.1	102.2	98.2	44.8	52.3	50.4	48.1
2022	132.1	229.1	104.0	101.1	41.7	49.9	49.9	49.9
2023	130.0	244.0	101.5	103.7	38.9	49.2	48.7	51.6
2024	127.5	255.1	101.5	106.2	36.7	52.4	47.2	53.5
2025	124.5	266.3	100.8	107.9	34.7	52.6	45.2	54.7
2026	121.2	269.2	110.7	105.3	33.1	53.0	44.9	54.2
2027	117.7	266.2	122.3	105.0	31.6	48.9	48.5	53.1
2028	114.1	261.6	135.0	104.0	30.4	47.7	48.8	51.5
2029	110.4	256.1	140.0	113.7	29.4	44.1	49.4	51.7
2030	106.9	250.0	139.5	125.5	28.6	41.1	45.5	55.2

附表 8　单独两孩政策下未来老年人口(60＋)规模　　　　　(万人)

年份	规模(万人)				比重(%)			
	中迁移		无迁移		中迁移		无迁移	
	政策生育	可能生育	政策生育	可能生育	政策生育	可能生育	政策生育	可能生育
2015	900	900	900	900	16.11	16.24	16.12	16.18
2016	943	942	943	943	16.73	16.93	16.75	16.85
2017	992	990	992	992	17.47	17.73	17.49	17.63
2018	1031	1028	1031	1031	18.02	18.35	18.05	18.23
2019	1055	1052	1055	1055	18.34	18.71	18.37	18.57

续表

年份	规模（万人）				比重（%）			
	中迁移		无迁移		中迁移		无迁移	
	政策生育	可能生育	政策生育	可能生育	政策生育	可能生育	政策生育	可能生育
2020	1087	1084	1087	1087	18.78	19.21	18.81	19.05
2021	1101	1098	1101	1101	18.93	19.4	18.97	19.24
2022	1154	1150	1153	1153	19.75	20.28	19.79	20.09
2023	1230	1226	1230	1230	20.97	21.57	21.02	21.36
2024	1293	1289	1293	1293	21.98	22.64	22.03	22.41
2025	1362	1356	1360	1360	23.09	23.79	23.13	23.55
2026	1429	1421	1426	1426	24.18	24.92	24.2	24.66
2027	1484	1474	1478	1478	25.05	25.83	25.05	25.55
2028	1553	1542	1546	1547	26.2	27.03	26.18	26.72
2029	1620	1609	1612	1612	27.31	28.21	27.28	27.86
2030	1691	1679	1681	1682	28.49	29.47	28.45	29.08
2031	1755	1744	1744	1745	29.58	30.64	29.52	30.21
2032	1815	1804	1803	1803	30.6	31.75	30.53	31.26
2033	1873	1864	1860	1861	31.62	32.87	31.54	32.33
2034	1925	1917	1911	1911	32.53	33.89	32.45	33.29
2035	1961	1955	1946	1946	33.19	34.66	33.1	33.99
2036	1999	1995	1983	1984	33.91	35.49	33.8	34.76
2037	2029	2028	2013	2013	34.5	36.2	34.4	35.41
2038	2060	2061	2043	2044	35.12	36.94	35.01	36.08
2039	2089	2093	2072	2073	35.73	37.69	35.62	36.76
2040	2108	2114	2090	2091	36.17	38.26	36.05	37.26
2041	2129	2138	2111	2113	36.67	38.9	36.55	37.83
2042	2161	2172	2143	2144	37.36	39.74	37.24	38.6
2043	2179	2193	2161	2163	37.83	40.35	37.72	39.16

续表

| 年份 | 规模（万人） | | | | 比重（%） | | | |
| | 中迁移 | | 无迁移 | | 中迁移 | | 无迁移 | |
	政策生育	可能生育	政策生育	可能生育	政策生育	可能生育	政策生育	可能生育
2044	2198	2214	2180	2182	38.34	41.01	38.22	39.75
2045	2212	2229	2192	2195	38.76	41.56	38.63	40.25
2046	2232	2251	2213	2216	39.34	42.29	39.2	40.92
2047	2262	2282	2242	2245	40.09	43.21	39.95	41.78
2048	2276	2296	2256	2259	40.59	43.84	40.44	42.37
2049	2291	2313	2270	2274	41.13	44.57	40.98	43.02
2050	2300	2322	2278	2282	41.57	45.16	41.41	43.55

附表 9　单独两孩政策下未来 65 岁及以上老年人口比重　　（%）

| 年份 | 规模（万人） | | | | 比重（%） | | | |
| | 中迁移 | | 无迁移 | | 中迁移 | | 无迁移 | |
	政策生育	可能生育	政策生育	可能生育	政策生育	可能生育	政策生育	可能生育
2015	595	595	595	595	10.6	10.7	10.7	10.7
2016	623	622	623	623	11.1	11.2	11.1	11.1
2017	657	657	657	657	11.6	11.8	11.6	11.7
2018	689	689	689	689	12.1	12.3	12.1	12.2
2019	732	730	732	732	12.7	13.0	12.7	12.9
2020	769	767	769	769	13.3	13.6	13.3	13.5
2021	807	805	807	807	13.9	14.2	13.9	14.1
2022	851	849	851	851	14.6	15.0	14.6	14.8
2023	885	882	885	885	15.1	15.5	15.1	15.4
2024	905	902	905	905	15.4	15.9	15.4	15.7
2025	932	929	931	931	15.8	16.3	15.8	16.1
2026	942	940	942	942	15.9	16.5	16.0	16.3

续表

年份	规模（万人）				比重（%）			
	中迁移		无迁移		中迁移		无迁移	
	政策生育	可能生育	政策生育	可能生育	政策生育	可能生育	政策生育	可能生育
2027	989	987	988	988	16.7	17.3	16.8	17.1
2028	1059	1056	1058	1058	17.9	18.5	17.9	18.3
2029	1116	1113	1115	1115	18.8	19.5	18.9	19.3
2030	1177	1174	1175	1175	19.8	20.6	19.9	20.3
2031	1238	1232	1234	1234	20.9	21.7	20.9	21.4
2032	1284	1277	1279	1279	21.7	22.5	21.7	22.2
2033	1346	1338	1339	1339	22.7	23.6	22.7	23.3
2034	1404	1396	1396	1396	23.7	24.7	23.7	24.3
2035	1466	1457	1457	1457	24.8	25.8	24.8	25.5
2036	1521	1512	1510	1510	25.8	26.9	25.7	26.5
2037	1570	1563	1558	1559	26.7	27.9	26.6	27.4
2038	1619	1613	1606	1606	27.6	28.9	27.5	28.4
2039	1660	1655	1646	1647	28.4	29.8	28.3	29.2
2040	1686	1683	1671	1672	28.9	30.5	28.8	29.8
2041	1714	1713	1698	1699	29.5	31.2	29.4	30.4
2042	1734	1735	1718	1719	30.0	31.7	29.9	31.0
2043	1755	1758	1738	1739	30.5	32.4	30.3	31.5
2044	1774	1780	1758	1759	30.9	33.0	30.8	32.0
2045	1783	1791	1766	1767	31.3	33.4	31.1	32.4
2046	1795	1806	1778	1779	31.6	33.9	31.5	32.9
2047	1816	1829	1799	1800	32.2	34.6	32.1	33.5
2048	1825	1839	1807	1809	32.5	35.1	32.4	33.9
2049	1834	1851	1817	1819	32.9	35.7	32.8	34.4
2050	1838	1856	1821	1823	33.2	36.1	33.1	34.8

附表 10 单独两孩政策下分城乡老年人口(60＋)比重 （%）

年份	城镇				农村			
	中迁移		无迁移		中迁移		无迁移	
	政策生育	可能生育	政策生育	可能生育	政策生育	可能生育	政策生育	可能生育
2015	12.5	12.7	12.7	12.8	22.5	22.6	21.7	21.7
2016	13.0	13.2	13.3	13.5	23.6	23.8	22.5	22.5
2017	13.6	13.8	14.0	14.2	24.9	25.1	23.4	23.4
2018	14.0	14.4	14.6	14.8	25.9	26.1	24.0	24.0
2019	14.3	14.7	14.9	15.2	26.6	26.8	24.3	24.2
2020	14.7	15.1	15.4	15.7	27.4	27.7	24.7	24.6
2021	14.8	15.3	15.6	16.0	27.9	28.1	24.8	24.7
2022	15.5	16.1	16.5	16.9	29.2	29.5	25.6	25.5
2023	16.6	17.3	17.7	18.2	31.0	31.3	26.8	26.7
2024	17.5	18.2	18.8	19.3	32.5	32.8	27.8	27.7
2025	18.5	19.3	19.9	20.5	34.2	34.4	28.9	28.8
2026	19.5	20.3	21.0	21.6	35.8	36.0	30.0	29.9
2027	20.3	21.2	21.8	22.6	37.2	37.3	30.8	30.7
2028	21.4	22.3	23.1	23.9	38.8	38.9	31.8	31.6
2029	22.5	23.5	24.2	25.2	40.3	40.4	32.8	32.6
2030	23.7	24.7	25.6	26.6	41.8	41.9	33.7	33.5
2031	24.8	25.9	26.8	27.9	43.2	43.3	34.5	34.3
2032	25.8	27.1	28.0	29.2	44.5	44.5	35.2	34.9
2033	26.9	28.3	29.2	30.5	45.7	45.7	35.9	35.6
2034	27.9	29.4	30.3	31.7	46.7	46.7	36.4	36.1
2035	28.6	30.3	31.2	32.7	47.4	47.4	36.7	36.3
2036	29.4	31.2	32.1	33.7	48.1	48.2	37.0	36.6
2037	30.1	32.0	32.9	34.6	48.7	48.7	37.2	36.8
2038	30.8	32.9	33.7	35.6	49.3	49.4	37.4	37.0

续表

年份	城镇				农村			
	中迁移		无迁移		中迁移		无迁移	
	政策生育	可能生育	政策生育	可能生育	政策生育	可能生育	政策生育	可能生育
2039	31.5	33.8	34.6	36.6	49.9	49.9	37.6	37.1
2040	32.1	34.5	35.2	37.3	50.2	50.2	37.6	37.1
2041	32.7	35.2	35.9	38.2	50.7	50.7	37.7	37.2
2042	33.4	36.1	36.8	39.2	51.4	51.4	38.1	37.5
2043	34.0	36.9	37.5	40.1	51.7	51.6	38.2	37.6
2044	34.6	37.7	38.2	40.9	52.2	52.1	38.3	37.8
2045	35.2	38.4	38.7	41.6	52.4	52.2	38.4	37.8
2046	35.9	39.3	39.5	42.6	52.9	52.7	38.7	38.0
2047	36.7	40.4	40.4	43.7	53.6	53.3	39.1	38.4
2048	37.4	41.3	41.1	44.6	53.6	53.2	39.2	38.5
2049	38.0	42.1	41.7	45.5	54.0	53.5	39.5	38.7
2050	38.7	43.0	42.4	46.3	54.0	53.3	39.5	38.6

参考文献

[1]Galbraith,J. The Good Society：The Humane Agenda[M]. Mariner Books,1997.

[2]Shiller,R. J. Finance and the Good Society[M]. Princeton University Press,2013.

[3]2014 年浙江教育事业发展统计公报[EB/OL]. http://www. zjedu. gov. cn/news/142794189606742293. html.

[4]白春礼. 世界科技创新趋势与启示[J]. 科学发展,2014(3).

[5]陈明星,陆大道,查良松. 中国城市化与经济发展水平关系的国际比较[J]. 地理研究,2009(2).

[6]迟福林."十三五"推进服务业主导的经济转型[J].国家行政学院学报,2015(2).

[7]樊纲等.中国市场化指数:各地区市场化相对进程 2011 年报告[M].北京:经济科学出版社,2011.

[8]方柏华.法治政府建设与浙江权力清单制度实践[J].中共浙江省委党校学报,2014(6).

[9]郭占恒. 当前宏观经济大势与政策取向[J]. 浙江经济,2014(9).

[10]国家统计局编. 中国统计年鉴 2014 年(电子版)[EB/OL]. http://www. stats. gov. cn/tjsj/ndsj/2014/indexch. htm.

[11]国家统计局《国家数据》[EB/OL]. http://data. stats. gov. cn.

[12]何文炯. 中国社会保障发展与展望,社会保障研究(北京)[M]. 2013年第 1 卷(总第 17 卷),北京:中国劳动社会保障出版社,2013.

[13]何文炯. 中国社会保障:要加强更要改善,社会保障研究(北京)[M]. 2013 年第 2 卷(总第 18 卷),北京:中国劳动社会保障出版社,2013.

[14]黄先海,叶建亮等. 内源主导型:浙江的开放模式[M].杭州:浙江大学出版社,2008.

[15]金碚.世界工业化历史中的中国改革开放 30 年[J].财贸经济,2008(11).

[16]景跃进.从"社会管理"到"社会治理"——学习十八届三中全会《决定》有感[J].华中科技大学学报(社会科学版).2014(3).

[17]教育部、国家统计局、财政部."关于 2012 年全国教育经费执行情况统计公告".

[EB/OL]. http://www. mof. gov. cn/zhengwuxinxi/bulinggonggao/tongzhitonggao/201401/t20140108_1033541.html.

[18]《教育部直属高校 2012 年基本情况资料汇编》.

[19]《教育部直属高校 2013 年基本情况资料汇编》.

[20]蓝劲松,吕旭峰.沪苏浙鄂粤五省市高等教育发展比较[J].中国国情国力,2014(11).

[21]李芬,尹文耀,姚引妹.婚配概率及婚配对数估计方法的探讨[J].统计研究,2011(7).

[22]李强.深入实施"四换三名"工程 推动浙江经济转型升级[J].政策瞭望,2014(2).

[23]李强.发展信息经济是浙江经济转型升级的战略选择[J].今日浙江,2014(14).

[24]李强,陈宇琳,刘精明.中国城镇化"推进模式"研究[J].中国社会科学,2012(7).

[25]凌云,李永伟,罗延发,胡红燕."十三五"浙江工业将现五大新常态[J].经贸实践,2015(1).

[26]李申申,王森.中欧博士生教育比较[M].北京:人民出版社,2014.

[27]刘琪.互联网金融模式下我国小微企业融资新思考[J].中国商贸,2015(3).

[28]刘伟.经济失衡与深化改革[J].经济研究,2014(1).

[29]陆大道,陈明星.关于"国家新型城镇化规划(2014—2020)"编制大背景的几点认识[J].地理学报,2015(2).

[30]吕旭峰.我国教育捐赠问题研究[M].杭州:浙江工商大学出版社,2015.

[31]吕旭峰.跨学科研究生培养复合导师制度的构想[J].教育发展研究,2015(1).

[32](美)约翰·肯尼思·加尔布雷思著.美好社会——人类议程[M].王中宏,陈志宏,李毅 译.南京:江苏人民出版社,2009.

[33]美国人口咨询局(Population Reference Bureau).2010 年世界人口数据表(2010 World Population Data Sheet),www.prb.org.

[34]明文彪."十三五"浙江内外部发展环境变化的新动向新特征[J].浙江经济,2014(18).

[35]潘云鹤,史晋川 等.浙江省"十五"至 2015 年经济社会发展前瞻[M].杭州:浙江大学出版社,2001.

[36]史晋川,王东祥,张仁寿.浙江省经济社会发展若干重大问题研究[J].中共浙江省委党校学报,2015(5).

[37]沈晓栋,张利仁."十三五"时期浙江发展阶段的基本判断和面临的挑战[J].浙江经济,2014(11).

[38]齐晔,蔡琴.可持续发展理论三项进展[J].中国人口·资源与环境,2010(4).

[39]王文元.2015 世界可持续发展年度报告[M].北京:科学出版社,2015.

[40]吴晓波.新时代的健康力量——浙江企业转型的案例与启示[N].浙江日报,2012-08-20,第 14 版.

[41]吴晓波.浙江迈向新常态的创新驱动瓶颈与战略突破[J].浙江经济,2014(20).

[42]汪伟,章华主编.浙江金融发展报告——蓝皮书(2014)[M].杭州:浙江大学出版社,2014(8).

[43]夏宝龙.浙江全面实施创新驱动战略的总体思路和主要任务[J].政策瞭望,2013(10).

[44]肖林,周国平,严军等.上海市"十三五"规划基本思路研究[J].科学发展,2015(3).

[45]徐勇.城乡一体化视域中的农业农村发展新思维——评《从行政推动到内源发展:中国农业农村的再出发》.中国行政管理,2014(10).

[46]杨建华主编.民生为重看浙江[M].杭州:浙江人民出版社,2008.

[47]姚先国,金雪军主编.公共政策评论[M].杭州:浙江大学出版社,2014.

[48]姚引妹,李芬,尹文耀.单独两孩政策实施中堆积夫妇与生育释放规模分析[J].人口研究,2014(4).

[49]姚引妹.浙江小城市培育过程中人口集聚问题研究[J].中国城市研究(第五辑),2012.

[50]郁建兴,关爽.从社会管控到社会治理——当代中国国家与社会关系

的新进展[J].探索与争鸣,2014(12).

[51]郁建兴.中国的公共服务体系:发展历程、社会政策与体制机制[J].学术月刊,2011(3).

[52]余逊达.信任建构与治理体系现代化[J].国际学术动态,2015(4).

[53]余泳泽.改革开放以来中国经济增长动力转换的时空特征[J].数量经济技术研究,2015(2).

[54]张旭亮,宁越敏.长三角城市群城市经济联系及国际化空间发展战略[J].经济地理,2011(3).

[55]张乐才、刘尚希.银行与企业资金担保链:抽贷门槛与风险传染[J].当代财经,2013(7).

[56]张小莹,张峰,刘凯.当前我国供应链金融存在的问题及改进策略分析[J].现代经济信息,2014(22).

[57]张小劲,于晓虹.推进国家治理体系和治理能力现代化六讲[M].北京:人民出版社,2014.

[58]浙江省人口普查办公室编.浙江省2010年人口普查资料[M].北京:中国统计出版社,2011.

[59]浙江省经济信息中心预测处课题组."十三五"时期浙江发展阶段的基本判断和面临的挑战[N].2014-11.

[60]浙江省老龄工作委员会办公室.浙江省2013年老年人口和老龄事业统计公报[N].2014-4-22.

[61]浙江省统计局.建设美丽浙江 创造美好生活——新中国65年浙江经济社会发展成就[M].2014-9.

[62]浙江人才发展蓝皮书2013.杭州:浙江大学出版社,2014.

[63]郑造桓主编.民生保障与社会建设[M].杭州:浙江大学出版社,2013.

[64]周国辉.全力发动浙江创新驱动新引擎[N].浙江日报,2014-08-29,第14版.

[65]周红云.法治与社会治理[J].马克思主义与现实,2014(6).

[66]周新旺.互联网金融构建多层次金融体系[J].浙江经济,2014(4).

[67]周世锋."十三五"浙江海洋经济发展策略取向[J].浙江经济,2014(23).

[68]朱光磊,张志红."职责同构"批判[J].北京大学学报(哲学社会科学版),2005(1).

图书在版编目（CIP）数据

开启迈向美好社会新征程：浙江省"十三五"规划
基本思路研究 / 任少波等著. —杭州：浙江大学出版
社，2016. 5
ISBN 978-7-308-15244-0

Ⅰ.①开… Ⅱ.①任… Ⅲ.①区域经济发展—研究—
浙江省—2016～2020 ②社会发展—研究—浙江省—2016～
2020 Ⅳ.①F127.55

中国版本图书馆 CIP 数据核字(2015)第 243616 号

开启迈向美好社会新征程：浙江省"十三五"规划基本思路研究

任少波　黄先海　等著

责任编辑	傅百荣	
责任校对	叶　抒	
封面设计	刘依群	
出版发行	浙江大学出版社	
	（杭州市天目山路 148 号　邮政编码 310007）	
	（网址：http://www.zjupress.com）	
排　　版	杭州金旭广告有限公司	
印　　刷	浙江印刷集团有限公司	
开　　本	710mm×1000mm　1/16	
印　　张	13.5	
字　　数	235 千	
版 印 次	2016 年 5 月第 1 版　2016 年 5 月第 1 次印刷	
书　　号	ISBN 978-7-308-15244-0	
定　　价	45.00 元	